HISTOIRE

DES

INONDATIONS

DU RHONE ET DE LA SAONE.

AVIS AUX BIBLIOPHILES.

L'Éditeur de ce livre prévient les Amateurs de belles éditions qu'il en sera tiré vingt-six exemplaires in-4°, sur beau papier vélin, qui seront répartis comme suit.

DÉDIÉS PAR L'AUTEUR

N. 1 au Roi;
    2 à la Chambre des Pairs;
    3 à la Chambre des Députés;
    4 à M. le Préfet du Rhône;
    5 à M. le Maire de la ville de Lyon.
    6 à Monseigneur l'Archevêque du diocèse de Lyon.

Les vingt autres exemplaires, livrés au commerce, porteront leurs numéros et les noms de leurs acquéreurs.

Imp. Dumoulin, Ronet et Sibuet, quai St-Antoine, 33.

HISTOIRE

DES

INONDATIONS

DU RHONE ET DE LA SAONE,

DEPUIS LEUR SOURCE JUSQU'A LEUR EMBOUCHURE,

En l'année 1840;

OUVRAGE COMPOSÉ SUR LES RAPPORTS OFFICIELS, PROCÈS-VERBAUX
ET ACTES ADMINISTRATIFS,

PRÉCÉDÉ

DE L'HISTORIQUE DES ANCIENNES INONDATIONS.

LYON,

DUMOULIN, RONET ET SIBUET, IMP.-LIBR.,
Quai St-Antoine, 33.

1841.

PRÉFACE.

Ce n'est point une œuvre littéraire que j'ai la prétention de donner au public; je le dis d'avance afin que personne ne suspecte ma bonne foi ; ce livre est le recueil de tous les documents qui m'ont été communiqués sur la double inondation dont nous venons d'être les témoins et les victimes. Ces documents, provenant de sources certaines, seront l'expression de l'exacte vérité, et sous ce point de vue, mon livre aura un mérite incontestable.

Les journaux m'ont été d'un très-grand secours pour préciser les dates et rapporter les faits matériels; si j'y ai puisé quelques détails, ce n'a été qu'avec juste connaissance de cause. J'ai conservé autant que possible leurs expressions textuelles, il eût été dommage de dénaturer ce style rapide, animé, plein d'images, peinture expressive de l'agitation qui régnait alors dans les esprits, et que l'on ne peut rendre qu'au moment du danger.

L'empressement que les administrations ont mis à me communiquer leurs pièces officielles mérite de ma part un vif témoignage de reconnaissance; mais je déclare que sans cela je n'eusse pas entrepris un travail de cette nature, mon intention n'ayant jamais été de publier, comme tant d'autres, des relations incomplètes, inexactes, fruit d'un travail précipité et en quelque sorte improvisé pour satisfaire l'impatience d'un public avide, qui veut de l'actualité à tout prix. Par sa nature et sa composition, mon livre sera un monument élevé en commémoration d'une époque remarquable dans nos annales; les historiens le consulteront, et les siècles futurs y trouveront un utile enseignement pour parer à de nouveaux désastres, ou atténuer ceux qu'ils auraient à redouter.

MM. les archivistes et bibliothécaires de la ville m'ont été d'un puissant secours dans mes recherches sur les anciennes inondations, et, grâce à leur bienveillance empressée, je crois, sous ce rapport, avoir fait un travail aussi complet que possible. M. Péricaud à la bibliothèque, M. Chelle aux archives de la préfecture et M. Grandperret aux archives de la ville, m'ont prodigué le concours de leurs lumières, et si mon livre obtient le suffrage des hommes instruits, c'est à eux que je dois en attribuer tout le mérite, toute la gloire.

Quand j'ai commencé cette publication, on ne connaissait sur cette matière que le travail de M. L. Boitel, qui, restreint dans les proportions d'un article de journal, n'aurait pu suffire à un ouvrage de l'importance de celui que j'avais conçu. Cependant je dois dire que ses recherches ont singulièrement facilité les miennes, et quoique mon travail soit trois fois plus considérable que celui que j'ai emprunté à M. L. Boitel, j'ai conservé son nom en tête de ce chapitre comme un hommage à l'amitié qui nous lie.

Je le répète, ceci n'est point une œuvre littéraire, c'est uniquement un assemblage de documents officiels, pièces authentiques, procès-verbaux, rapports administratifs, tous matériaux épars que j'ai coordonnés, et dont j'ai fait un tout qui est le tableau le plus fidèle que l'on puisse faire de ce mémorable événement.

Ce livre s'adresse à la partie de la France

qui n'a pas souffert des atteintes du fléau. La peinture de notre misère doit être placée sous ses yeux, pour lui rappeler à toute heure que ses généreux efforts sont encore loin d'avoir atteint le but que l'humanité réclame, qu'il y a encore bien des plaies à fermer, bien des larmes à tarir.

Auguste Baron.

Description
GÉOGRAPHIQUE ET STATISTIQUE
DU RHONE ET DE LA SAONE.

LE RHONE.

Le Rhône, *Rhodanus,* fleuve qui prend naissance en Suisse, vers l'extrémité orientale du canton du Valais, au glacier de son nom, formé entre la montagne de la Furca à l'est, celle de Galleustock au nord, et celle de Grimsel à l'ouest, à six lieues ouest-sud-ouest de la source du Rhin antérieur; parcourt le canton du Valais dans toute sa longueur, et entre, près et à l'est de Boveret, dans la partie orientale du lac de Genève; il sort de l'extrémité sud-ouest de celui-ci, à Genève, parcourt le canton de ce nom, le sépare de la France sur un court espace; puis trace, sur une étendue de quinze lieues, la frontière de ce dernier pays et des États-Sardes; il pénètre en France vers St-Genis, parcourt le sud-est du royaume, et se jette dans le golfe de Lion, division de la Méditerranée, après avoir séparé le département de l'Ain de celui de l'Isère, traversé une petite partie de celui du Rhône, et formé ensuite la limite orientale de ce dernier et des départements de la Loire, de l'Ardèche, du Gard, et la limite occidentale de ceux de l'Isère, de la Drôme, de Vaucluse et des Bouches-du-Rhône. Il entre dans la mer par quatre embouchures; deux branches sont d'abord produites à Arles: l'une court au sud-est sous le nom de Grand-Rhône, et se partage elle-même, près de St-Trophin, en deux bras, le Grand-Rhône proprement dit, au sud-est, et le Vieux-Rhône, canal du Japon ou Bras-de-Fer, au sud-ouest; l'autre branche, appelée Petit-Rhône, va au sud-ouest, et, parvenue à Silveréal, se divise aussi en deux parties, l'une dirigée au sud-est et conservant le nom de Petit-Rhône, l'autre au sud-ouest, avec la dénomination de Rhône-Mort. L'île de la Camargue, constituant ce qu'on peut appeler le Delta du Rhône, est renfermée entre le Grand-Rhône, le Vieux-Rhône, le Petit-Rhône et la mer. Le cours de ce fleuve est de 192 lieues, dont 126 lieues dans la France ou sur sa frontière, et 120 de navigation; il a deux principales directions, dont chacune comprend à peu près la moitié de la longueur du Rhône: la première est à l'ouest-sud-ouest jusqu'à Lyon, et la seconde au sud; il y a deux courbures remarquables: celle que produit, dans l'ouest du Valais, un contre-fort méridional des Alpes bernoises, en forçant le fleuve de courir plus au sud, et une autre analogue et plus considérable, causée par un rameau sud-ouest du Jura.

Les principaux affluents sont : à droite, la Valserine, l'Ain, la Saône, aussi étendue que la partie supérieure du fleuve jusqu'à Lyon ; le Gier, le Doux, l'Erieux, l'Ardèche, la Cèze, le Gard ou Gardon, tous sur le territoire français ; à gauche, la Dranse valaisane et l'Arve, en Suisse ; le Fier et le Guiers, sur la frontière de la France et des Etats-Sardes ; la Bourbe, la Gère, la Galaure, l'Isère, la Drôme, le Boubion, le Lez, l'Aigues, la Sorgue et la Durance, en France. Le bassin du Rhône est circonscrit à l'est par les Alpes lépontiennes, penines, grecques, cottiennes et maritimes, au sud-est par le rameau le plus méridional de ces dernières, à l'ouest par les Cévennes et la Côte-d'Or, au nord par les monts Faucilles, les Vosges, le Jura, le Jorat et les Alpes bernoises ; il a 125 lieues de longueur du nord au sud, de la source de la Saône à la mer, et 65 lieues dans sa plus grande largeur, de la source du Rhône à celle de la Grône, affluent de la Saône ; quelques canaux font communiquer ce bassin avec ceux du voisinage : ainsi, le canal du Rhône au Rhin (ci-devant de Monsieur), s'étend de la Saône au Rhin ; le canal du Centre joint la même rivière à la Loire ; le canal de Bourgogne, qui n'est pas encore achevé, conduira de la Saône à l'Yonne, et par suite à la Seine ; le canal de Givors, qui longe le Gier, n'a pas pour but une grande jonction ; le canal d'Arles au port de Bouc, s'étendant à l'est du Grand-Rhône, et presque parallèlement à son cours, remédie à la difficulté de la navigation de cette branche; le canal de Beaucaire, qui commence un peu plus haut, et qui est continué jusqu'à la mer par la Grande-Robine d'Aigues-Mortes, est à l'ouest du Petit-Rhône, et a une destination analogue à celle du précédent; il se joint par le canal de Bourgidou, au Rhône-Mort, dont la partie supérieure a été canalisée sous le nom de canal de Silveréal. Le canal de Beaucaire, communiquant, par l'embranchement de la Radelle, à celui des Etangs, qui est le prolongement à celui du Midi, le Rhône se trouve ainsi réuni à la Garonne.

Les villes les plus importantes que baigne ce fleuve, sont : Genève, en Suisse; Lyon, Vienne, Tournon, Valence, Viviers, le Pont-St-Esprit, Avignon, Tarascon, Beaucaire et Arles, en France.

Le Rhône est extrêmement rapide surtout dans sa partie supérieure; sa pente moyenne est d'un pied pour 487 pieds de distance; il forme un grand nombre d'îles, particulièrement entre le Guiers et la Saône, et entre l'Isère et la Durance; plusieurs sont détruites et d'autres produites journellement. La grande quantité de sable qu'il charrie encombre de plus en plus son lit vers son embouchure. Il y a quelques années seulement qu'il ne devenait flottable qu'à Arlod, vers le confluent de la Valserine; mais le flottage commence plus haut depuis qu'on a coupé et remplacé par un canal le rocher remarquable, qui, vers Bellegarde, causait ce qu'on appelait la perte du Rhône : l'eau se précipitait avec fracas sous le rocher et disparaissait sur un espace d'environ 60 mètres, excepté dans les hautes crues, où elle surmontait cette voûte naturelle. A une lieue et demie au-dessous de ce point, à l'endroit qui a reçu le nom de Malpertuis, le fleuve entre tout-à-coup dans un goulet de 6 à 7 mètres de large, forme plusieurs petites cataractes et se perd ensuite presque entièrement dans des abîmes, en ne laissant paraître qu'un courant de 5 pieds de large. Bientôt après, il devient navigable au Parc, un peu au-dessus de Seyssel. Ce qu'on appelle le saut du Rhône, près de St-Sorlin, à 5 lieues au-dessus du confluent de l'Ain, n'est qu'un rapide qui n'interrompt pas la navigation du Rhône, qui en général, n'est favorable que dans le temps des moyennes eaux. Aux époques des grosses eaux, qui ont lieu particulièrement par les pluies du vent d'ouest, ou par suite de fonte subite des neiges de la Suisse, elle devient, sinon impossible, du moins fort périlleuse: heureusement ces crues sont de courte durée; il est rare qu'elles se prolongent au delà de 24 heures; elles arrivent principalement dans les grandes chaleurs de l'été. Les marchandises qui se transportent sur ce fleuve sont très-considérables et très-variées, surtout celles qui descendent; les foires de Beaucaire, en particulier, en attirent une grande quantité. Une partie des bateaux qui ont descendu sont vendus sur différents ports, à cause des frais considérables qu'il faudrait faire pour les remonter vers Lyon; d'ailleurs, un petit nombre suffit à la navigation ascendante, pour le transport des denrées coloniales, des sels de Peccais, des vins, des soies, et autres productions des départements méridionaux. Le plus remarquable des ponts construits sur le Rhône, est celui du Pont-St-Esprit, qui a 20 arches et 420 toises de longueur. Le sol sur lequel roule ce fleuve est tantôt pierreux et cailloureux, tantôt sablonneux; on y trouve des paillettes d'or et des fragments d'un beau marbre à fond vert, marqueté de taches d'un gris brun; le sable qu'on en tire en divers endroits est excellent pour les constructions, et s'emploie avec succès dans les verreries de Lyon. On remarque qu'en traversant le lac de Genève, le Rhône y dépose la vase épaisse qui trouble ses eaux dans le Valais. Le poisson abonde; nous citerons la truite, le brochet, le barbeau, l'anguille, la lotte, l'alose, la carpe, la perche, la grande lamproie, qui remonte jusque vers Avignon, et l'esturgeon, qui est très-commun au printemps.

Dans presque toute la partie supérieure de son cours, avant d'atteindre les plaines du Dauphiné et du Lyonnais, le Rhône coule dans une vallée étroite, pressée par des montagnes rocailleuses, d'un aspect agreste, sauvage et majestueux; dans la partie moyenne, on voit sur les rives tantôt de riants coteaux riches en vignobles, tantôt des rochers nus et des collines monotones; vers la partie inférieure, se déploient les riches plaines de la Provence; mais il y a aussi des marécages dans le territoire qui avoisine la mer.

Le bassin du Rhône forme la 4ᵉ direction forestière pour la recherche, le martelage et l'exploitation des bois propres aux constructions navales; Lyon est le chef-lieu de cette direction, sous laquelle sont les sous-directions d'Aix, de Dijon et de Besançon.

Pline prétend que le nom de *Rhodanus* a été donné à ce fleuve par les Rhodiens, qui fondèrent une ville sur ses bords : il paraît plus probable qu'il dérive de la racine ligurienne *Rod* ou *Roub*, qui s'applique à tout ce qui a un mouvement rapide et continu, une action corrosive. Le cours du Rhône a éprouvé des changements considérables; il paraît que, dans les temps anciens, il était plus à l'ouest : toutes les observations géologiques portent à croire que ce fleuve a coulé originairement dans le Languedoc, et qu'il ne s'est porté du côté d'Arles que peu de temps avant la fondation de cette ville par Jules César. Les atterrissements sont prodigieux, et empiètent sur la mer d'une manière très-remarquable : la tour St-Louis, bâtie il y a environ un siècle à l'embouchure du Rhône, en est maintenant éloignée de plus d'une lieue; le they de Bigue ou de Roustan et le hey de Béricle, îles qui forment aujourd'hui les trois bouches du Grand-Rhône, sont deux îles toutes nouvelles, dont l'une a plus d'une lieue, et l'autre deux de circonférence. D'après ces faits, il paraît probable que l'île de la Camargue commençait à peine de se former lorsque les Phocéens abordèrent pour la première fois à l'embouchure du Rhône, et qu'elle a dû son origine à la réunion de plusieurs theys ou îles qui, de même qu'aujourd'hui, obstruaient l'entrée du fleuve. Les auteurs anciens diffèrent sur le nombre de bouches : Strabon, Ptolémée et Polybe en comptent deux; Pline, trois; Timée, Diodore de Sicile et Avienus, cinq; et Apollonius, sept.

LA SAONE.

La Saône, *Arar*, *Sauconna*, rivière de France, qui prend sa source dans le département des Vosges, arrondissement de Mirecourt, coule à 2 lieues et 1/4 est de Darney, près du village de Vioménil, au pied de la montagne de Ménancoul, se dirige d'abord au sud-sud-ouest, passe à Monthureux et à Châtillon-sur-Saône, entre dans le département de la Haute-Saône, où elle traverse les arrondissements de Vesoul et de Gray, en baignant Jouvelle, Port-sur-Saône et Gray, arrose ensuite l'extrémité sud-est du département de la Côte-d'Or, y touche les murs de Pontaillier, Auxonne, St-Jean-de-Lône et Seurre, pénètre bientôt dans celui de Saône-et-Loire, qu'elle sépare, sur une assez grande étendue, du département de l'Ain, baigne Verdun-sur-Saone, Chalon-sur-Saône, d'où elle se dirige au sud, Tournus et Macon, forme ensuite la limite entre le département de l'Ain, où elle passe à Trévoux, et celui du Rhône, dans lequel elle coule ensuite entièrement, traverse Lyon, et un peu au-dessous, à l'extrémité de la presqu'île Perrache, près du hameau de la Mulatière, se jette dans le Rhône, par la droite, après un cours d'environ 98 lieues, dont 4 lieues de flottage à bûches perdues, de Monthureux à Jouvelle; 27 lieues de flottage en trains, de ce dernier endroit à Gray; et 62 lieues de navigation, depuis cette ville. Cette navigation, par le peu de vitesse des eaux de cette rivière, est douce et facile, et n'éprouve guère de difficultés qu'aux époques des hautes ou basses eaux. Les transports sont très-considérables; dans la partie flottable au-dessous de Jouvelle, on profite des hautes eaux pour faire partir depuis 200 jusqu'à 300 radeaux à la fois, faits de bois de construction, merrains, etc., et chargés de fers, bouteilles, meules de coutellerie, pelles et poëlons, colliers pour harnais, etc.; ces marchandises s'augmentent des arrivages qui ont lieu par le Coney, la Lanterne, etc., jusqu'à Gray, où elles entrent dans le port de cette ville en franchissant l'écluse marinière qui est en tête. On conduit aussi à Gray, pour y être vendus, des bateaux construits sur les ports supérieurs, qu'on charge quelquefois, mais qui ne pourraient remonter la rivière qu'avec les plus grandes difficultés, et les grains des départements de la Côte-d'Or, de la Haute-Marne, de l'Aube, de la Moselle, destinés pour Lyon et les départements méridionaux. Quelques bateaux seulement, chargés de sel, vins, huiles, denrées coloniales, etc., remontent jusqu'à Gray. Après l'entière confection des canaux du Rhône au Rhin et de Bourgogne, la navigation de la Saône, déjà favorisée par celui du Centre, qui réunit cette rivière à la Loire, deviendra nécessairement plus active par ces deux débouchés, l'un sur le Rhin à Strasbourg et l'autre sur Paris. Des bateaux à vapeur et des coches, chargés de voyageurs et de marchandises, circulent journellement entre Lyon et Chalon-sur-Saône. Les principaux affluents de la Saône sont : l'Amance, le Salon, la Vingeanne, la Tille, l'Ouche, le canal de Bourgogne, la Dhenne, le canal du Centre, la Grône et l'Azergue, à droite; et à gauche, le Coney, flottable, la Superbe, la Lanterne, flottable, le Dregeon, la Romaine, l'Oignon, le canal du Rhône au Rhin, le Doubs, flottable, la Seille, navigable, la Reyssouse, la Veyle et la Chalaronne.

Cette rivière, dont le cours lent et uniforme l'avait fait nommer par les Celtes *Arar*, qui signifie très-lent, n'est sujette qu'à des crues périodiques et qui causent peu de ravage, et forme peu de contours; ses bords, généralement bas et unis, sont couverts d'immenses prairies. Un petit nombre d'îles seulement, peu vastes mais riantes, et parmi lesquelles l'île Barbe, près de Lyon, est surtout renommée, se trouvent dans le lit de la Saône, qui présente, en certains endroits, une assez grande largeur, et dont le fond, argileux et sablonneux, donne un sable précieux pour les constructions et pour la fabrication du verre.

Cette rivière fournit d'excellentes carpes, des brochets, des anguilles, des truites, des lottes, des ombres, une grande quantité de poissons blancs, de belles écrevisses, et quelques aloses et lamproies.

Avant de donner la relation des désastres qui viennent de se passer sous nos yeux, jetons un regard sur le passé et rappelons au lecteur les diverses inondations qui déjà ont dévasté nos murs depuis les époques les plus reculées.

Cette narration sera un utile enseignement pour les siècles futurs. Le passé servira de leçon pour l'avenir.

INONDATIONS

DU RHONE ET DE LA SAONE,

A DIVERSES ÉPOQUES (1).

Le Rhône et la Saône ont tour à tour donné bien des fois déjà à notre cité l'effrayant spectacle de leurs débordements. Si Lyon doit à ses deux fleuves une partie de ses richesses et de sa prospérité commerciale, elle a dû souvent aussi à leur double voisinage des désastres fréquents et nombreux. Nos annales en contiennent plus d'un exemple. Nous donnerons ici, par ordre de date, les plus grandes inondations dont notre ville a été tout à la fois le théâtre et la victime.

580

La première inondation dont les historiens de Lyon nous aient gardé le souvenir fut terrible dans ses résultats. Elle fit de la plaine des Brotteaux un lac immense où tout fut submergé. Le Rhône et la Saône, qui se joignaient alors au-dessous d'Ainay, se réunirent au-dessus de la ville, du côté de Saint-Nizier. Leurs eaux s'élevèrent de telle façon par-dessus leurs anciens canaux, qu'elles renversèrent une partie des mu-

(1) Extrait de la *Revue du Lyonnais*, de M. Léon Boitel.

railles de la cité et détruisirent un grand nombre d'édifices. La plupart des habitants de la plaine, craignant un nouveau déluge, se retirèrent avec leurs femmes, leurs enfants et le plus précieux de leurs biens, sur les collines de Saint-Just et de Saint-Sébastien pour y attendre la miséricorde de Dieu. Notre histoire nous fournira à ce sujet de lamentables détails. Paradin, Rubys, Poullin de Lumina varient tous sur la date de ce mémorable événement ; le premier la place en 592, le second en 593, et le troisième en 583. Grégoire de Tours, le seul auteur ancien qui ait parlé de cette inondation, dit formellement qu'elle eut lieu la cinquième année du règne de Childebert II, c'est-à-dire l'an 580, car on sait que ce prince monta sur le trône l'an 575.

Le P. Ménestrier, après avoir cité et traduit le passage de Grégoire de Tours, nous apprend qu'après cette inondation, à la grande surprise de tous, les arbres refleurirent au mois de septembre.

M. Delandine ajoute même que la ville resta plus de six mois sans reprendre son aspect ordinaire et sans être nettoyée.

Rubys, de son côté, nous dit que ce débordement épouvantable fut suivi d'une étrange peste, de laquelle moururent plus de deux tiers des habitants de la ville et du plat pays.

Nous donnons ici la narration de Paradin, remarquable par la naïveté et le pittoresque de l'expression :

« Les malheurs, guerres ciuiles, mortalitez et famines qui aduindrent en ce temps, furent prédictes, et signifiées par vne estrange et non accoustumée inundation des fleuves du Rhone et de la Saone, qui aduindrent en l'an de salut cinq cent nonante deux. Car enuiron l'automne, il commença vne pluie si furieuse, vehemente et continuelle, qu'il sembloit que le deluge de Noel fust de retour : et pleut vingt jours sans cesse, ne intermission. Ceste pluye estoit auec tel débordement, quasi par toute la Gaule, que l'on eust jugé que toutes les bondes et cataractes du ciel estoyent laschées, toutes les terres labourables et autres en païs plat, baignans en eau, et semblans vne mer ; de manière qu'il n'y eut ordre de faire aucunes semailles. Les fleuves, mesmement le Rhone et la Saone, furent tellement enflez, qu'oubliant leur mare et canaux, couvrirent ce de la cite de Lyon, qui est entre les deux eaux, si qu'il conuint que le peuple habitant en ces endroits, se sauvast a Foruiere, Sainct-Just, Sainct-Sebastian et autres lieux par les collines : laissans leurs biens a la misericorde des eaux, lesquelles flottoyent par dessus les ponts, et en aucuns endroits par dessus les maisons basses. Et se pouvoit dire, que les poissons nagoyent sur les saules et plusieurs autres arbres où les oyseaux se souloyent percher. Les basteaux estoyent conduits parmy les rues comme par le fil de l'eau : et entroyent les basteliers es maisons par les fenestres. Ce rauage d'eaux fut si violent et merueilleux, que les murailles de la cité, qui touchoyent la part du Rhosne et de la Saone furent ruées par terre, quoy qu'elles fussent de forte matière. Je laisse à penser si les maisons en eurent à souffrir. Le pis fut qu'estant les eaux retirées, l'on trouva les caues et maisons tant pleines, combles de vase, de bouë, et de meynne, qu'on ne les pouvoit vuyder, si non auec frais inestimables. Aduindrent aussi plusieurs autres sinistres prodiges en celle année : car cessant les pluyes, au moys de septembre les arbres florirent, encores un coup auec grande admiration de tout le monde. Et non seulement le païs du Lyonnois fut affligé de telles persécutions, mais aussi quasi toute la Gaule ; la cité d'Orléans fut entièrement embrasée, tellement qu'aux plus riches citoyens il ne demoura chose au monde. La ville de Bordeaux fut quasi toute ruinée d'vn tremblement de terre, et y eut vne infinité de peuple accablé des ruines. Plusieurs bourgades et villages en Bourdelois furent brullez de certain feu céleste. Semblablement il tomba des mons Pyrénées de grandes roches, qui tuerent grande multitude de paisans, bestial de toutes sortes et ruinerent les maisons. En vn village près Chartres il fut vue du sang coulant d'vn pain freschement couppé. »   PARADIN.

1196.

Nous pourrions nous dispenser de parler d'une inondation qui aurait eu lieu en 1196, et qui est mentionnée dans un article sur les *Inondations du Rhône en divers temps*, inséré dans le *Journal de Lyon et du Midi* du 13 *nivose* an x (3 janvier 1802). « En l'année 1196, dit l'auteur de cet article (feu M. Delandine), une pluie presque continuelle, pendant deux mois, vint interrompre les hostilités entre Richard Cœur-de-Lion et Philippe-Auguste. On vit alors nos rivières causer les mêmes ravages qu'en 580 (et non en 592), et jusqu'aux étangs débordés, semer l'effroi loin de leurs rivages. » Nous n'avons rien trouvé qui le justifiât d'une manière satisfaisante. Il y eut, à la vérité, une inondation au mois de mars 1196, et voici en quels termes Mézeray en a parlé dans son *Histoire de France* (1490, édition in-fol. Paris, 1643) : « Les misères de ce temps, causées par les insolences des soldats, sembloient faire pitié à la nature, si plutost elle ne présageoit encore celle de l'aduenir. Les pluyes continuelles qu'elle versa durant deux ou trois mois, l'an 1196, grossirent les rivières et débordèrent les étangs qui menaçoient de faire un second déluge par leurs inondations. Les prières, les aumosnes et les processions furent le seul remède à ces maux; et quand, après tout cela, on eut fait le signe de la croix sur les eaux, elles se ressérèrent toutes miraculeusement dans leurs lits ordinaires. On vit en peu de temps ce que signifiait ce prodige. Les rois reprirent les armes..... » Le même historien, dans son *Abrégé chronologique*, dit qu'il a voulu marquer ce débordement, « parce que ça esté le plus grand de tous ceux dont l'histoire de France fasse mention.» Quoiqu'il en soit, nous ne croyons pas qu'aucun de nos anciens historiens lyonnais, et notamment Paradin, Rubys et Menestrier en aient parlé. Les chroniqueurs auxquels Mezeray a emprunté ce fait, ne mentionnent ni le *Rhône* ni la *Saône*, et ne parlent que de la *Seine*. Voyez le *Recueil des historiens des Gaules et de la France*, tome XVII, pag. 45, 72 et 382. (Extrait des *Notes et Documents* de M. Péricaud, *pour servir à l'hist. de la ville de Lyon*).

1408.

Des lettres patentes données à cette époque par Charles V constatent les désastres causés par un débordement dans lequel plus de deux cents maisons, sises entre les deux rivières, furent renversées, soit par les glaces, soit par la forte crue des eaux. Ces lettres accordent aux Lyonnais, pendant quatre années, une exemption du tiers des droits d'aides, à titre d'indemnité.

1476.

Une inondation emporta cette année une arcade du pont du Rhône et causa de grands ravages (1). Louis XI, qui revenait du Dauphiné, ne put pas entrer dans la ville et fut obligé de passer

---

(1) « Le 18 novembre 1447, le Consulat ordonna d'acheter des *paux*
« pour adouber et refaire les *peyssières* au devant des excavations faites

la nuit dans le faubourg de la Guillotière avec toute sa cour le 22 mars 1476 (1). Le maître de la maison où il logea, pour perpétuer la mémoire de l'honneur qu'il avait reçu, plaça sur la façade de sa demeure un petit monument dont Colonia nous a donné la figure : ce sont deux anges portant un royal écusson aux armes de France.

L'AN M. CCCC LXXV LOUIA CIENS (logea céans) LE NOBLE ROY LOUIS, LA VEILLE DE NOSTRE-DAME DE MARS.

La différence que l'on remarque dans la date 1475 de l'inscription, et celle 1476 que nous avons donnée plus haut, ne provient que de l'ancienne manière de compter l'année française. Ce fut, on le sait, Charles IX qui, par son édit de Roussillon de l'an 1564, fixa au premier jour de janvier le commencement de l'année française

---

« par l'inondation du Rhône, en plusieurs lieux des Brotteaux de la
« ville, et au-delà de ce fleuve. » 77 *actes consulaires* (Copie de M. B.,
111, p. 245).

(1) Le roi fit son entrée à Lyon le samedi 23 mars, après dîner (*Actes consulaires*. Ce fut dans ce voyage que Louis XI engagea adroitement son oncle René-le-Bon, roi de Sicile et comte de Provence, à venir le trouver à Lyon ; et ce fut dans la courte entrevue qu'ils eurent ensemble que se ménagea heureusement la réunion de la Provence et de l'Anjou à la couronne de France.

Les quatre grandes foires que ce roi établit en cette ville, et auxquelles il attacha de grands priviléges, furent le résultat du premier voyage qu'il fit à Lyon en 1462, seconde année de son règne.

Il fallait que ces foires fussent devenues en peu de temps fort célèbres,

qui, jusqu'alors, avait commencé au jour de Pâques. Les directeurs de nos théâtres ont encore maintenu ce vieil usage de dater leurs années du 21 avril, époque ordinaire de la fête de Pâques, parce que sans doute les saisons d'été et d'hiver se trouvent ainsi mieux partagées pour l'exploitation de certaines localités où il n'y a de spectacle que pendant l'hiver.

Nous revenons à nos inondations. Que de calamités ne nous reste-t-il pas à enregistrer !

1501.

Le 28 juillet 1501, une autre crue du Rhône emporta l'avant-dernière arche du pont du Rhône, du côté du faubourg de la Guillotière. Louis XII venait de quitter Lyon ; aussi Claude de Seyssel dit-il : Sept jours après son départ, une arche du pont de Lyon s'écroula dans le Rhône qui, impatient à voir s'éloigner le roi, signala sa douleur par la chute d'un pont.

---

puisque, quatorze ans après leur établissement, c'est-à-dire en 1476, Louis XI les fit voir au roi Réné, son oncle, comme une chose digne de sa curiosité.

(*Relation des entrées solennelles de nos rois dans la ville de Lyon*, p. 6.)

1570.

DISCOURS

Sur l'épouvantable et merveilleux desbordement du Rhône, dans et à l'entour de la ville de Lyon, et sur les misères qui y sont advenues, le samedi 2 décembre.

L'histoire est nommée par Cicéro autrement, Mémoire publique. Et ce non sans cause : car son propre estant de raconter choses venuës, et mesmes par celuy qui les met par escrit : estimant le présent discours au nombre de ceux qui sont dignes d'estre retenus pour estre très-véritable, et autant miraculeux comme subit et épouvantable : ne trouve estrange, ami lecteur, si j'en ai fait vn traité; tant pour le profit particulier d'vn chacun, que pour le bien aussi de la postérité; à fin que par l'aspect d'un tel miracle, entrans en nous-mesmes, nous admirions la puissance de Dieu en ses œuvres : et la postérité en le lisant, apprenne à le craindre et reverer. Je t'advertis cependant que ce ne sont choses ouyes d'autres ny entendues, et desquelles tu puisses avoir quelque doute, mais veuës et piteusement contemplées par celui qui te les descrit, et qui en a, Dieu grâce, su mieux qu'il a esté possible, euité la furie.

L'an doncques mil cinq cent soixante et dix, le samedy, deuxième iour du mois de décembre, sur les onze heures avant la minuit, le temps estant assez trouble et nébuleux, le Rosne (fleuve fort violent et impetueux, et vn des grands de l'Europe, qui tirant sa source des Alpes, passant par le lac Léman, et s'écoulant en la Sauoye, Dauphiné et une grande partie du Languedoc et Provence, enfin se iette en la mer), se desborda si subitement et avec telle impétuosité, non-seulement en la partie de Lyon adiacente au dit fleuve et contigue, mais aussi par vne grande partie du pays plat circonvoisin, qu'il n'y a mémoire d'homme qui se puisse souvenir de semblable. J'accorderai bien qu'on l'a veu desborder, s'enfler pour les pluyes, ou neiges fondues, faire quelque dommage au pays : mais non si violentement, et d'vne telle violence et ravage à ceux qui ont esté surpris ; quelle compassion et crainte aux spectateurs et contemplateurs ! Toute personne de bon iugement par le récit de ce qui s'en suit, n'en iugera guères moins. Chacun librement demouroit aux champs : chacun y résidoit en toute seureté et sans crainte : le marchand à sa marchandise, l'artisan à sa besogne, prenoit plaisir : le laboureur à sa charrue, le vigneron à la vigne s'occupoit : voire il n'y auoit celui qui ayant doute de ce subit accident intermist et cessast son occupation et n'eust iugé resuer celui qui l'eust voulu prédir : le pasteur aux champs après son troupeau ne le craignoit, le bétail aussi ne s'en doutoit : les arbres (si ainsi faut dire) n'attendoyent telle ruine : d'autre costé, qui estoit celuy en la ville, qui eust pensé au moindre des maux qui y sont aduenus, et qui n'eust iugé deuoir aduenir plustost vne ruine totale du monde, que de voir ce qui s'y est fait : qui eust espéré aussi de voir les maisons assiégées par les eaux, et puis s'espandre par la ville, d'vne façon autant piteuse que merveilleuse ? Cependant sur les onze heures (comme dit est), le pays plat fut tellement surpris et occupé par l'impétuosité de l'eau qui de toutes parts s'escouloit, qu'il n'y eust celuy qui eust à grand peine loisir de se sauver, d'autant que depuis ledit temps iusques au lundy en suyuant, à trois heures, le Rosne auec impétuosité toujours creust. Le peuple par la ville de tous costez crians misericorde, deplorans leur présente calamité, courans deça dela, et ne trouuans lieu seur pour s'arrester, et prendre leur haleine, n'eut incité à pleurer et gémir ? Ceux qui habitoyent aux champs, gaignans le toict des maisons, et tenans leurs enfans entre les bras, n'eussent-ils point esmeu à compassion ? Le bétail périssant en l'eau, et ne sachant de quel costé tirer, ne t'eust-il fait pitié ? Les arbres mesme fléchissans, et par l'impétuosité de l'eau renversez, ne t'eussent donné quelque mauvais présage ? Plusieurs inondations d'eau sont aduenues depuis le monde créé, mais il s'en trouuera peu de si pitoyables que ceste cy, et voylà pourquoy quelques idiots et ignorans, non assurez de la promesse de Dieu, attendoyent deuoir aduenir quelque second déluge et inondation d'eaux : les autres aussi s'estimans quelque peu plus sages, affirmoyent le bas de la ville tant seulement deuoir périr, pour ie ne sçay quelle occasion imaginée en leur cerueau. Et afin que tu sois mieux informé de ce fait, ie te feray un brief récit de la situation de la ville.

Lyon tient partie de la montagne, partie du plat pays: du costé de la montagne il regarde le pays de Forest, et a pour ses bornes la Saône, fleuve fort doux et non impétueux, sur lequel il y a vn pont qui ioint les deux parties de la ville: du costé du plat pays il a son aspect sur le Dauphiné, duquel il est séparé par le Rosne, et conioint par vn pont fort ample, finissant à vn bourg nommé la Guillotière, tellement que ceste partie presque enclose du Rosne et de la Saône, qui a esté aucunement cause au peuple de plus grande frayeur et espouvantement. Doncque, pour reuenir à nostre propos le Rosne commençant à inonder le bas de la ville, et petit à petit à l'occuper, plusieurs des habitans s'enfuyant gaignoyent la montagne, avec tel effroy, que ie ne sache celui à qui, voyant ceste pitié, les cheueux ne fussent dressez en la teste; les autres, plus constans, euitant la furie de l'eau, se sauuoyent de rue en rue, quittans leurs maisons, meubles et autres choses précieuses, comme si plus ils n'en eussent eu affaire; les autres, aussi surpris par l'impétuosité, se iettoyent à travers l'eau auec ce qu'ils pouuoyent emporter et sauuer; autre costé on n'oyoit que regrets et plaintes, les vns de leurs femmes, les femmes de leurs maris ou enfans accablez sous les maisons qui trébuchoyent ou noyez; autres de leurs parens, amis ou voisins pour les voir en peine; les vns aussi de leurs maisons ou métairies abattues par la violence de l'eau ; les autres de leur bétail submergé et perdu. Et ce qui d'auantage esmouvoit vn chacun à compassion, les pauures gens de village se sauuant au mieux qu'il leur estoit possible de leurs maisons submergées ; les vns fort pauvrement, les autres auec ce qu'ils auoyent peu retirer et conseruer ; autres portans aussi leurs enfans entre les bras, les vns vifs, les autres morts. O misère, ô calamité, ô temps déplorable ! voir plusieurs en grande langueur et détresse, et eslongnez de toute aide et secours, misérablement périr ; pauvres petits enfans dans leur berceau, agitez et poussez deça dela, crier miséricorde, quelques villages cachez sous l'eau ; maisons tomber, fondre et s'abaisser ; bestails languissans transir et mourir ; terres par l'inondation gastées ; le laboureur se désespérant pour estre frustré de son attente : n'est-ce chose fort pitoyable et digne de la mémoire d'vn chacun ?

Si puis-ie bien assurer que Messieurs de la justice et du corps de la ville ont pourueu si promptement et si diligemment à tel désastre, qu'il ne se pourra dire qu'aucun soit péri par leur négligence et faute, ni de ceux qui y pouuoyent survenir. Car d'y avoir espargné chose qui fût en leur puissance, ie ne sache celuy qui en osast se plaindre, ainsi qui ne die les auoir veu merueilleux deuoir, soit à secourir de viures ou quelques vstensiles les pauures assiégez, soit à faire trainer basteaux et autres choses nécessaires, soit à inciter vn chacun à s'y employer, tellement qu'il n'y auoit celuy qui eust cheual, ou aide à ce conuenable qui ne l'y employast, et qui ne s'exposast à tout danger et péril pour supporter les affligez et les recueillir; les vieux aux ieunes, les ieunes aux vieux; les riches aux pauures, les pauures aux riches, et le singulier et extrême deuoir, auquel chacun s'est monstré, donnera suffisante preuue de l'humanité et bonne affection de tous les habitans. Et entre autres, le soing, diligence, peine, et affection et compassion de monsieur Mandelot, gouverneur en ladite ville, et d'autres chefs et gentilshommes, est grandement à noter, qui oublians (par manière de dire) le rang et degré qu'ils tenoyent, espris de grande pitié, sans crainte d'aucun péril ny danger, tourment ny facherie, sauuans de l'impétuosité de l'eau indifféremment ce qui leur estoit possible, donnoyent vn merueilleux exemple à tout le peuple de leur magnanimité et d'vne humanité très-remarquable. Les voir dans l'eau par-dessus les sangles des cheuaux mouillez et harassez, avec vne merueilleuse peine sauuer femmes et petits enfants, et ce le plus doucement qu'il leur estoit possible, n'estoit-ce signe de grand courage? les voir lamenter, plaindre, aider et secourir ceux que desia l'eau tenoyt enfermez et enclos, et n'épargner chose qui fut en leur puissance, n'est-ce chose digne de louange? Plusieurs grands personnages et braues chefs, iadis ont acquis quelque renom, pour auoir déliuré leurs villes d'extrême danger; mais au iugement d'vn chacun, à plus grande occasion sera célébrée la mémoire dudit sieur de Mandelot, pour le singulier deuoir où il s'est employé; mais estant trop faible d'esprit pour traiter ceste matière, la laissant à quelque autre, ie continueray, qu'onques ne fut veüe pareille misère et pitié, oncques ouy pareil désastre et dégast, oncques leue calamité tant piteuse et déplorable; bref impétuosité d'eaux si véhémente.

Je m'efforcerois de dire ici les causes et raisons du desbordement, pour complaire aux curieux; mais d'autant qu'elles sont incertaines et difficiles à iuger, pour la variété des opignons, ie les laisseray au iugement d'vn chacun; si est-ce qu'vne infinité de maisons abbastues, plusieurs villages tous entiers ruinez, un grand nombre d'arbres desracinez, quelques ponts rompus et emportez, force bestail noyez, et (qui pis est) beaucoup de personnes submergez, déclarent, ce me semble, vn extrême courroux et iugement de Dieu. Cependant le Rosne continuant toujours son impétuosité, et d'heure en heure s'augmentant, desploya si asprement sa furie, que s'estant saisi de quelques rues de la ville, entrant partout et dissipant tout ce qu'il pouvait rencontrer, iettant beaucoup de maisons par terre; ou mesmes (chose fort pitoyable) plusieurs hommes, femmes et petits enfans furent surpris et accablez, et vne infinité de meubles et autres biens perdus et gastez; outre ce le pont basti sur le dit fleuve, fort toutesfois et puissant, fut tellement esbranlé de la violence, que quelques arches tombèrent, et vne infinité d'arbres sous et à l'entour dudit pont. Or, il n'y a guères lieu, où plus euidentes marques et plus piteuses apparaissent dé ce desbordement et de sa violence terrible, qu'en la Guillotière, bourg fort beau auprès dudit pont. Car, outre vne infinité de marchandises, cheuaux et bestail perdu, la ruine de presque toutes les maisons feroit bien telle pitié, que ie ne sache cœur si dur qui ne s'amolit au seul aspect de tels dégasts. Si trouue-ie fort merueilleux qu'il n'est demouré maison aucune qui ne soit ou peu ou prou offensée, et qu'on puisse dire exempte de mal. Jugez donc maintenant qu'elle a peu estre l'impétuosité et le dommage qu'il aura fait vers Vienne, Valence, Saint-Esprit, Auignon et autres païs par où il passe, desquels tous les iours nous oyons piteuses nouuelles.

D'autre costé, il s'étendit tellement dans le plat païs, qu'à une demi-lieuë de largeur et dauantage, il n'y eust village, bel édifice, ny métairie qui n'obéist et succombast à sa violence, et qui peust aucunement subsister, iusques mesmes à traîner quant à soy vne grange pleine de foin, auec les bœufs attachez au ratelier, chose non iamais ouye. Vn grand volume ne suffiroit à décrire les misères et calamitez qu'il a causé. Doncques si la Saône (fleuve duquel ie t'ay parlé) quittant ses bornes, eust changé sa douceur et lénitude en pareille impétuosité et desbordement, qui n'eust iugé deuoir abysmer et fondre, qui n'eust estimé ceste partie basse estre en extrême danger de périr? Bref, qui n'eust eu opinion que les dieux vouloyent abysmer cette ville par eau, comme du temps de Néron par feu quand elle estoit bastie sur la montagne? Comme la voulant riustaurer au lieu où jadis elle estoit, le Rosne enfin se ioignant auec la Saône vers la place de Confort, et y courant d'vne impétuosité merueilleuse excita aussi un merueilleux effroy et crainte à vn chacun, et donna occasion à plusieurs qui se tenoyent asseurez de craindre et de se douter de quelque chose sinistre et prodigieuse. Et à dire vray, les maisons pleines, l'eau violente partout, et toujours croissant, les basteaux courans par la ville, ne prédisoyent rien de bon. Ceux qui voyoient quelques ruines faites par l'eau, craignoyent qu'autant ne leur en aduint, et tel voyoit son voysin en peine, qui n'en espérait guères moins. Au reste, le lundi, sur les trois heures après la minuict (selon l'auis d'vn chacun), les eaux commençaut à descroître, et le Rosne à abbaisser sa fureur, les rues à se vuider, les maisons aux champs à apparoistre, la terre à se descouurir, les arbres à se monstrer, la pitié ny la misère ne fut guères moindre qu'alors que la violence de l'eau régnoit. Bien il est vray que chacun se résouissoit, pour se voir hors de danger, pour se voir déliurez de telle inondation; mais l'estat auquel toutes choses estoyent, faisoit aucunement souuenir du déluge qui escheut du temps de Noé; car alors, les eaux abaissées, la terre estoit toute déserte, sans habitans, sans bestail, hors mis ce qui estoit en l'arche; i'en diray presque autant estre aduenu au païs où ce déluge a exercé sa furie.

Premièrement on ne pouuoit iuger que estoyent

deuenus vn infinite d'hommes, femmes et petits enfants, habitans dudit plat païs, si l'eau les auoit emportez, si les maisons tombees sur eux, accablez; dauantage on ne voyoit que ruine, ou bien petite apparence de maisons, ou peu auparauant il y auoit eu beau bourg ou village : place nette, ou nagueres metairies, ou quelque bel edifice : lieu plein de bourbe, ou beaux prés : lieu desgarni d'arbres qui en estoit bien fourni : places ramplies de toutes immondices, qui peu auparauant seruoyoient d'esbat à vn chacun : hélas ceux qui couroyent pour tascher à sauuer quelque peu de leur bien, et ne trouuant que lieu vuide, n'eussent-ils fait pitié? Or escoute ce qui surmonte tout en pitié, et à qui oyant, combien que tu eusses vn courage d'Hercules, ou de quelque géant impiteux, les cheueux hérissonneront de crainte en la teste. Le père venant pour trouuer son enfant, et où le voyant tout mort, ou l'estimant emporté par l'eau, que estoit-ce? le mari sa femme : la femme son mari : le fils le père : le frère la sœur : la sœur le frère : le voisin son voisin. Car le desbordement fut si subit (comme iai dit) et le païs tellement surpris, que plusieurs se cuidans sauuer demeurèrent par les chemins : beaucoup aussi ne se doutant et s'asseurant en leurs maisons, enfin furent accablez ; autres aussi, à qui le chemin de sauueté pour avoir esté obstinez fut clos. Au reste la contenance de ceux mesmes qui alloyent voir les ruines, estoit pitoyable, soit en déplorant quelque homme de qualité, soit en regrettant quelque bel édifice ou lieu de plaisance, soit aussi pour quelque chose particulière qu'ils voyoyent pour lors ruinee. Cependant l'action et la contenance du peuple, et sa merveilleuse contrition, pour se voir affligé de la main de Dieu, tesmoignera à tous peuples sa singulière dévotion. Car outre le devoir ordinaire pour avoir repentance de ses fautes, fut célébrée, le dimanche après ledit déluge vne procession générale conduite et menee d'un singulier ordre, y assistant premièrement monsieur le gouuerneur, puis messieurs de la justice et du corps de la ville, suivis de tout le reste du peuple, auec telle déuotion qu'il n'y auoit celuy qui pour tesmoigner sa grande affection ne portast son cierge. Or Dieu nous fasse misericorde, et nous preserue a jamais de tel peril et danger.

1572.

Deux ans après tous ces désastres, un froid excessif glaça nos rivières; les moulins à blé qui se trouvaient sur le Rhône furent pris dans les glaces et leur mouvement arrêté. Le gouverneur de Lyon, M. de Mandelot, justement alarmé du danger qui menaçait la ville d'une prochaine famine par la cessation de toute mouture et la disette de farines, employa un si grand nombre d'ouvriers à rompre les glaces et les encouragea tellement de sa personne, le jour et la nuit, malgré la rigueur de la saison, que, contre l'opinion commune, il garantit Lyon d'un malheur qui paraissait inévitable. Le dégel vint servir tant de généreux et louables efforts et amena une inondation dans laquelle les glaces et les eaux firent des dégâts moins grands qu'on était en droit de l'attendre auparavant. Mme de Mandelot voulut en cette occasion partager avec son mari la gloire de servir le public. Cette dame, dont la naissance illustre ne servit qu'à relever l'éclat de toutes les vertus qui peuvent décorer son sexe, fournit des habits et des aliments à un grand nombre de petits enfants que le froid exposait à périr, et fit allumer de grands feux dans plusieurs quartiers de la ville pour réchauffer les pauvres pendant cet hiver rigoureux.

1602.

Cette année, la rivière de Saône se déborda, et ses eaux s'élevèrent à une telle hauteur depuis le 18 jusqu'au 27 septembre, que, couvrant entièrement les éperons du pont, elle touchait presque la circonférence des arches. La crainte qu'il ne fût renversé, obligea à le charger de plusieurs gueuses de fer et de gros quartiers de pierres pour lui donner de la stabilité. Les quais et les églises des Augustins, des Jacobins et des Célestins, depuis les portes d'Harlincourt jusqu'à Ainay, furent inondés; plusieurs corps des bâtiments de l'Arsenal s'éboulèrent. Les eaux s'étendirent sur les places Confort et Bellecour, dans toute la rue de Flandre et dans plusieurs autres, voisines de cette rivière. Heureusement, le Rhône ne crut pas également; car, si ces deux rivières eussent donné à la fois, toute la partie de la ville qui en est environnée eût été submergée. On plaça alors sur la face de la seconde maison du quai Saint-Vincent, en allant du quai à Saint-Benoît une inscription qui marquait la hauteur à laquelle montèrent les eaux.

M. Godemard, ancien archiviste de la ville de Lyon, nous a communiqué au sujet de cette inondation, la note suivante trouvée dans des papiers appartenant à l'ancienne et primitive église des Grands-Augustins :

« Le 27 septembre 1602, la Saône a été jusqu'aux degrés de la grande porte de l'église (des Grands-Augustins), entrant presque au cloître de devant, et le samedi suivant, le lendemain dudit vendredi, sur la minuit dudit samedi, elle entra dans le cloître jusqu'à genou et dans l'église jusqu'au premier degré des deux qui sont dessous la lampe qui est devant le grand autel. La maison eut pour conseil de ne rien bouger. Ce que nous fimes. Les tombeaux (caveaux) de notre église s'enfoncèrent dedans terre, et les fallut relever et raccommoder. Dieu soit loué du tout. »

1608.

GRAND DISCOURS

Sur l'Accident des glaces advenu le Dimanche, 3 Feburier 1608. (1)

Les Lyonnois, de qui l'ambition a tousiours heu pour ses limites le ciel et les murs de leur ville, ont este sy adonnes a bien faire que la renommee de leurs actions a trouue des escriuains plustost entre les Grecs et aultres peuples esloignes que parmi leurs concitoiens; de là vient que les modernes qui ont oblige ladite ville du roman de son histoire, ainsy eparse par tout le monde, sont demeures en differend de son origine beaucoup plus que de son progres; les ungs tenans qu'auparauant que Plancus eust dessigné l'assiete, dresse le plan et trasse l'enceinte de Lyon, en la colline qui regarde le soleil leuant, il n'y auoit point heu d'habitation au lieu que Pollibe appelle l'Isle de Gaule a l'endroict de laquelle s'assemblent les riuières du Rhosne et de la Saosne, et ou se veoit aujourd'hui la plus grande partie d'icelle ville de Lyon; ains que l'Isle de Gaule se doibt entendre de toute la terre qui se trouue entre ces deux riuieres et les haultes montaignes de Simplon et de Voge.

(1) Mézerai parle aussi de cet événement dans son Histoire de France, mais il n'a fait qu'abréger Matthieu. M. Peignot, dans son Essai chronologique sur les hivers rigoureux, se borne à citer Mézerai.

Les aultres tenans le contraire, mais avec des raisons qui auroient besoing d'estre appuyees de plusieurs tesmoniages restans encore visibles et palpables, par lesquels sy estoit icy le lieu, l'on pourroit peult-estre faire veoir que la premiere a este soubstenue avec la mesme inadvertance qui a faict que les ungs et les aultres ont tenu Plancus pour fundateur de la ville de Lyon, et qu'ils ont pris tant de peyne a le magnifier pour la gloire d'icelle, combien qu'il ne fust en cela que simple executeur d'ung decret du Senat romain, auquel Cæsar-Auguste presidoit, fundateur vrayment digne d'une ville qui, peu d'annees apres, donna des senateurs a Rome, son nom a une grande partie des Gaules, et des empereurs à l'univers; ville aussi tres digne de tel fundateur, puisque, des l'instant de sa fundation, elle fut le refuge des peuples affliges, la demeure ordinaire des empereurs ou de leurs lieutenans, le sacre sanctuaire de leur religion, l'athenee de toutes langues et sciences, le bureau des finances de l'empire, l'arsenal de ses forces et le magasin du negoce des Gaules. Mais, parce que le discours qui s'offre ne peult porter une telle digression, il suffira de dire que, soit que l'Isle des Gaules fust ung lieu basty et habite, ou bien une grande province, tousiours est le certain que la commodite naturelle du concours de ses rivieres contribua le plus à ceste grandeur de la ville de Lyon sy soubdainement eleuee, pour estre telle scituation le point en la circonference du monde par lequel peuuent passer tous les traicts du commerce des homes, a cause que ces deux grands canaulx, se joignans ensemble apres auoir couru tant de riches contrees en s'allant ainsy desgorger dans la mer Mediterranee, comme faict Loyre, prochaine de Lyon, dans la mer Occean, il est tout euident que l'on peult nauiguer du ponant au leuant, et du septentrion au midy, fendant les Gaules en quatre parts, sans auoir aultre destroit à passer, que l'amenite de l'air que le quarante-cinquiesme degre faict respirer au pays de Lyonnois, la delicatesse de ses vivres, et la debonairete de ses habitans.

Mais, comme aussi les choses les plus eminentes sont aussy les plus subiectes aux coups du ciel, c'est aussy la verite que qui vouldra remarquer la suite d'ung si heureux commancement, trouvera qu'il ne fust oncque endroict au monde ou se soyent successiuement manifestees plus grandes merueilles de la Prouidence diuine qu'en la ville de Lyon, deux foys en deux cens ans tout a fait consommee, l'une par ung feu incogneu et inextinguible, et l'aultre par le feu et le fert de l'empereur Severt; mais aussitost restituee en sa primitive grandeur et opulence, tant de fois du depuis persecutee par les ennemys du nom chrestien, qui ont taint du sang des deuots Lyonnois la riuiere de Saosne douze lieues contre mont, et lui ont fait changer de nom, mais qui luy ont acquis la primatie chrestienne sur les Gaules, auec ung prix si iuste qu'elle ne luy a peu estre enuiee, ayant mesme, comme seconde Rome, serui de siege a nos saints Peres, quand la premiere a defally; tant de fois saccagee par les Allemands, Huns, Gots, Sarrazins et aultres; tant de foys affligee de peste, et en telle fasson que, mesme de nos iours, l'on y a veu aller a Dieu soixante mille ames en peu de moys; mais quand et quand restablie et repeuplee plus que deuant, tant de foys a la veille de perir par famine, mais bientost solagee par l'abundance de charite que le ciel a infuse dedans les ames des plus ayses; et tant de foys inundee par le debordé mariage de ses eaux, mais desquelles, comme Achille de la lance de Peleus, icelle a tire soubdain remedde par les commodites qu'elles lui communiquent, en sorte que l'on peult dire que la ville de Lyon a este le theatre expose a la veue de tout le monde par le moien du flux et du reflux du commerce, sur lequel Dieu a voullu continuellement representer la grandeur de ses œuures et les effects de sa toutepuissance, de quoi il se presente a reciter un nouuel exemple, qui a este aussi heureux on sa fin qu'espouuantable en son commancement, et en tous ses moments miraculeux et admirable.

Chaque ung a veu qu'ensuite de plusieurs hyuers sans hyuer, cesluy-ci est suruenu bien long et rigoureux, les plus grandes riuieres si fortement gelees que l'on passoit dessus a pied et a cheual, et les neges partant plus haultes que l'on ne les auait veues de long-temps; mais chose merueilleuse, que Dieu, pour la conseruation de la ville de

Lyon, ne permit pas que la riuiere de Saosne, passant par le millieu d'icelle et y faisant deux grands contours, ayt este, comme partout ailleurs, glassee, du pont (1) en-dessoubs ny deux cens pas au-dessus, quoyqu'elle soit des plus subiestes a congeler pour estre douce, coulante et venir du septentrion: est plus merueilleux encore que ladicte riuiere, s'estant ainsy que plusieurs aultres qui tumbent dans son canal enflee de la fonte des neges et de la pluye, il aduint que le dimenche troisiesme iour de ce mois de feburier, sur les huict heures du matin, l'impetuosite de la creue amena des glasses en si grande abondance que ceulx qui les voioient venir, menant ung front qui sembloit suffisant pour engloutir non pas une ville seulement, ains une bien grande prouince auec ung bruit epouuantable, ne s'attendoient a rien moingt que d'estre le iour mesme en la peyne que furent ceulx qui cherchoient la ville de Lyon le lendemain de sa premiere ruyne aduenue par le feu en une seule nuict: mais la bonte diuine ne permit pas que les dictes glasses trouuassent la riuiere degelee dans la ville ny plusieurs centaines de pas au dehors, en maniere que l'eau, venant a se couler sur la glasse demeuree ferme et contiguë, n'eust la force de releuer le grand

---

(2) Ce pont est évidemment celui du Change, le seul qui existât alors à Lyon. Ce n'est qu'en 1638 que l'on construisit le pont de bois de l'Archevêché. Jusqu'à cette époque on passait la Saône sur des trailles ou bacs, et il paraît qu'il n'y en avait que deux; l'un entre Ainay et l'Archevêché; l'autre devant l'église de l'Observance.

poids des glasses qu'elle conduisoit plus oultre que celte barriere que le ciel leur auoit prepare, n'en estant passe qu'une partie des premieres qui, pour n'auoir este atteinctes ny pressees du grand flot des aultres, trouuerent fonds pour se couler aduant, et neant moingt en leur passaige ravagerent tellement les bapteaux qu'elles rencontrerent tant au-dessus que au dessoubs du pont, qu'il y en eust grand nombre de fracasses et aultres emmenes dedans le Rhosne auec la perte des marchandises dont aucungs estaient charges.

L'estonnement fust grand a ceux qui veirent ce piteux spectacle, mais bien plus grand à plusieurs lesquels, sentant le tremblement du pont au hurt des dictes glasses, n'auserent passer oultre et s'en retournerent d'ou ils venoient. Ce danger apparent et desia iuge ineuitable a tout pouuoir humain fust neangt moingt cesse miraculeusement aduant que ceulx qui estoient aux rues escartees du bord de la riuiere en fusseut aduertis; mais la nouuelle fust bientost respandue partout que le plus fort estoit à faire et que le mal estoit desia moitie dedans la ville et moitie au dehors. Les plus curieus vont veoir que c'est à l'heure mesme et s'informent de ceulx qui estoient sur les aduenues comme les choses avoient passe. Ils n'en eurent pour lors aultre responce que celle qu'on peult attendre de pauures gens, encore tous effrayes d'auoir veu que la riuiere chargee de glasses s'estoit releuee en moingt d'ung quart d'heure de huict ou dix pieds par-dessus ce qui estoit demettre glasse, constant et contigu que toute la plaine estoit inondee, et que les murailles de closture de quelques jardins du fauxbourg de Veze auoient este renuersees en ung instant par les glasses qui, montant l'une sur l'autre, chargerent celles de dessoubs, en sorte que les faisant eslargir, elles ne pouuoient estre soubstenues par lesdictes murailles, pour fortes qu'elles fussent. Sy que ceulx de dehors, au lieu de respondre aux interrogats qui leur estoient faicts, demandoient eulx-mesmes quels rauages et desastres auoit fait en la ville et sy la pluspart d'icelle n'estoit pas desia submergee. Tout ce iour-la se passa a s'informer par ceulx de la ville comme il en estoit alle dehors, et par ceulx de dehors comme il alloit dedans.

Le lendemain, M. de La Baume, seneschal de Lyon, commandant pour le roi au gouuernement, et M. de Montholon, surintendant de la iustice et police de ladicte ville et du ressort, accompaignes de MM. les prevosts des marchans et eschevins, suyvis du voyer, massons et charpentiers, et aussi des gens de riuieres et aultres plus experts qu'ils peurent choisir en toute la ville, s'acheminerent a veoir lesdictes glasses, et trouuerent, au iugement de tous ceulx de ceste trouppe, comme c'estoit aussy la voix commune, que sy Dieu, par sa prouidence, n'eust arreste lesdictes glasses ainsy tout court, il estoit indubitable, selon le iugement humain, que de premier abord, elles eussent renuerse le pont, et que toutefois l'on estimoit que difficilement elles eussent peu faire, pour estre ledict pont fonde sur rocher, d'une structure belle et bien forte, ou qu'elles l'eussent soubdainement barre, ce qui sembloit ineuitable, à cause des pilles, qui les eussent retenues, puisqu'elles s'estoient bien arrestees en un endroict où elles n'en auoient point eu de subiect pour estre ouuert, vuide et sans empeschement; auquel cas la ville estoit périe en aultant de lieux qu'elle se fust trouuee plus basse que l'haulteur du pont, c'est-à-dire en deux tiers des endroits habites; car, comme eussent peu iuger aultrement ceulx qui voioient une riuiere que Cæsar a tesmoigne si doulce qu'il y a des temps qu'il n'est pas possible de descouurir de quel coste est sa descente, auoir este en un mesme instant conuertie en ung rocher effroiable, releue en tel endroict de dix-sept et au moindre de huit a dix pieds, oultre ce qui estoit dans l'eau; ayant passe pardessoubs la glasse demeuree ferme, et ce qui l'auoit enfondree en plusieurs lieux que l'on trouua depuis estre de mesme profondeur. Que pouuoit-on iuger de veoir sur les bords de ladicte riuiere, et a l'endroict des ports et des rues aboutissant au long d'icelle, des glasses arrestees de grandeur incroiable, de l'espesseur, les unes d'ung pied, les aultres de plus et iusqu'a deux pieds, entassees les unes sur les aultres sy haultement qu'elles surpassoient la terre et les rues de troys et quatre pieds, quoy que celles qui estoient demeurees au milieu du canal de la riuiere feussent beaucoup plus basses; a cause que l'arrest de la premiere auoit fait enfler l'eau suruenant apres, qui auoit ainsi eleue les derniers, et puis s'estant l'eau peu a peu escoulee entre les ioincts encore disioincts, celles qui se seroient trouuees sur terre demeurerent ainsy haultes pardessus les aultres, qui s'abaisserent a mesure que les eaux se vuydoient, et s'arresterent sur le ferme de la riuiere glassee.

Quel aultre iugement pouuoit-on faire, voiant que plus aduant l'on alloit, plus le danger se montroit apparent etre doutable, les grands monceaulx releues en mille et mille diuers lieux, qui sembloient aultant de roches particulieres s'esleuant sur le grand rocher contigu; le peuple passant d'un bord a l'aultre, en deux endroicts, comme en procession, desquels la veue des regardans, quoyque de lieux releues, perdoit la file a mesure que ces amas de glaces s'y opposoient. Ailleurs au droict d'une maison de plaisir qui est hors de la ville, appelee la *Chiara*, des tas d'incroiable volume, composes de ces diuerses pierres en pyramides et aultres formes que les homes plus curieux grimpoient a l'enuy de tous costes et jusques au sommet, avec la difficulte qu'ont ceulx qui cherchent chemin par des rochers inaccessibles; et ce qui rauissoit les plus judicieux en admiration, estoit que l'on obseruoit parmi ceste enorme confusion des choses sy bien ordonnees qu'elles surpassoient le iugement humain; un traict tire, comme a la regle, au trauers de la riuiere, ou la glasse faisoit iour en droicte ligne et a l'esquerre iusques a l'eau, par une ouuerture d'ung pied tout au plus, qui se monstroit d'une espesseur estrange, une table de glasse en quadrature oblongue et grandeur immense, reposee sur plusieurs aultres, auec un tel contrepoids qu'ung enfant de cinq ans qui la touchoit du doigt en l'ung des bouts, la faisoit balancer; un canal par le milieu de la riuiere, de petite longueur et de moindre largeur, ou l'eau apparoissoit claire et courante entre toutes ces glasses, sans que jamais elle se congela, quoyque depuis cet accident, il fist des iours de froid qui gelerent la riuiere en plusieurs aultres endroicts. Des triangles de verre esleuant a plomb l'ung de leurs angles extremement esgus et transparans sur les cimes d'aulcuns desdicts rochers; partout une si grande diuersite en la forme de ce nombre infiny de glassons qui sembleroient auoir passé par les mains des meilleurs ouuriers, que l'architecture n'en sçauroit inuenter de tant de sortes, et une telle différence en leur couleur que l'on eust pris les unes pour des miroirs de crystal, les aultres pour des tables d'albastre, et les aultres pour des marbres blancs, polis et prests a employer en tel ordre d'architecture que l'on vouldroit elire, entasses les ungs sur les aultres en tels lieux, aussy a propos comme sy les massons les eussent ranges en intention de conseruer leurs vifues arrestes, et aultrepart confusement bouluersees, informes, comme sy elles eussent este jectees du hault d'une carriere a mesure qu'on les en eust tirees.

Vne seconde barriere au-dessoubs du contigu de la riuiere glassee en distance de dix ou douze pieds, ou l'eau estoit claire et coulante, estoit comme une bande de glasse trauersant toute la riuiere, s'alongeant de trente-cinq ou quarante pieds seulement, qui sembloient se preparer pour attendre et soubstenir ung aultre effort impetueux sy par fortune il arriuoit. Partout effroy selon nature, et partout admiration selon Dieu! petits et grands accoururent, tant ce ionr-la et les suyuans de la sepmaine, a veoir, disoient les ungs, leur malheur, aultres, de quelle mort ils debuoient mourir, et les plus discrects, le miracle que Dieu auoit faict pour les saubuer. Bonte diuine, que l'on ne vist jamais une personne qui ne recogneust et persistast a dire que tous les efforts humains ne pouüoient empescher que le degel venant auec quelque grand vent ou quelque grande pluye, le pont ne fut barre de l'abundance des glasses, et que le moindre mal qui en pourroit aduenir estoit la ruyne dudict pont, parce que son sault feroit le naufrage des deux tiers de la ville, a quelque heure que le desastre peult arriver, et des deux tiers du peuple s'il arriuoit de nuict; et neant moingt il n'en feust onc remarque ung seul qui s'en reuint esmeu ny en opinion qu'il en deubt aduenir aulcun inconuenient. Ains chascun monstroit une constante resolution de bien esperer de la fin moiennant la grace de Dieu, diuertissant les apprehentions d'ung tel naufrage par des propos plus tost facessieux que mélancholiques; que sy Salomon eust heu aultant de marbre blanc taille assemble sur le lieu ou il edifia son temple, comme il en apparoissoit ici, il eust espargne les quatre-vingt-mille tailleurs de pierre qu'il auoit ordinairement, qu'il sembloit que les rochers de grey des deserts de Fontainebleau eussent este ramasses en ce lieu, que ce rocher blanc et transparent a la veue, dur et fort a rompre, mais qui debuoit bientost deuenir mol et liquide, estoit le vray hierogliticque du naturel des Lyonnois, purs en la foy, courageux aux martyrs, et obeissans aux magistrats leurs propres persecuteurs, diaphanes de cueur, robustes en valeur, debonaires en humeur, candides en leurs actions, forts en leurs entreprinses et doulx en leurs conuersations, necs de reproches, inuincibles pour leur deffence et courtois a leurs ennemys, splendides en prosperite, constans en aduersité, tousiours prompts a s'humilier; que ce mesme rocher estoit le symbole du nom de la ville, c'est-a-dire d'un lyon effroiable a veoir, indomptable a forcer, mais enfin gracieux a ceulx qui ne s'opposent a luy; que c'estoit aussy le vray blason des armes de la ville, ung lyon d'argent blanc comme ces glasses, rauissant comme elles; ains se fondant soubs l'obeissance de la banniere de France, ainsy que bientost elles feroient au premier vent de la misericorde de Dieu. Le lundy, mardy et mercredy se passerent en ces discours; le vent de septentrion s'estant remis au dessus, renouuela le froid, qui fit que ce cahos d'abisme ramasse d'infinies pieces se congela en une seule.

Les chefs de la ville et magistrats populaires auxquels il touchoit de veiller a la conseruation du reste, apres auoir donne ordre de faire charger le pont avec toutes les *guises*, qui se trouuoient en la ville en grand nombre, estoient perpetuellement ensemble, consultans avec les meilleurs esprits, et ouyans tous allans et venans sur les ouuertures que chascung taschait de représenter. Il y en eust qui proposerent, pour rompre ces rochers, d'employer des machines, qui de fer, qui de boys, qui de feu, qui d'aultres artifices, d'ung bapteau charge et arme par le dessoubs de couteaulx tranchans, ayant en sa proue ung tour ou deux et ung ancre ou crochet au bout d'ung fort cordaige, pour remonter ledict bapteau contre mont sur les glasses par nombre d'hommes suffisant et consecutiuement tirer ung aultre bapteau attasche a celuy-la en distance de dix-huit ou vingt pieds, ayant en teste et par les costes des moutons battans incessamment la glasse, qui seroit desia estonnee du fardeau du premier bapteau, et en partie tranchee par les couteaulx dont il seroit arme par le dessoubs; ung autre plus grand bapteau, charge de boys et de bon nombre d'homes, qui seroit tire par quinze ou vingt cheuaulx, du bord de la riuiere, pour le faire monter sur les glasses, par le moien d'un boys rond qui seroit au dessoubs, aduançant sur le deuant le plus qu'il se pourroit, les homes se tenant sur la poupe du bapteau pour faire que le boys leuast sa poincte sur la glasse, et a mesure qu'il y seroit porte, courans tous ensemble sur le deuant, affin que ce grand fardeau, ainsy tire auec impetuosite, allast tousiours en aduant, enfondsant la glasse, comme il avoit este aultre fois heureusement pratique sur la mesme riuiere par aulcuns de ceulx qui l'entreprinrent. Apres des barrils de pouldre a canon poisses et lies de forts cordaiges, et repoisses encore, lesquels on feroit couler soubs la glasse, aussy aduant que l'on iugeroit a propos, apres ung essay, y ajoustant ung artifice avec lequel le feu seroit porte dedans l'eau au barril; auec tel espace que l'on auroit loisir de soy retirer du danger des petards, a applicquer en certains lieux ou l'on iugeoit occulairement qu'ils pourroient faire effects, plusieurs feux que l'on feroit a la foys en plus d'endroicts qu'il se pourroit, comme l'on disoit qu'il y auuoit este use en Allemaigne, pour empescher un siege prepare au temps des glasses contre une ville ordinairement inuestie de grands mareys, et plusieurs aultres moiens qui, estant examines chacung a par soy, se trouuoient bons en tout aultre occasion que celle qui se presentoit, et les proposans mesmes les confessoient; ainsi quand on leur remontroit la longueur de l'ouurage, les difficultes desia preuues du peu d'effect que rendroient les moutons et la charge desdicts bapteaux, pour grande qu'elle fust, a cause de l'espesseur des glasses et l'impossibilite de surmonter avec des bapteaux, par quelque force que l'on peult y applicquer, la confusion de tant de pieces eleuees, et tels et sy

4

rabouteux amas, les dangers qu'il y auroit pour le peuple regardant et pour les maisons voysines, a l'occasion des esclats que la violence du feu mis a la pouldre a canon lanceroit çà et la, que les petards non rompans n'auroient pas assez de force pour donner coup suffisant, et que sy les rompans y suffisoient en qualite, il ne s'en trouueroit iamais pour pouuoir accomplir la centiesme partie de la besoigne, voyre que sy bien l'on auoit recogneu plusieurs endroicts ou ils pourroient iouer avec utilite, il s'en trouueroit mille autres ou ils seroient tout-a-fait inutiles, et quant aux feux qu'ils eussent peu servir, sy l'on n'eust heu affaire qu'a la glace premiere de la riuiere, et qu'il ne s'y en fust coule au-dessoubs comme dessus en sy grande abundance qu'il seroit impossible que la chaleur de tant et plus de feulx les peult penestrer et dissouldre, sy plus hardis entrepreneurs et les mieulx verses en telles entreprinses, estonnes tous les premiers, qui deconseilloient de seruir de leurs ouuertures, lesquelles se reduisoient enfin a s'en remettre a la misericorde du Tout-Puissant, preuoyant neant moingt tousiours quelque plus grand danger qu'il n'auoit este premierement apprehende; car ils disoient que ceulx qui venoient de Mascon auoient rapporte qu'entre cy et la il y auoit deux aultres arrestes de glasses ramassees, lesquelles suruenant autant que celles icy fussent passees, comme il y auoit apparence qu'elles feroient, n'estant pas en lieu si resserre et couuert, ny en pareil abundance, ce seroit une recharge qui augmenteroit le peril, et ceulx qui venoient de plus hault, de la Bourgongne, disoient aussy que, de Chalons et en dessus, la riuiere portoit partout a ferme, et que les glasses n'auoient heu aucung ressentiment du degel qui auoit amene les aultres, tellement qu'il ne falloit qu'une creue de la riuiere du Doux ou de quelque autre gros torrent, pour les eleuer et les amener ca bas auec furie et impetuosite, enmoncelant par ce déluge montaignes sur montaignes. Brief, plus il se parloit de remeddier au mal, plus il s'y trouuoit de danger et moingt de remedde; le ieudy ledict sieur preuost des marchans et escheuins se rassemblerent sur ce mesme subiect, a desseing de prendre quelque solide resolution; a ces fins ils remirent sur le tapis toutes les choses cy-deuant dictes, ce que l'on disoit qu'ils se monstroient froids a courir aux remeddes comme c'est la verite, que iamais ils ne furent troubles de l'accident ny ne s'en esmeurent qu'aultant que doibuent faire les personnes constituees en telles charges, qui tenoient pour chose certaine et indubitable que Dieu n'auoit pas destourne le coup de la premiere furie pour les laisser rauir a la seconde, qui sembloit menasser de sy pres; et quant a la troisiesme, esloignée de Chalons en dessus, elle ne pourroit nuyre moiennant la grace de Dieu, sy ce n'estoit a des desesperes qui ne mectoient pas leur confiance en la diuine misericorde, comme la ville de Lyon auoit tousiours faict auec heureux succes en toutes ses aduersites, lesquelles chascung alloit rememorant, et sur ce propos furent rapportes deux exemples non encore oyes, l'ung qui se trouuoit en ung viel Mesmoire ou estoit escrit qu'il y a quelque centaine d'annees que tout a coup il suruint telle quantite de glasses que le pont fut barre et l'eau tellement enflee qu'elle couroit desia en plusieurs endroicts de la ville, a quoy le souverain remede fut que la procession partit en diligence de la grande Esglise, portant le *Corpus Domini*; et arriue sur le pont, au premier signe de croix qui fut fait du Sainct-Sacrement, toutes les glasses s'ouurirent et s'escoulerent auec l'eau; et l'aultre qu'il se trouuoit ung viel home en la ville, qui disoit auoir veu que pareil accident estant arriue, l'on adjoucta aux prieres et oraisons pour remedde humain des coups de canons charges de chaisnes et aultres ferremens qui, tires a propos contre les glasses et dans les arches du pont feirent des ouuertures par lesquelles l'eau ayant trouue passaige rauagea tellement lesdictes glasses qu'elles s'en allerent sans faire aultre dommaige.

Enfin toutes choses meurement digerees, ceste compagnie inspiree du mesme esprit de piete qui, a l'imitation de leurs ancestres, les fait recourir l'annee derniere aux vœux et aux prieres durant le cours de flux de sang dont la ville de Lyon estait affligee plus que nulle aultre que l'on sache, se resolut d'aller à Monsieur le Grand-Vicaire (1)

---

(3) Claude de Bellièvre, fils de Pompone, chancelier de France,

pour le supplier de faire entendre a tout le Clergé et aux Monasteres et Colleges, ou le service diuin est exerce, que la ville auait comme tousiours l'esperance de son salut en la bonte diuine et que sy on voioit les magistrats et le peuple demeurer les bras croises, c'estoit parce que tous les secours humains leur estoient inutiles, a ce qu'ils voulussent presenter leur vœu aux pieds de la sainte misericorde et importuner le ciel de la ferueur de leurs continuelles oraisons, et qu'ils seroient suyuis et assistes de celles de tout le peuple tres ardantes. Ils resolurent aussy de parler aux charpentiers sur aultres artifices que l'on proposoit faire a l'endroict des principales arches du pont, battans en forme de bassecule les glasses a mesure qu'il s'en arresteroit quelqu'une entre lesdictes arches, et que en tous cas l'on se seruiroit du canon tant pour essayer de forcer les glasses sy elles s'y arrestoient, que pour a l'extresme necessite battre le pont et y faire des ouuertures suffisantes pour garantir la ville du regorgemen, des eaux et du ruage des glasses.

Messieurs les Ecclesiastiques ouys ceste requeste, bien qu'ils n'eussent pas attendu d'estre requis pour se mectre en debuoir de prier Dieu, chaque ung a part soy, louerent beaucoup une si saincte et universelle resolution, et se meirent en

---

mort archevêque de Lyon, le jeudi après Pâques, 26 avril 1612, et non le Jeudi-Saint 19 avril, comme le disent plusieurs auteurs. Voyez son article dans le *Catalogue des Lyonnais dignes de mémoire*, par MM. Breghot du Lut et Péricaud, Lyon, Giberton et Brun, 1839, gr. in-8.

gros a faire ce qu'ils auoient commance en particulier, et la pluspart mesme des Monasteres continuerent leurs prieres sans aulcune intermission iusques apres le danger passe. Cependant l'on ne laisse en l'hostel de ville de rechercher de plus en plus les moiens de s'ayder et secourir en ceste aduersite, plus pour la crainte d'offenser Dieu par nonchalance que pour esperance que l'on eust dy rien aduancer par le moien des homes.

L'on aduisa neant moings que quand ce ne seroit que pour monstrer au peuple que l'on ne delaissoit en arriere aucung expedient pour le deliurer de la iuste apprehention qu'il debuoit auoir, ou pour mieux dire pour luy faire cognoistre par effect que tout ce que l'on y pourroit entreprendre seroit vain et inutile, les plus experts charpentiers et gens de riuiere seroient commandes de mettre sur la riuiere ung bapteau auec bon nombre des meilleurs homes que l'on pourroit choisir pour essayer de rompre a force de mouton la premiere bande de glasse qui se presentoit entre le pont et les aultres glasses qui menassoient le danger, afin qu'arriuant ung degel qui, au dire des mariniers, sembloit se preparer doulx et tranquile, tant les prieres des gens de bien auoient desia echauffe le ciel par la reuerberation de l'amour de Dieu qui s'inclinoit a elles, lesdictes glasses eussent passaige pour s'escouler en file, estant a craindre que trouuant a estre retenues a leur despart, elles ne la peussent franchir qu'en gros et auec grand effort. Cela est execute le sabmedy sur les deux heures apres midy; en quoy l'on apperceut evidemment que c'eust ete temerite d'entreprendre quelque chose sur ung rocher impitoiable, compose de plusieurs miliers de rochers, le moindre aultant et plus fort que ceste glasse battue, puysque l'on aduancoit de si peu sur icelle et que chacung iugeoit ce labeur inutile et la despence mal emploiee; toutes fois l'on continua le dimenche auec la permission des Superieurs, pour l'enuie que l'on auoit d'ouurir ledict passaige de tant que l'air s'alloit de plus en plus amolissant, et que les glasses s'estoient fort abaissees par le millieu de l'eau, a l'occasion de quoy celles qui attenoient aux bords, attirees et emportees du failx de celles du millieu, ainsy attirees s'estoient penchees comme les aultres et auoient abandonne les riues tout du long de la riuiere en tel lieu de deux a troys pieds; car Dieu auoit permis que le vent du septentrion qui a accoutume de boire la riuiere, afin d'user du terme du pais, l'auoit diminue de troys a quatre pieds depuis l'accident aduenu, et qu'a mesure que l'eau se baissoit le grand fardeau des glasses s'alloit aussi affaisant de soy-mesme. *Ce iour là de dimenche* qui fust *le XIe* du mesme moys, le pardon fut mis auec tres grande deuotion en l'esglise du couuent de l'Obseruance ou le concours du peuple fust infiny. M. les Preuost des marchans et escheuins s'estant assembles ledict iour en la maison de l'ung d'entre eulx pour aller en corps ouyr les vespres en ladicte esglise et y representer tous les estats de la ville, *suruint un ieune compaignon tailleur d'habits, natif de la ville de Clairvaux* qu'il auoit ung secret auec lequel il esperoit a l'ayde de Dieu de faire dissouldre et enuoyer lesdictes glasses dedans troys foys vingt quatre heures, mais qu'il desiroit que cela luy vallut quelque chose pour son aduancement dont il se remettoit a la discretion des dicts et ne vouloit aucune chose que l'on ne veit l'effect de ce qu'il promectoit. L'on le voulut interroger sur le proucede de son secret qu'il ne voulut declairer, respondant quasy partout sy mal a propos qu'il fust tenu pour home bien peu sense, et n'en tint on pas aultre compte; neant moingt il se rendit sy importun sur l'heure qu'ils s'acheminoient qu'il luy fust respondu quasy par forme d'acquit et pour se depestrer de luy, que s'il faisoit quelque chose de bon on le recognoistroit d'une couple de centaines d'escus et luy donneroit on quelque commission de la ville pour l'ayder a s'entretenir, mais qu'il preist garde que le monde ne se moquast de luy : a quoy il repliqua qu'il esperoit que Dieu luy feroit la grace qu'il en viendroit a bout. Lesdicts presuot des marchans et escheuins continuent leur voiage, et au retour de vespres recogneurent, a veoir les glasses qui estoient sur leur chemin, qu'elles se matissoient tousiours de plus en plus et que plusieurs s'estoient desia laissees aller, ressemblans plustost de la nege congelee que du vere ou crystal ainsy qu'elles paroissoient auparauant.

Ce bon augure et l'aduis que l'on eust le lundy, au rapport des habitans es maisons voysines de la riuière, que tout au long de la nuict les dictes glasses auoient fait de merueilleux esclats en se fendant et dissipant, feust confesse a tout le monde que Dieu y auoit mis la main et que le vœu du public et ses prieres luy auoient este acceptables, et comme lesdicts preuost des marchans et escheuins se fussent mis ensemble ledict jour sur les onze heures du matin louant Dieu d'ung si heureux commancement, l'ung d'eux se meist a dire : mais qu'est denenu notre fol d'hier? Entendant parler du compaignon tailleur, aucungs respondirent qu'il n'auoit este veu du depuis, et ung aultre rapporta que la mere et la femme dudict tailleur l'estoient uenu excuser sur ce qu'il n'estoit pas saige, priant que l'on ne s'arrestast point a luy, ou que pour le moingt s'il en abusoit comme ils s'en debuoient tenir pour asseures, qu'ils ne le feissent pas punir attendu qu'il estoit plustost idiot que malicieux. Chacung s'en prit a rire, disant unanimement qu'il n'y auoit personne qui ne l'eust iuge tel ; *mais a l'heure mesme* leur vint nouuelle que, le dimenche soir, ledict tailleur estoit alle au faulxbourg de Veze, auoit achepte ung ais, quelques fagots et charbons, et faict ung feu sur la glasse au dernier du logis *du Mouton*, et que le matin de ce iour il en auoit faict un aultre semblable au droict du boleuard saint Jehan, et lors de rire plus que deuant et sur cela chacung se retira pour aller disner. *Le greffier de la ville*, qui ceste seule foys auoit ouy parler du dict tailleur, s'en allant a son logis, rencontra l'ung des commis du voyer de la ville qui luy dict comme tout esmeu : Monsieur, ce garçon a fait merueilles ; voila les glasses qui se fondent comme la nege deuant le soleil. Ceulx qui battent le mouton se vont retirer, voiant qu'elles leur viennent sus; ledict greffier luy respondit : Mon amy, ce n'est pas ce pauure garçon qui a faict cela, sy ce que vous dictes est vray, louez Dieu hardiment et dictes que c'est un effort miraculeux de sa toutepuissance.

L'apres disner dudict iour, les glasses s'acheminerent passans queue a queue sy consommees et fracassees que l'on eust dict que le vent du midy les auoit battu ung moys ou dauantaige. Le bruict de leur despart diuulgue par toute la ville, chacung accourt sur le pont, sur les ports, sur les quays, aux fenestres, a louer Dieu de ceste grace et a s'en resiouir; l'ung disoit que ceste bataille rangee de glasses furieuses le faisoit souuenir d'une armee qui, de nos iours passant pour le Daulphine, auoit entreprins se saisir de la ville; de quoy aduertis les habitans entres en grand soulcy ils trouuerent moien de faire passer la dicte armee par la mesme riuiere dans des bapteaux auales queue a queue, qui, reluisans en armes blanches comme ces glasses, s'escoulerent tout doulcement a la veue de tout le peuple alors arme de feu et de fer pour resister a ses ennemis, comme il est a present de prieres et d'oraisons pour s'humilier enuers Dieu; l'aultre disoit que les habitans de ceste terre pouuoient bien reprendre leur ancien nom d'*Albii liberi*, puisqu'ils estoient deliures de ceste blancheur laquelle menassoit leur emersion; et d'aultres encore y en auoit qui ratiocinoient qu'il pouuoit estre que pareil accident de glasses suiuy d'une pareille fin eust donne ce nom au peuple de ceste prouince, et qu'ils l'eussent depuis perdu par ung aultre accident semblable dont l'issue eust éte l'inundation de la ville en laquelle se veoit plusieurs tesmoignaiges qu'elle a este aultres fois submergee. La nuict suiuante, se feit le grand passaige auec doulceur et facilite inesperees, et le lendemain qui fust le mardy XIII sur les dix heures du matin, l'on est asseure que le passaige estoit ouuert et la riuiere nauigable, ne restans plus des glasses que par les bords. *A l'heure mesme le compaignon tailleur vint effrontement* demander que l'on le satisfasse, puysqu'il auoit tenu promesse; il luy fust respondu que l'on n'auoit pas sceu qu'il eust rapporte aulcune chose a ce bonheur qui venoit de la grace de Dieu : a quoy il replicqua qu'il ne doubtoit point que Dieu ne luy eust ayde, mais que sy l'on consideroit bien ce qu'il auoit dit qu'il feroit, l'on ingeroit que les choses estoient succedees comme il auoit promis ; c'est la verite qu'il n'y a home de sy peu de iugement qui ne confesse que le temperament de l'air, qui auoit desia dure depuis le ieudy au soir n'auoit pas este suffisant pour faire une telle dissolution desdictes glasses, qu'ung moys de pareil temps n'y eust gueres montre a parler naturellement, mais que la merueille d'ung tel succes procedoit du vent de la bouche de Dieu, qui auoit respandu lesdictes glasses comme cendres, qui fust cause que l'on renuoya le tailleur a parler a luy en l'assemblee du Consulat que l'on tiendroit en l'hostel de ville l'apres disner dudict iour. Il y vint comme y veinrent aussy ceux qui auoient trauaille du mouton, lesquels enquis sur cest euenement recogneurent que quoyque le temps se fust ramoly sy est ce que cela ne pouuoit estre arriue que par une puissance aultre que l'ordinaire de nature, et que Dieu auoit bien monstre qu'il pouuoit tout.

Le tailleur ouy on luy demande que c'est qu'il auoit fait pour paruenir a son intention; il déclaira comme le dimenche au soir il auoit faict ung feu, le lundy matin ung aultre, et le mardy le troisiesme. On l'enquiert pourquoy il les auoit faict en cest ordre et en ce nombre; parce, dict-il, que celuy qui luy auoit appris la recepte dont il auoit use luy auoit donne a entendre qu'il falloit commancer ung dimenche et faire troys feulx sur la glasse, en troys diuers endroicts et par trois iours de suite. Enquis s'il auoit aultrefoys experimente ladicte recepte, dict que non, et que celuy de qui il la tenoit luy auoit recommande de n'en user qu'en quelque grande necessite, et que cela debuoit estre sa fortune, veu mesme qu'il estoit de Lyon, ou l'on auoit accoustume, en temps de troubles, de rompre les glasses a grands frais, pour empescher l'entree en la uille par les riuieres et la tenir en seurete. S'il n'y auoit faict ny dict aultre chose que lesdicts troys feulx; desclare franchement et sans difficulte que cela ne se faisoit pas sans paroles qu'il auoit dictes au matin de chacung desdicts troys iours; enioinct qu'elles estoient lesdictes paroles; il dict ne les scauoir par cueur, et qu'il auoit en sa chambre le mesme billet que son aucteur luy auoit baille; on luy commande de l'aller querir, et le faict on accompaigner par l'ung des mandeurs de la ville, auquel il est ordonne de ne le point habandonner et de le ramener sur le champt. Arrivé qu'il fust chez luy, il se ferme dans une chambrette ou il ne uoulut laisser entrer le mandeur, et copia son billet sur ung buletin de papier qu'il apporte. Quand et quand ce papier rapporte et ledict mandeur ouy, l'on veoit deux lignes de certaines paroles desquelles tous les assistans n'en cogneurent que celles-cy: *Domini nostri Iesu Christi*, et ny auoit aulcunes croix ny caracteres.

Le tailleur, enquis s'il entendoit les paroles contenues audict billet, dict qu'il ne scauoit, que c'estoit du latin, et ne les entendoit aulcunement, synon en ce qu'il y estoit parle de nostre Seigneur Iesus-Christ. Sy estoit la le propre billet que son aucteur lui auoit baille; dict franchement que non, et qu'il l'auoit coppie. S'il ne scait pas qu'il est deffendu d'user de paroles, et de tant plus quand elles sont incognues; dict que non, et que quand il prie Dieu en latin, il n'entend ce qu'il dict, non plus que les paroles de son billet. Qui estoit celuy qui luy avait baille la recepte; dict que c'estoit ung bon viel tailleur qu'il a servy en Bourgongne, lequel l'ayant prins en affection et se voiant proche de sa fin, luy declaira le secrest, et luy recommanda, comme dict est, de n'en user qu'en grande necessite, affin qu'il en peult faire son proffict. Sorty qu'il fust de l'assemblée, on le feit garder et attendre, et quoyque l'on sceut assez qu'il n'y auoit fait ny froid ny chaud, il fut aduise de rapporter le tout a monsieur de Montholon, et apres auoir rendu graces a Dieu de ceste tres heureuse deliurance, fust aduise de retourner en corps pardevers monsieur le Grand-Vicaire pour impetrer une procession generale le dimenche suiuant en recognoissance de la misericorde que Dieu auoit exerce sur son peuple; cela fust faict, la procession resolue et promise auec une prediccation qui seroit faicte sur ce subiect; le dict seigneur de Montholon fut aussy aduerti du faict dudict tailleur, sur quoy il ordonna a monsieur le procureur du Roy de se transporter au logis dudict tailleur pour rechercher exactement s'il sy trouueroit quelque liure ou aultre escript de magie; la recherche par luy faicte partout, il ne trouue rien aultre que l'original du billet sur lequel le tailleur disoit auoir faict la coppie, qui estoit un viel papier gras et escript d'une ancre bien vielle au iugement de tous ceulx qui l'ont veu. Depuis, le tailleur a persiste en sa demande; mais la resolution a este de ne s'y point resouldre qu'apres l'action de graces que l'on auoit a rendre a l'aucteur de ceste merueille ; car, encore que les habitans de Lyon aient tousiours curieusement conserue le ioyau precieulx de gratitude comme une des principales pieces de la succession de leurs ancestres, et qu'ils aient accoustume de tenir les choses promises a ceulx qui sont recogneus avoir heu volunte de seruir au public, bien que l'effect n'en soit pas ensuiuy, et auec usure lorsque l'effect y est. Sy est ce qu'ils ne vouldroient penser a faire chose qui donna subiect d'estimer qu'ils voulussent remunerer tant s'en fault l'acte que non pas mesme la volunte du tailleur, sy non qu'il soit ainsi iuge raisonnable par ceulx auxquels il appartient d'en reccognoistre. Le predicateur retenu pour dimenche prochain, apres la procession generalle, est ung bas religieux Minime, nomme le pere Humbelot, personnaige eloquent et tres docte, duquel l'on s'attend recepuoir abundance de fleurs et de fruicts cueillis au champ de bonheur.

(*Extrait des Actes consulaires.*)

Le 15 avril 1608, requête fut présentée aux officiers de la sénéchaussée et siége présidial de Lyon par Benoît Besson, pour obtenir ce qui lui avait été promis.

Le 19 octobre 1620, autre requête du sieur Besson, rappelant les faits contenus dans le Discours ci-dessus, de plus qu'ayant réclamé son payement, on ne lui avait donné que quatre-vingts écus, et qu'au lieu de lui donner le surplus et l'office que l'on lui avait promis, on l'avait fait constituer prisonnier pour l'intimider; desquelles prisons il avait été néanmoins élargi, le prévôt des marchands et les échevins n'ayant pu le convaincre d'avoir usé de mauvais artifices dans l'opération qu'il avait faite.

Le 13 novembre de la même année, défenses communiquées par le prévôt des marchands, par lesquelles ils soutiennent Besson non recevable en sa demande, ne l'établissant en aucune manière, demandent leur renvoi, et protestent de reconvenir le demandeur pour restituer les 240 livres qu'il dit avoir reçu, et de se rendre partie contre lui pour le faire punir par les voies de droit.

Même date. Projet de faits et articles sur lesquels les prévôt des marchands et échevins entendaient faire interroger Besson; entre autres faits, on voulait lui demander si, à l'entour des feux qu'il avait allumés sur les glaces, il n'avait pas fait des cernes, et combien; s'il n'avait pas une baguette à la main, de quel bois elle était; si, lesdits feux allumés, il ne faisait des conjurations, incantations, menaces ou défenses aux quatre côtés, comme aux quatre parties du monde, appelant les démons à son aide, etc. etc.

Le 9 décembre. Acte passé pardevant Guerin, notaire à Lyon, entre ledit Besson et lesdits prévôt des marchands et échevins, contenant transaction par laquelle ledit Besson, moyennant la somme de cent livres, qui lui fut accordée par lesdits prévôt des marchands et échevins, en considération de sa pauvreté, acquiesce à la sentence de la sénéchaussée, qui avait renvoyé lesdits prévost des marchands et échevins absous avec dépens, et de laquelle ledit Besson avait interjeté appel au Parlement, etc.

(*Extrait des Archives de la ville.*)

1711.

Les fréquentes pluies du mois de janvier, et la grande quantité de neige tombée dans les premiers jours de février de cette année donnèrent lieu à une crue considérable du Rhône et de la Saône; celle-ci surtout s'étendit considérablement le mercredi 11 février. Peu de jours après, et au moment où le jour décroissait lentement, un coup de vent très-chaud et une forte pluie occasionnèrent un nouveau débordement des eaux de ces deux rivières. Elles crurent à vue d'œil depuis le 20 jusqu'au 26 du même mois de février. Ce fut la plus grande de toutes les inondations dont notre ville ait été affligée. En effet, celles arrivées en 580, 1570 et 1602 ne nous apprennent la jonction du Rhône et de la Saône que sur la place des Jacobins; et il a été reconnu par l'inscription placée sur la face de la seconde maison du quai, en allant du pont de Saint-Vincent à Saint-Benoît, et qui mentionne la hauteur des eaux en 1602, que la crue de cette année l'a dépassée d'environ deux pieds, quoiqu'il soit constant que le pavé de la ville eût été élevé de plus de sept pieds depuis ce temps-là.

Le Rhône se répandit dans la grande rue de l'Hôpital, dans la rue Confort, et s'il avait crû de deux doigts de plus, il aurait joint la Saône dans ladite rue, ce qui arriva sur la place des Jacobins où il s'éleva jusqu'au dernier degré de la croix ou pyramide qui s'y trouvait à cette époque. Les rues Raisin, Mercière, Grenette et Dubois furent inondées. On ne pouvait aller qu'en bateau de la rue de la Poissonnerie à la place de l'Herberie.

Le désordre fut très-grand à Bellecour. Le portail de l'église de la Charité fut couvert par plus de six pieds d'eau. Le Rhône et la Saône se joignirent le 26 à l'extrémité du Mail. Une inscription le constata.

Les portes de Vaise, de Saint-Georges et d'Harlincourt furent barrées par les eaux pendant plusieurs jours, et les serrures en furent couvertes. L'eau de la Saône touchait le tablier du pont de bois de Saint-Vincent et la dernière arcade du Pont-de-Pierre du côté du Change.

MM. les prévôt des marchands et échevins empêchèrent le passage des voitures sur le pont, et firent évacuer les maisons qui sont à son avenue du côté de Saint-Nizier. Ils prirent toutes les précautions convenables pour faire attacher avec de sous câbles et triples cordages les bateaux qui se trouvaient au-dessus des ponts.

Les citoyens surpris dans les maisons sises sur les quais furent obligés de tirer leur subsistance par les fenêtres et se trouvaient emprisonnés chez eux.

La rivière entra dans plusieurs églises, principalement dans celle des Célestins où l'eau monta jusque sur les degrés de l'autel, et dans celle des Jacobins où tous les tombeaux furent soulevés. L'église des Augustins fut long-temps inhabitable, soit à cause de l'infection, soit à cause de l'humidité, la Saône ayant creusé très-profondément dans plusieurs endroits et tout le pavé ayant été enlevé.

Voici à ce sujet des documents tirés des papiers trouvés dans les archives des Grands-Augustins; ils nous ont été fournis par M. Godemard.

« Le vingt-quatre de feburier jour de Saint-Mathias de l'an mil sept cent onze, la Saône est entrée dans nostre église et dans le cloistre à cinq heures du matin; et à midy on ne pû plus entrer n'y dans l'un n'y dans l'autre. Le 25, ses eaux se sont éleuées jusqu'à la troisième marche du sanctuaire, et dans le cloistre jusque au dessus des pierres d'appuy; en même temps tout nostre clos estoit innondé, on ne pouvoit sortir de la maison qu'avec un petit bateau et on en auoit un autre à la porte du jardin qui nous conduisoit jusque au grand portail de la maison de monsieur Oliuier. En ce même jour le Rhône et la Saône se sont joints en Belle-Cour. La Saône estoit rapide extraordinairement; car les parapets depuis nostre église ont esté renuersez aussi bien que le pont de bois de Saint-Jean. Enfin, depuis le sixième de mars, la Saône (Dieu mercy) a laissé le chemin libre du costé de Belle-Cour, et nous auons commencé à respirer après dix jours d'alarmes et d'effroy. Nos tombeaux n'ont point branslé, et nostre maison n'a point esté endommagée. Dieu soit loüé de tout. »

On lit encore l'inscription suivante, grossièrement gravée dans le bois de la porte de la maison Saint-Antoine, sur le quai de ce nom:

L'EAV EST VENVE A TROIS PIEDS DE HAVT DE CETTE PORTE, LE 23 FÉVRIER 1711.

Le faubourg de la Guillotière fut presque entièrement inondé, et la communication de la ville avec la campagne interrompue par tout autre côté que par la Croix-Rousse et Saint-Just.

Les ravages et les pertes causés par cette inondation ont été extraordinaires. Une quantité prodigieuse de marchandises, de denrées, de bois et de blé a été perdue ou gâtée par les eaux. Tous les éperons ou avant-becs du pont du Rhône ont été submergés, et ceux du Pont-de-Pierre, sur la Saône, enlevés ou endommagés. Le pont Volant de Bellecour, rétabli depuis le grand hiver de 1709, fut emporté, deux arches de l'ancien pont enlevées, et la maison de l'Arsenal entraînée par le torrent le 1ᵉʳ mars, ainsi qu'un grand nombre de maisons particulières, entr'autres celle du sieur de Chaponnay, à Bellecour, où était établie la salle de spectacle. Les parapets le long de la rivière furent détruits en grande partie, et le pavé des quais et des rues fut ruiné en plusieurs endroits ; voilà les désordres publics. Quant aux dommages particuliers, ils furent plus grands encore. Il y eut parmi la classe ouvrière une cessation générale de travail. L'alarme régna dans la ville. Beaucoup de boutiques furent fermées par nécessité. Une perte immense de vins eut lieu dans les caves subitement envahies par l'eau. On fut obligé de faire pomper en plusieurs endroits, non-seulement pour sauver les tonneaux et le peu de vin qui restait, mais pour éviter la corruption des murs et l'infection provenant du long séjour des eaux. Tous les puits furent corrompus, et la ville se vit obligée de ne se servir presque que des fontaines pour ses besoins domestiques.

Nous avons extrait tous ces détails du procès-verbal fait à cette époque à l'hôtel commun de la ville de Lyon.

1756.

Dans la nuit du 15 au 16 janvier, le Rhône avait tellement cru qu'il y avait à Villeurbanne de l'eau dans la plupart des habitations jusqu'au premier étage. La fureur du fleuve renversa vingt-cinq maisons et en ruina plusieurs autres. Les habitants, dans ces tristes circonstances, poussaient des cris pour se faire entendre des paroisses voisines et se procurer des bateaux, afin de s'y réfugier avec leurs bestiaux. Le fleuve a séjourné plusieurs jours dans les plaines de cette commune, et l'on s'est ressenti long-temps des dégâts causés par ce débordement.

Les deux rivières se réunirent à la place Bellecour, et on posa à la maison de la Valette, aujourd'hui maison Sain, une inscription qui constatait cet événement. Voici une des particularités qui le distinguèrent. — Un enfant de deux ans environ, à demi couché dans un coffre, était devenu le jouet des flots, et allait être infailliblement submergé, lorsque pour le sauver, des hommes intrépides se portèrent en foule vers le confluent. L'enfant y étant arrivé, l'équilibre que la jonction des deux rivières procure à leurs eaux permit d'arracher à une mort certaine la faible et innocente créature qui, méconnaissant le danger, souriait au milieu des vagues qui le menaçaient.

1767.

Le 6 janvier, le Rhône gela entièrement en face de la rue Puits-Gaillot; et l'on n'avait pas de souvenir à Lyon de l'avoir vu ainsi. Le peuple, par la singularité de l'événement, s'y précipita pour traverser aux Brotteaux. M. de la Verpillière, alors commandant de la ville, en fut instruit, et comme le froid s'adoucissait, il craignit un dégel subit et la perte de quelques citoyens. Il envoya des gardes pour interdire le passage sur les glaces, et il fit même garder les ports. Environ une heure et demie après cette sage précaution, le dégel arriva subitement ; trois cents personnes durent peut-être la vie, dans cette circonstance, à M. de la Verpillière. Tous les bateaux attachés au pont furent fracassés ou entraînés. Un des artifices, appelé *machine à friser*, fut aussi emporté. On craignit pour le pont de la Guillotière, et certainement plusieurs arches auraient été détruites, si heureusement les glaces, à une centaine de toises au-dessus de ce pont, ne se fussent trouvées assez fortes pour former un obstacle. Le consulat se transporta sur les quais, ordonna les plus prompts secours pour prévenir le départ des glaces arrêtées au-dessus du pont, et les ravages qu'aurait pu faire la *machine à friser* au moment de la débâcle générale. Il fut question d'y mettre le feu, mais ce dernier parti fit craindre pour la ville un incendie à cause de la force du vent qui régnait alors. Il se trouva des gens assez courageux pour aller mettre en pièces cette charpente au milieu du Rhône, des glaces et des débris de plus de deux cents bateaux. Le consulat passa la nuit et le jour suivant sur les ports et sur les quais à donner des ordres et à faire travailler.

1773.

M. Guerre mentionne, sous cette date, une inondation sur laquelle nous n'avons pu trouver aucun document. Nous avons seulement lu dans le *Mercure de France* du mois de décembre 1772 qu'il y eut dans le Roussillon et le Languedoc des inondations occasionnées par des pluies continuelles.

1783.

Le 15 janvier 1783, une crue de la Saône emporta le pont en pierre dont Perrache avait entrepris la construction à l'extrémité de la chaussée qui porte son nom. Ce monument fut remplacé, en 1789, par un pont de bois construit aux frais de la compagnie et achevé en 1792.

1787.

En 1787, le Rhône s'étendit fort au loin dans la plaine des Brotteaux, emporta des moulins et presque tous les bois de construction qui étaient sur sa rive. Il y avait quatorze ans qu'on ne l'avait pas vu aussi redoutable que dans la crue subite arrivée dans la nuit du 9 de ce mois. Les campagnes voisines furent couvertes d'eau et le faubourg entier de la Guillotière devint un vaste lac.

1789.

Le 13 janvier, le courrier de Genève annonça dans la soirée le départ des glaces du Rhône comme très-prochain. Le 14, deux hommes eurent cependant la témérité (pour gagner un modique pari) de traverser le Rhône vers la porte

Saint-Clair, sur les glaces prêtes à se rompre et déjà couvertes d'eau. A deux heures et un quart après midi les glaces partirent. Une usine à faire des boutons passa rapidement sous la cinquième arche du pont Morand et sans l'endommager. Six minutes après, un moulin composé de deux bateaux fut porté par le courant dans la place même des bains du sieur Gence et de l'usine des drapiers qu'on avait eu soin de démolir; si ces bains et cette usine s'y étaient trouvés ils auraient été infailliblement fracassés et auraient pu entraîner la chute du pont. Ce moulin, en passant sous la seconde palée du côté de la ville, a été brisé, et son arbre a cassé l'un des pilotis de palée. Cinq avant-becs du pont ont été emportés, tant par ce moulin que par les glaces; mais, à la grande satisfaction de nos citoyens, le pont n'a pas souffert d'autre dommage (1). Le 15 janvier de cette année mémorable, à 5 heures du matin, la débâcle entraîna la traille des Cordeliers, et brisa presque tous les bateaux qui étaient sur le fleuve. Une manufacture de chocolat et un bateau servant à une manufacture d'indienne furent entraînés sur la chaussée Perrache et fort endommagés. Une usine à faire des boutons fut également emportée par les eaux et retrouvée ensuite à Tain en meilleur

---

(1) Un jeune homme ardent et sensible, enchanté d'avoir vu ce chef-d'œuvre de l'art échapper au danger, posa dans la nuit du samedi au dimanche, une couronne sur un principal poteau du pont, avec ces mots d'Horace: *Impavidum ferient ruinæ*: Les ruines du monde le frapperoient sans l'ébranler.

état qu'on aurait pu l'espérer. Deux jours après, le 17 du même mois, à midi, la débâcle de la Saône eut lieu. Les glaces se soulevèrent d'abord, et après cinq minutes elles coulèrent sous le pont de Serin. Ce pont, qu'on ne se flattait point de conserver, ne put résister à leur choc; la quatrième arche s'ouvrit, et en moins d'une minute le pont fut renversé. On avait pris la veille la précaution d'y attacher des cordages pour le séparer lors de sa chute et faciliter la désunion des pièces de bois qui le composaient. Cette précaution contribua à sauver le pont de Saint-Vincent et celui d'Ainay; il n'y eut pas d'accidents plus graves, personne ne périt.

1801.

Du 30 au 31 décembre, par l'effet d'un débordement du Rhône, les quais et les rues adjacentes de notre ville, la plaine des Brotteaux et le faubourg de la Guillotière furent inondés. La hauteur des eaux fut telle qu'il n'y en avait pas eu d'exemples depuis 1756.

1805.

Le 4 mars 1805, un débordement extraordinaire de la Saône occasionne de grands ravages sur tout le parcours de cette rivière.

1812.

Après un froid très-rigoureux le vent passe tout-à-coup au sud-ouest, et la fonte des neiges des montagnes de l'ancienne Savoie et des départements du Mont-Blanc et du Léman, occasionnée par une forte pluie, grossit subitement le Rhône qui s'élève dans la nuit du 16 au 17 février, de 4 mètres au-dessus de son niveau.

On sait que la crue et décrue de ce fleuve se fait ordinairement en deux jours, cette fois la crue seule a duré 48 heures. Son élévation est double de ses plus grands accroissements, tous les quais de la ville sont inondés, les eaux se répandent par les égouts dans plusieurs rues, on va en bateau dans les rues de l'Hôpital et du Pérat, la vaste pleine des Brotteaux est un lac immense, le fleuve offre un aspect imposant et terrible, le riche tribut qu'il porte à la méditerranée s'acroît malheureusement de débris de chaumières, de cadavres de bestiaux ; à côté du char rustique flotte le cabriolet léger que la rapidité de ses roues n'a pu soustraire à celle des ondes.

Les bateaux plats touchent au cintre des arches les plus élevées du pont Morand.

Le 17 au matin, une belle maison nouvellement construite aux Brotteaux s'écroula.

Le vaste entrepôt de vin de M. Brut, ci-devant administrateur dans la marine, courut de grands dangers ; les sages précautions et l'habile manœuvre de ce propriétaire parvinrent à garantir du désastre la plus grande partie de ses marchandises.

A deux heures après-midi le Rhône grossit encore considérablement, et se livra à d'affreux ravages. Une autre maison s'écroula en partie. Des pièces de bois de chêne, des radeaux entiers, des piles de planches de 30 à 40 douzaines, plus de 500 tonneaux pleins ou vides furent enlevés au sol et livrés au courant.

Entre huit et dix heures du soir, une partie de la maison Colleta s'écroula ; des cris se firent entendre, quelques barques allèrent au secours des habitants.

Dans la nuit du 17 au 18, l'eau s'éleva encore d'une manière prodigieuse.

Dans la journée du 18, la principale rue de la Guillotière depuis le pont jusque bien au-delà de l'Eglise, n'offrait qu'un vaste étang ayant dans quelques endroits plus d'un mètre 60 centimètres de profondeur. Il était dangereux de parcourir cet espace même en bateaux à cause des courants qui s'étaient formés dans les rues.

Les propriétés des habitants de la Guillotière éprouvent des dommages considérables. Au milieu des désastres causés par les eaux, l'incendie consume une maison sans qu'il soit possible de lui porter des secours.

Le procès-verbal de reconnaissance des dégâts, dressé par ordre de M. le préfet, porte la somme à 194,000 francs pour ce qui concerne cette commune.

Les propriétés des hôpitaux ont singulièrement souffert, soit dans les bâtiments, soit dans les fonds. Les fermiers demandèrent des indemnités mais on leur répondit qu'ils s'étaient chargés par leurs baux des cas fortuits, prévus et imprévus, et que dès lors ils ne pouvaient plus invoquer les art. 1772 et 1773 du code civil.

Non seulement le Rhône a considérablement endommagé les terres nouvellement ensemencées en enlevant le grain qu'elles recelaient dans leur sein, non seulement il a détérioré un grand nombre de jardins dont le produit est une des principales ressources des agriculteurs de la commune, mais encore il a fait écrouler plus de 20 maisons, au nombre desquelles se trouve une ancienne manufacture de papiers peints, et il a fait tomber une infinité de murs de clôture. Enfin il a renversé et entraîné tout ce qui se trouvait sur son passage ou qui opposait quelque résistance à son impétuosité. Le port des Brotteaux a beaucoup souffert, des quantités considérables de bois et de radeaux ont été emportées par les eaux.

Plusieurs familles ont abandonné leurs domiciles dans la crainte d'être englouties sous les décombres des maisons qu'elles habitaient. Leur fuite présentait un spectacle effrayant. On doit se féliciter de ce que parmi tant de sujets de deuil on n'a pas à regretter la perte d'un seul homme.

On assure que des lapins ont été pris sur des arbres où l'inondation les avait contraints de se réfugier.

Dans la journée du 18 le fleuve a commencé à se retirer, mais la Saône est encore extrêmement grosse. Accoutumée à porter et à répandre l'abondance, elle est sortie de ses habitudes et exerce à son tour quelques ravages.

Le samedi 22 février un grand bateau chargé de tonneaux vides a été entraîné par le courant. Les tonneaux entassés en forme de pyramide et sans doute mal liés, se sont écroulés et une grande partie est tombée dans la rivière. A l'approche du pont Tilsitt, les conducteurs qui ne pouvaient plus diriger le bateau, attendu le désordre de son chargement, se sont précipités dans de petites barques qui accouraient à leur secours de tous les points du rivage, malgré la grosseur et la rapidité des eaux. Le bateau a heurté contre une des piles du pont, s'est brisé en partie et presque tout le reste des tonneaux amoncelé a été livré à la merci de la rivière. Cependant les nombreux batelets qui couvraient la Saône sont parvenus à recueillir tous les tonneaux épars et flottants et le bateau même a été amené sur le rivage en dessous du port d'Ainay.

Quelques jours avant l'inondation du Rhône ce fleuve était presque à sec.

Nous n'avons pas pu nous procurer de plus amples renseignements sur l'inondation de cette époque. Aucune relation complète n'ayant été écrite sur ce sujet, le Journal de Lyon, petite feuille du temps, imprimée chez Roger, est la seule source que nous ayons pu consulter.

1820.

Cette année, après un hiver rigoureux, la Saône gela, et le 23 janvier, la débâcle des glaces provoqua une inondation.

1823.

Le 22 octobre, un débordement du Rhône entraîne quatre arches du pont Morand, et occasionne de grands ravages sur différents points. (*Mémoire sur l'endiguement du Rhône*, par M. Guillard, page 10; Lyon, Barret, 1834, in-8°. *Gazette de Lyon* du 22 octobre.) M. Cochard, qui venait de publier, avec le millésime de 1836, le *Guide du voyageur et de l'amateur à Lyon*, s'exprimait ainsi en parlant du pont Morand (page 78):

« ...... Sa hardiesse et sa légèreté font l'admiration des connaisseurs. Cependant une preuve que ces qualités n'altèrent en aucune manière sa solidité, c'est qu'en 1789, lors de la débâcle des glaces, il n'éprouva aucune avarie; aussi l'un des actionnaires, trompé dans ses craintes, fit placer, après le danger, une couronne de laurier au-dessus d'un poteau, avec cette inscription: *Impavidum ferient ruinæ.* »

L'auteur fut obligé de faire un carton pour supprimer cette phrase qui venait d'être si cruellement démentie.

1830.

Le 9 février, une débâcle de glaces a eu lieu

sur le Rhône. Les eaux se sont élevées à une grande hauteur; elles ont entraîné plusieurs moulins; deux usines qui étaient amarrées le long de la chaussée Perrache ont été emportées et gravement endommagées par un barrage de glaces que les eaux avaient repoussées avec violence. D'autres usines ont eu à subir des avaries plus ou moins considérables.

1836.

Pendant les mois de novembre et de décembre, le Rhône et la Saône ont successivement débordé. La Guillotière a été submergée.

« Tous ces débordements sont aisés à expliquer, nous dit M. Guerre dans un Mémoire :

« Le Rhône a ses sources dans les plus hautes régions des Alpes. Les fontes subites de neiges et de glaces, les pluies excessives qui arrivent par les affluents sans nombre au centre commun qui leur sert de lit, mais qui ne peut pas toujours les contenir, font de ce fleuve une sorte de torrent, l'un des plus impétueux et des plus redoutables du royaume.

« Parvenu aux confins des départements de l'Ain et de l'Isère, entre des bords peu élevés, il couvre souvent des plaines immenses qu'il change en plages arides, en îles ou îlots, en *brotteaux*, suivant l'expression consacrée dans nos contrées; puis, aux approches de Lyon, contenu sur sa rive droite, tantôt par une montagne très-escarpée, tantôt par des ouvrages d'art, et franchissant sur sa rive gauche les faibles digues que la nature et l'art ont pu lui opposer, il se forme, en quelque sorte, un second cours dans les champs désolés des communes de Vaux, de Villeurbanne et de la Guillotière, y interrompt souvent les communications, et menace sans cesse l'existence de cette dernière commune qu'il a détruite plus d'une fois. Le nom de *Brotteaux* qu'à conservé sa plaine septentrionale atteste assez les fréquentes visites du fleuve et devrait avertir les esprits inattentifs de ce qu'il peut faire encore.

« Il est impossible de se dissimuler que les désastres, dans chacun de ces débordements si malheureusement célèbres, auraient été bien plus affligeants encore, si les eaux, dirigées, par la pente insensible de la plaine, vers la partie orientale du pont, n'avaient trouvé d'immenses issues sous les arches auxiliaires qu'on y a ouvertes au-delà du lit du fleuve, sur les terrains peu élevés qui existaient à sa rive gauche.

» Ce n'est donc pas sans de graves motifs que ces arches auxiliaires ont été établies, et que toujours elles ont été entretenues avec les mêmes soins que le reste du pont. La nécessité en était tellement sentie, qu'après l'inondation de 1756, les deux provinces du Lyonnais et du Dauphiné se concertèrent pour ajouter le secours d'une arche de plus à celles qui avaient déjà rendu tant de services. Ces arches étaient au nombre de *huit* on les porta à *neuf*; il n'y en a que *huit* sur le grand cours du fleuve.

« Le temps, toujours fécond en lumières utiles, et avec lequel s'usent et disparaissent tôt ou tard toutes les préventions, toutes les erreurs; le temps, bien loin de faire naître des doutes sur la nécessité de cette garantie, n'a révélé que la convenance d'y en ajouter d'autres, et d'étendre le bienfait à toute la plaine des Brotteaux. On parle depuis long-temps d'une nouvelle digue à établir en amont, d'un canal de déversement qui en tiendrait lieu, d'un canal de navigation qui pourrait concourir à une protection si nécessaire. On a même parlé d'encaisser le fleuve, dépense qu'on pourrait couvrir en partie par la valeur des terres qui seraient rendues à l'agriculture. L'académie de Lyon a fait de ces grandes pensées, en l'année 1825, le sujet d'un concours qui n'a pas été sans résultat, et le conseil municipal de la Guillotière celui de l'une de ses plus importantes délibérations.

« Mais les calamités de la nature sont comme les catastrophes politiques; on les oublie aisément. Les leçons si vantées de l'histoire sont presque également perdues et pour les générations qui ont souffert et pour les générations qui en ont pris la place. C'est ainsi que ceux qui ont entrepris de *refaire* la commune de la Guillotière, oublient les œuvres du Rhône aussi complètement que si ce fleuve n'existait pas. »

JOURNAL

DES

INONDATIONS

DU RHONE ET DE LA SAONE,

DANS LYON ET SES FAUBOURGS,

En 1840.

C'est le cœur encore navré de douleur que nous prenons la plume pour laisser à nos neveux la relation de l'épouvantable fléau qui vient de ravager nos villes et nos campagnes. Puisse l'horrible leçon que nous venons de payer si chèrement, leur enseigner ce qu'ils doivent faire pour prévenir des désastres aussi affligeants.

INONDATIONS

DU RHONE ET DE LA SAONE,

En 1840.

Mercredi 28 octobre,

Les pluies continuelles que nous éprouvons depuis quinze jours jointes à la fonte des neiges qu'un vent du midi extrêmement chaud a occasionnée dans les montagnes des Alpes font croître rapidement les deux fleuves qui baignent notre riche cité.

Cependant habitués comme nous le sommes à éprouver annuellement à cette époque des inondations plus ou moins fortes, les esprits ne manifestent aucune crainte à l'approche de l'horrible fléau qui bientôt va dévaster nos murs et ruiner une partie de la population.

Le Rhône qui vient à peine de rentrer dans son lit à la suite d'un débordement qui a déjà inondé la plaine des Brotteaux recommence à croître avec une rapidité extraordinaire.

Jeudi 29 octobre.

Le Rhône a considérablement augmenté depuis 24 heures; l'Arve, qui parcourt une portion de la Savoie et se jette dans ce fleuve au-dessous du lac de Genève, arrive grossie de tous les torrents sortis des glaciers ou descendus des montagnes. La Valserine et la rivière d'Ain s'y déversent aussi et contribuent à son accroissement rapide.

De vagues inquiétudes commencent à s'emparer des esprits. La pluie qui tombe par torrents nous présage de grandes calamités.

On prévoit une forte inondation, et MM. les ingénieurs, pénétrés de cette conviction, mesurent déjà les progrès de nos rivières (1).

---

(1) *Circulaire de l'ingénieur en chef aux ingénieurs.*
Lyon, le 30 octobre 1840.

Mon cher camarade,

L'inondation actuelle du Rhône et de la Saône parait devoir dépasser les limites des plus hautes eaux connues jusqu'à ce jour : et il est d'une grande importance d'en constater la hauteur et les effets.

Je viens donc, mon cher camarade, vous prier de faire autant de visites que vous le pourrez sur toutes les parties de rives comprises dans votre arrondissement, de faire marquer le plus exactement possible et en un grand nombre d'endroits, les points les plus élevés qui auront été atteints, avec indication précise de l'heure des observations. Un nivellement général liera ultérieurement entre eux ces points de repère.

Il sera essentiel d'avoir pour chaque bief la vitesse des corps flottants, surtout dans l'intérieur de Lyon où les quais donnent un profil plus régulier à la section du courant, afin de pouvoir en conclure avec quelque approximation le volume de l'eau roulé dans une seconde.

Chaque pont devra être l'objet d'un examen tout spécial de votre part pour constater les effets de la contraction de la veine fluide et la hauteur

Vendredi 20 octobre.

Le Rhône croît avec violence et envahit une grande partie de nos quais. Cinq usines situées sur la rive droite, en face du Cours du Midi et de la chaussée Perrache, sont entraînées par le courant. Les gardiens ont à peine le temps de s'échapper; un de ces bateaux disparaît sous l'eau vis-à-vis de l'abattoir, et deux sont arrêtés à Oullins (1).

de la chute de l'amont à l'aval, aux diverses phases des hauteurs respectives du Rhône et de la Saône. A cet effet, les côtes que vous faites prendre chaque jour à midi aux diverses échelles devront être prises d'heure en heure.

Les règlements chargent les Ingénieurs en chef *de prendre les mesures les plus actives* pour mettre les ponts et autres ouvrages publics à l'abri de toute avarie dans les temps de glaces ou d'inondation. Je vous prie très-instamment, mon cher camarade, de me seconder de tous les efforts de votre zèle dans cette occasion qui fait peser sur nous une grave responsabilité.

Que vos conducteurs, piqueurs et autres agents soient constamment en tournée. Assignez à chacun d'eux une portion de rive ou de digue à surveiller, des observations à faire et des comptes à rendre. Donnez à vos entrepreneurs les instructions nécessaires pour qu'au premier signal ils soient prêts, ainsi que leurs ouvriers, à porter sur les points qui pourraient être menacés, tous les moyens de secours dont ils pourraient disposer.

Je n'ai pas besoin de vous recommander, mon cher camarade, de vouloir bien m'informer sans retard de tous les accidents qui pourraient survenir, et qui seraient de nature à réclamer ma présence sur quelque point que ce soit pendant le jour ou pendant la nuit.

Agréez, etc.

L'ingénieur en chef,
MONDOT DE LAGORCE.

(1) Ces bateaux appartiennent : à M. Dubiez, César, 1 moulin à fa-

Les parties basses de la Guillotière et notamment les vastes prés de l'Hôtel-Dieu se couvrent d'une nappe d'eau. Les habitants des Brotteaux se félicitent d'être à couvert de plus grands maux par l'existence de la digue qui oppose un rempart à l'inondation.

Cette digue en terre, élevée depuis deux ans à la demande de M. le préfet pour donner du travail et du pain aux ouvriers indigents, cette digue, reconnue par les ingénieurs comme suffisante pour les crues ordinaires, inspire néanmoins aux hommes de l'art quelques craintes pour les fortes inondations. Déjà, en septembre dernier, des ouvriers du génie ont été commandés pour y réparer quelques parties endommagées, et ces travaux fraîchement faits et à peine bien affermis, donnent à penser devant la rapidité avec laquelle le fleuve croît à chaque instant.

Depuis hier quinze ouvriers sont employés jour et nuit à réparer les empiètements du Rhône sur la digue qui se lézarde profondément.

Le soir, à la nouvelle gare de Perrache, la maison de M. Cotte-Aymard, marchand de charbons, s'écroule minée par l'eau; personne n'a été blessé, l'événement était prévu, les habitants et les chevaux étaient sortis d'avance.

Le désastre est déjà bien grand; mais ce n'est que le présage des maux bien plus grands qui vont fondre sur nous.

rine; à M. Tourret, 2 moulins à farine; à M. Dazon, 1 moulin à aiguiser à M. Rigny, 1 moulin pour blanchissage de couvertures.

L'active prévoyance de l'Administration s'occupe déjà des mesures à prendre pour prévenir tant de calamités (1).

Samedi 31 octobre.

Trois heures du matin.

Pendant toute la nuit qui vient de s'écouler la pluie est tombée par torrents; les craintes que l'on avait conçues sur la solidité de la digue des Charpennes ne se réalisent que trop, l'eau qui n'est plus qu'à dix-huit pouces de son niveau la dégrade peu à peu et suinte à travers de nombreuses lézardes. Enfin à trois heures et un quart du matin, la digue se brise avec fracas sur 300 pieds de longueur et un vaste torrent inonde la plaine des Brotteaux menaçant de détruire tout ce qu'il trouve sur son passage.

Dans le quartier nord à partir des Charpennes jusqu'au port Henri IV, plusieurs constructions sont renversées par le choc des eaux. Les maisons

---

(1) *Lettre de l'ingénieur en chef à M. Meynard, ingénieur ordinaire.*

Lyon, le 31 octobre 1840.

Monsieur et cher camarade,

Je vous prie de visiter de suite avec un très-grand soin tous les amarrages des moulins à nef, bateaux à laver et autres usines stationnées sur la rive droite du Rhône, et de prendre sans aucun délai toutes les mesures nécessaires pour consolider ceux de ces amarrages qui pourraient présenter quelque chance d'accident. Je vous autorise à faire toutes les dépenses que vous aurez jugées utiles à l'effet de prévenir les incalcula-

s'écroulent et les habitants n'ont que le temps de fuir devant le torrent qui les poursuit.

M. Guillon, après avoir perdu une grande partie de sa fortune dans l'incendie qui, il y a à peine six mois, a dévoré son théâtre du cirque olympique, après avoir été victime des ravages du feu, l'est aujourd'hui par les ravages de l'eau : une maison qu'il possédait encore derrière l'emplacement du cirque vient de s'écrouler.

Dans ce moment critique, 4 artilleurs en faction sur la partie de la digue qui vient de se rompre, forcés de fuir à travers les eaux, se prennent par la main et forment la chaîne pour résister au courant qui les enveloppe de toutes parts, ils arrivent à une maison inhabitée et montent sur le toit. Ce n'est que six heures après que le nommé Huchard, marinier, après avoir parcouru deux fois cette mer furieuse, rencontre enfin ces soldats qu'il ramène avec lui sains et saufs. Trois médailles, dont deux en argent et la troisième en or, attestent qu'il n'en est pas à son premier acte de courage, et sont le plus bel éloge qui puisse être fait de sa conduite.

bles désastres qui seraient la suite de la rupture d'un de ces amarrages. Cinq moulins de la chaussée Perrache viennent d'être entraînés par un accident semblable, et il est à craindre qu'ils ne renversent les ponts qu'ils rencontreront à moins qu'ils ne soient coulés.

Je ferai mettre immédiatement à votre disposition tous les fonds dont vous pourrez avoir besoin pour l'exécution des ordres que vous aurez donnés en vertu de la présente.

Agréez, etc.

L'ingénieur en chef,
MONDOT DE LAGORCE.

Les habitants qui dormaient paisibles, se croyant à l'abri de l'inondation sous la protection de ce vaste endiguement, se réveillent en sursaut. Impossible de se représenter leur épouvante quand ils ont pu se rendre compte du bruit affreux qui vient troubler leur sommeil. Ceux qui ont le temps de quitter leurs habitations menacées, dans le trouble où les a jetés ce désastre imprévu, fuyent presque nus devant le torrent dévastateur qui croît à vue d'œil sous leurs pas chancelants.

Peu d'instants après et malgré le déversement considérable qui s'est fait par l'ouverture de la digue, l'eau s'élève sur les trottoirs du port Henri IV, sur la digue de la Tête d'Or construite comme insubmersible, se répand avec la même impétuosité dans le quartier de l'île Robinson, (dans cette partie l'eau a cru de cinq pieds en une heure), et établit un autre courant très rapide qui va se joindre au premier par le chemin de la Tête d'Or.

Ce n'est pas tout; un nouveau courant s'établit encore à neuf heures du matin en haut du Grand-Camp, par une ouverture que les habitants de Vaux, dit-on, ont imprudemment pratiquée à la digue dans le but de diminuer l'inondation qui couvre leur commune; et les eaux qui tournent la digue à l'amont, passent sur 0,40 centimètres de hauteur environ, par l'intervalle qu'on a laissé subsister entre elles et les balmes.

Le torrent ravage les terres par où il passe, déracine les arbres, renverse les maisons sur son passage, entraine les tristes richesses des malheureux. C'est un spectacle à navrer le cœur.

On remarque qu'aussitôt après la rupture de la digue le Rhône a baissé de plus d'un pied dans la ville ; mais si l'on considère l'immense étendue de terrain qu'il a couvert et où il s'élève en quelques parties à plus de huit pieds, on frémit en pensant aux désastres qui seraient venus fondre sur notre cité si cette masse d'eau n'avait pas été détournée de sa marche ordinaire. (Il est constant que le volume d'eau qui a submergé la plaine des Brotteaux et y a circulé pendant deux jours et une nuit, est égal à la moitié du volume passant sous le pont Morand.)

La vitesse du torrent au débouché de la rupture de la digue était de 25 mètres par secondes.

Les maisons commencent à s'abîmer dans les flots.

Sur le chemin de la Tête d'Or un vieux tailleur allemand, nommé Hermann, est réveillé en sursaut par un bruit étrange, il s'élance de sa couche et se trouve sur le plancher les jambes dans l'eau. Epouvanté, il monte sur sa table, bientôt elle chavire, Hermann tombe. Il n'y a plus de salut pour lui s'il reste là, il se jette à la nage, atteint un arbre, l'étreint avec force et demeure là, en chemise dans l'eau, jusqu'au matin, huit heures, que le nommé Dumont vient le sauver avec son bateau.

Sept heures du matin.

M. J. Grandvoinet, jeune médecin de notre ville, à la nouvelle de cette calamité, poussé par un vague pressentiment, se rend sur le théâtre de l'inondation. Une maison dont il connaît les habitants, isolée au milieu de ce déluge, menace de s'écrouler; on entend des cris de détresse. M. Grandvoinet se procure en toute hâte un bateau au moyen duquel il enlève plus de quarante personnes à une mort presque certaine. Chacun le félicite de son courageux dévouement; mais sa tâche n'est pas remplie tant qu'il ne verra pas en sûreté toutes les personnes qui habitent cette maison déjà envahie par les eaux jusqu'au premier étage. Il remonte sur sa barque et pour la septième fois il recommence son sauvetage. En ce moment l'eau s'élève avec une rapidité extrême, les malheureux qui attendent impatiemment le moment de leur délivrance, s'effrayent de cet accroissement subit; onze personnes, dont une femme et sa fille enfant de douze ans, se précipitent dans la barque qui plonge dans l'eau jusqu'au bord et menace de sombrer sous un poids qu'elle ne peut supporter. L'embarcation est dirigée péniblement contre le rivage sauveur. Vains efforts! Le torrent l'entraîne et la jette contre un arbre; elle se brise; les douze personnes qui la montent sont submergées, celles qui savent nager se soutiennent sur l'eau jusqu'à ce qu'elles puissent saisir les planches qu'on leur lance du rivage, d'autres se sont accrochées à l'arbre et montent sur les branches qui fléchissent sous le poids. Grandvoinet, qui a compromis son existence pour sauver la vie de ces personnes, après avoir plongé, revient sur l'eau et se dispose à se sauver à la nage, quand la jeune fille le saisissant par la jambe et la femme par le cou, il se trouve dans l'impossibilité d'agir et a mille peines à se rapprocher du bateau dont les débris sont arrêtés contre l'arbre ; il monte enfin sur un de ces débris en soulevant la femme et l'enfant qui ne l'ont pas lâché d'un instant. La plume ne saurait rendre l'effroi des personnes témoins de cette horrible scène ; des cris épouvantables partent du rivage ; le bruit des vagues écumantes qui vient se joindre aux lamentations des spectateurs, font de ce tableau une scène vraiment déchirante. Ce n'est que vingt minutes après que deux bateaux montés par des mariniers, viennent au secours de ces malheureux ; Grandvoinet est transporté dans son lit où il demeure deux jours entre la vie et la mort.

Cet événement a lieu dans la rue Boileau, au bas de la Cité du Rhône (1).

---

(1) Les personnes sauvées par ce jeune homme courageux sont :

M. Vagnac et sa famille.	4 personnes.
M. Alloard id.	4
M. Mercier id.	5
M. Broliquet id.	2
Ouvriers de la fabrique Vagnac.	18
Ouvriers de la fabrique de couvertures.	15
Femme Guillermain et sa fille.	2
Total.	50

Huit heures.

La pluie n'a pas cessé, le fleuve croît prodigieusement, il a déjà atteint la hauteur de 1812.

Sur un autre point des Brotteaux, les nommés Ludovic et Fortuné Bance, à l'aide de planches liées en forme de radeau, ramènent à temps neuf personnes de chez un nommé Huchart dont la maison écroule un instant après. Ces jeunes gens se dirigent ensuite chez le sieur Julien dont ils sauvent toute la famille et même toute la basse-cour, avec une promptitude et une adresse vraiment remarquables. Leur courage et leur désintéressement méritent des éloges.

Sur le cours Bourbon, le nommé Françon sauve à lui seul dix-sept personnes et néglige d'emporter son propre mobilier qui se trouve englouti dans la maison qu'il habite et qui vient de s'écrouler.

Neuf heures.

Le désordre est au comble sur toute la plaine; mais le quartier de la Buire est celui qui souffre le plus dans cette calamité générale. Heureusement de prompts secours y sont organisés par un citoyen courageux. M. Besson, garde du génie, prend sous sa direction quelques sapeurs du génie et des militaires du 12ᵉ de ligne dont il dirige les efforts pour sauver les malheureux que l'inondation a surpris dans leurs domiciles. (Ce sont les mêmes hommes qui déjà, sous les ordres de M. Besson, avaient failli périr en réparant la digue et dont les journaux mal informés avaient annoncé la mort.) Ces braves gens improvisent à la hâte, trois radeaux pouvant transporter chacun quatre personnes, au moyen desquels ils sauvent dans la matinée 43 individus qui auraient péris évidemment; leurs maisons sont presque toutes écroulées (1).

Pendant cette journée si remplie de péripéties où tant d'évènements se sont succédés avec la rapidité de l'éclair, où tant de malheureux ont cru voir arriver leur dernière heure au milieu des plus terribles angoisses, nous avons à déplorer un évènement bien grave, les témoins n'en parlent qu'en frémissant : un peu au-dessous du château de la

---

(1) Les personnes qui ont échappé à la mort, grâce aux courageux efforts de M. Besson et de ses employés, sont :

M. Charbonnier et sa famille.	4 personnes.
M. Martin père, malade et au lit depuis 2 mois.	1
La famille Fontanelle : 1 homme, 3 femmes, 5 enfants.	9
La femme Jomard et 1 enfant.	2
Un enfant, derrière la Buire, dans une maison à moitié éboulée.	1
La femme Barret, au château de la Buire.	1
M. Dugnac et sa servante.	2
Au château de la Buire, deux familles.	8
A la ciergerie, deux domestiques.	2
M. Deboille et sa famille.	5
Un aliéné, maison Clermont.	1
La fille Françoise.	1
La veuve Morel qu'on a été obligé de faire enlever de chez elle par deux gendarmes.	1
Un vieillard et quatre enfants.	5
Achard, la femme écrasée, le mari mutilé.	2
Total.	43

Buire, dans une maison isolée, un homme et sa femme, les nommés Achard, de l'endroit le plus élevé de leur habitation jettent des cris de détresse; leur maison commence à s'écrouler. Le radeau des braves sapeurs du génie approche en toute hâte, il n'est plus qu'à cent pas de la maison; horrible spectacle! tout s'engloutit dans les flots. Ils ne retirent que le cadavre de la femme et le corps mutilé de son mari.

Parmi les braves employés de M. Besson, nous citerons particulièrement le nommé Very; cet homme, pendant qu'il sauve un aliéné de la maison Clermont, près la route de Lafayette, voit s'abîmer dans les flots sa maison et tout ce qu'il possédait.

Les maisons Podesta, Thomas, Fontanelle, Clamaron, Liénard, la manufacture de papier peint de 250 pieds de long, le château St-Amour (1), le bâtiment du gaz, quatre maisons de la grande rue de la Guillotière, s'écroulent presque simulta-

---

(1) MM. Célicourt et Barqui, deux de nos artistes les plus aimés de public du Gymnase, étaient co-propriétaires de la maison dite château de St-Amour, dont ils avaient fait l'acquisition depuis fort peu de temps. M. Célicourt venait d'y transporter tout son mobilier et commençait à y faire sa résidence quand l'inondation est venue renverser cette petite propriété. Il n'a eu que le temps de fuir à peine vêtu, et en un instant il a vu tout ce qu'il possédait s'abîmer sous les ruines. Un malheur ne vient jamais seul; quelques jours après le théâtre du Gymnase est consumé dans une nuit par un incendie; et MM. Célicourt et Barqui, après avoir perdu tout ce qu'ils possédaient, ont la perspective de voir leurs travaux suspendus. Le public porte le plus vif intérêt au malheur de ces deux artistes si recommandables. L'*association des artistes dramatiques*, récemment fondée à Paris, vient de leur envoyer une somme de 300 f.

nément. Pendant toute cette journée on n'entend que des cris et des craquements épouvantables ; et pas d'espoir de voir le terme de tous ces maux ; le Rhône grossit toujours.

La plaine des Brotteaux ne présente qu'un vaste champ de désolation. Les eaux s'étendent depuis le pied des Balmes, jusqu'au faubourg St-Clair, dit faubourg de Bresse, enveloppent les forts de de la Tête-d'or, des Brotteaux, de Villeurbanne, couvrent entièrement le quartier de la Mouche et présentent à l'œil une superficie d'une lieue en longueur et d'autant en largeur dans la partie du Grand Camp.

La grande rue de la Guillotière, jusqu'à la place de la Croix est complètement inondée et a sept pieds d'eau dans quelques endroits.

La digue de la Vitriolerie est rompue en aval et près le pont de la Guillotière. La brèche grandit peu à peu et atteint bientôt la largeur de 50 mètres. Un courant impétueux et profond se précipite par cette ouverture dans le quartier de Béchevelin et traverse un espace immense couvert de constructions, dont plusieurs sont entraînées et dont les autres menacent ruine. L'entrepôt de charbon et le bureau du sieur Roybet sont emportés. Les usines de tout genre qui sont situées dans cette partie de la Guillotière sont inondées, les habitants fuyent à l'aide de bateaux. On voit déjà sur les chemins des familles ruinées, à demi vêtues, sans asile, sans pain, implorant la charité publique.

Presque toutes les constructions du quartier de la Mouche sont écroulées, les maisons sont abîmées dans les flots.

Des secours sont organisés sur-le-champ pour subvenir aux premiers besoins de ces malheureuses victimes.

Des souscriptions sont ouvertes de toutes parts en faveur des inondés; les listes se couvrent rapidement; le pauvre trouvera un asile et du pain. Parmi les nombreux secours que la charité lyonnaise prodigue aux victimes de l'inondation, nous devons mentionner les dons en pain et en argent faits à la mairie de la Guillotière par les frères de St-Jean-de-Dieu, qui d'ailleurs se sont empressés d'accueillir un grand nombre de malheureux; que l'autorité municipale leur a confiés.

Quelques citoyens partagent leur habitation avec des malheureux sans asile. Parmi ces personnes charitables nous citerons le sieur Martin-Cabaret qui a donné hospitalité et secours dans sa maison à plusieurs familles que l'inondation avait chassées de leurs domiciles.

Un peuple morne et sans force comme sans secours contre ce fléau, regarde sa ville s'abîmer sous les eaux, et debout sur les hauteurs de la Croix-Rousse assiste à ce lugubre démembrement. A chaque minute un craquement effroyable, un pan de muraille s'écroule, puis le toit, puis un tourbillon de poussière, puis plus rien; l'eau a tout englouti. On n'entend que l'écho répétant les cris des victimes. Que faire dans ces heures de calamité publique? rien, rien que des vœux stériles. Les secours sont impuissants; nous sommes inertes et pleins de stupeur devant cet effrayant cataclysme.

A Lyon, l'eau a envahi le quai St-Clair, le quai de Retz, le quai Bon-Rencontre et de l'Hôpital, et les rues adjacentes dans l'intérieur: la rue Basseville, la place des Cordeliers, la Grenette, la rue Port-Charlet et la grande rue de l'Hôpital, la place Léviste, une partie de la place Bellecour et des Tilleuls, la rue du Pérat et les rues de la Charité, St-Joseph et Boissac.

Cette belle galerie vitrée que l'on construit sur l'emplacement de l'ancienne boucherie de l'Hôpital est baignée dans toute sa longueur. Dans l'église de la Charité, l'eau s'élève jusqu'à la table de communion.

M. Riche, directeur de la compagnie des gondoles à vapeur, envoie à M. le maire toutes les barques dont il peut disposer, et tous les mariniers, charretiers, crocheteurs employés dans son établissement pour les utiliser à un service de sauvetage et de transport dans les rues de la ville qui sont inondées.

Le Rhône est à 5 mètres 57 centimètres au-dessus de l'étiage, c'est-à-dire à 35 centimètres plus haut qu'en 1812.

A cinq heures après midi, le fleuve cesse de croître, et reste à ce niveau pendant quelques heures.

Jusqu'à présent la Saône, dont la progression

est beaucoup plus lente, n'avait pas attiré l'attention sur elle, et pourtant elle s'élevait déjà sur le quai St-Antoine et sur celui de Villeroy.

Un exprès arrivé de Châlon signale une nouvelle crue de cette rivière plus forte encore que celle qui cause tant de ravages.

Dimanche 1er novembre.

La Saône, dont l'accroissement a commencé en même temps que celui du Rhône, mais dont la marche est plus lente, puisqu'elle reste neuf jours pour arriver à son plus haut point d'élévation, s'étend déjà sur les parties basses de la ville. Les quais sont couverts par l'inondation.

La rue Ecorchebœuf, les rues de la Monnaie, de la Préfecture, des Souffletiers, Chalamon, Dubois, Trois-Carreaux, Mercière sont en partie inondées. Le soir, on circule en bateaux dans la plupart de ces rues, on se croirait à Venise.

Deux plates de teinturier sont englouties au port Sablet dans le quartier de la Quarantaine. C'est le premier sinistre que nous signalons provenant de cette rivière si calme et si paisible en temps ordinaire; mais elle ne s'en tiendra pas là, et ses ravages seront plus affreux encore que ceux du Rhône.

La pluie continue de tomber avec une extrême violence, l'anxiété est extrême.

VAISE.

L'eau s'étend déjà sur le plan de Vaise, le quartier de la Claire et jusqu'à la grande route de Paris par la Bourgogne. Quelques habitants inquiets de cet accroissement extraordinaire dès le quatrième jour de la crue, commencent prudemment à déménager ou montent leurs mobiliers dans des étages supérieurs. Précaution dont bientôt ils vont se féliciter.

Les communications sont interceptées sur plusieurs points, le quartier du Chapeau-Rouge est envahi; et la rivière fait irruption de toutes parts avec une impétuosité effrayante.

Le Rhône commence à décroître. Ce soir, il a diminué de 50 centimètres.

Lundi 2 novembre.

Le Rhône décroît, mais il est encore aujourd'hui à 4 mètres au-dessus des eaux ordinaires.

A la tête du pont Morand, des personnes charitables font des quêtes en faveur des inondés de la Guillotière.

MM. Arlès-Dufour, Corot, Mathieu fils et Banse aîné, de cette commune, demandent à M. le maire l'autorisation de faire une quête au Grand-Théâtre pendant la représentation de ce soir.

Pendant la nuit la Saône s'est élevée considérablement. L'Azergue par son débordement subit contribue à cet accroissement qui nous menace d'une épouvantable calamité.

Les quais St-Antoine, St-Vincent, Serin, Bourgneuf, de la Baleine, sont complètement inondés; la place de la Préfecture est couverte en grande partie.

Le quai de la Douane est envahi; les eaux pénètrent jusqu'au milieu de la rue des Colonies.

Le port du Roi est presque entièrement couvert; le poste du quai des Célestins est obligé d'évacuer. Les habitants de ce quai fuient de leurs domiciles; les eaux s'étendent jusque sur la place des Célestins, elles croissent à vue d'œil. Par le quai d'Orléans, elles gagnent déjà les hauteurs de la place de la Platière, les rues Tête-de-Mort et du Bessard; la rue St-Jean est encore libre, mais elle ne tardera pas d'être envahie. La rue des Prêtres présente un tableau effrayant; on ne peut croire que ses vieilles maisons, en général mal construites, puissent résister à cet horrible ravage; on les fait évacuer autant que possible.

Les quais de Bondy, de la Peyrollerie, sont inondés; le quai de Bourgneuf, plus élevé, ne l'est pas encore, mais ceux de la rive opposée sont couverts de plus d'un mètre d'eau.

VAISE.

A 5 heures du soir, une maison tombe sur la place de la Croix, elle est suivie d'un grand nombre d'autres. Aussitôt M. le maire, qui est en permanence à mairie et qui a mis en réquisition hommes et batelets, parcourt lui-même accompagné de quelques personnes les lieux inondés, et porte les secours réclamés par les circonstances. Les deux compagnies de crocheteurs et les mariniers, et généralement tous les habitants rivalisent de zèle, de courage et de dévouement. Les maisons menacées ou dont la solidité paraît équivoque sont évacuées. L'éclairage public est impraticable; des torches distribuées en grand nombre aux mariniers répandent sur cette scène d'horreur une lueur rouge vacillante qui la rend plus effrayante encore.

Le bâtiment de la mairie est entouré de trois pieds d'eau. On n'a que le temps pendant la nuit de mettre en sûreté les archives et les actes de l'état civil. L'administration abandonne ses bureaux et s'établit dans la maison de l'école des frères où elle est suivie par une foule de malheureux dont le nombre augmente à chaque instant (1).

Mardi 3 novembre.

La Saône continue rapidement sa marche ascendante. On nous annonce que le Doubs commence à déborder.

Cette nuit un bateau à laver s'est détaché du quai de la Douane et a été entraîné par le courant.

(1) Depuis le couvent de la Trappe, chemin de Gorge-de-Loup, jusqu'à l'autre rive de la Saône, depuis la place de la Pyramide jusqu'à la montée de Balmont, l'œil ne voit qu'une vaste plaine d'eau et des monceaux de ruines qui s'élèvent au-dessus de cette mer écumeuse.

La pluie qui n'a cessé de tomber redouble de violence; et l'appréhension du danger à venir vient se joindre au sentiment du danger présent et en augmenter l'horreur. Chacun se demande jusqu'où ira ce fléau qui semble ne faire que commencer, et qui déjà dépasse toutes les limites que l'exemple des temps passés autorisait à prévoir.

Les eaux passent sur le pont de Serin et retombent en cascades.

Il est question de faire sauter des arches de ce pont et de celui de l'Archevêché; le génie rejette cette mesure comme inutile. (1).

Depuis deux jours nous sommes sans nouvelles du midi.

(1) *Réponse de M. Mondot de Lagorce, ingénieur en chef, à M. le préfet relativement à la proposition de détruire les ponts de Serin, du Change et de Tilsitt.*

M. LE PRÉFET,

Vous me faites l'honneur de me consulter sur la demande qui vous est faite de détruire les ponts de la Saône.

Cette destruction, loin de diminuer le remon en augmenterait au contraire la hauteur.

En effet, il n'est aujourd'hui au pouvoir de personne de diminuer l'obstacle qu'opposent les piles; et quant aux arches qui servent à évacuer les eaux, on ne saurait y toucher sans en diminuer le débouché.

Ce qui peut faire naître l'idée de la demande qu'on vous adresse, c'est qu'on est assez naturellement porté à penser qu'on pourrait supprimer l'obstacle qu'oppose à l'écoulement superficiel la partie des tympans qui est maintenant atteinte par les eaux. Il est vrai que si l'on pouvait enlever tout-à-fait cette partie de tympans, ce serait une opération utile, mais on ne le peut pas; tout ce qu'on pourrait, ce serait d'en faire tomber la masse dans la rivière, c'est-à-dire de jeter au fond de l'eau un obstacle qui est à la surface. Veuillez d'ailleurs remarquer, M. le préfet, que cette masse ne tomberait pas seule ; on serait obligé de faire usage de

Huit heures du matin.

La Saône couvre la plus grande partie du Port du Roi; la partie qui touche au pont Tilsitt et qui est très-élevée paraît seule devoir être à l'abri.

En aval du pont sur la rive droite la rue des Prêtres et les rues adjacentes sont envahies; au port Sablet, il y a plus d'un mètre d'eau dans les magasins des rez-de-chaussée élevés de plus de trois marches. Les jardins qui donnent sur la Saône sont la plupart inondés. L'eau a passé par dessus le chemin des Etroits et vient battre les Balmes. Sur l'autre rive elle achève de couvrir le quai de l'Arsenal. La presqu'île est inondée, il n'y a de courant que dans la partie basse.

Ce ne sont plus les quais qui forment le lit de la Saône; ces voies de communications ont disparu dans tout le parcours intérieur de la ville.

---

la poudre, car une démolition pièce à pièce est impossible; on jeterait ainsi pêle mêle dans les arches une grande partie des bois et des pierres qui, étant en ce moment hors de l'eau, ne nuisent pas au débouché. Quelques piles seraient infailliblement renversées et cet énorme massif de matériaux formerait un barrage, dont la section perpendiculaire au fil de l'eau serait incontestablement beaucoup plus grande que celle des piles et de la partie mouillée des tympans. On arrêterait donc en partie l'écoulement du fond qui, pendant la crue, est le plus précieux et le plus actif, puisqu'il entraîne les graviers, ce que ne ferait pas l'eau si elle n'avait que la vitesse de ses filets superficiels.

La destruction de ces ponts augmenterait donc de beaucoup la hauteur de l'eau à l'amont, et accroîtrait encore les désastres sans produire le moindre soulagement sur aucun point.

Je suis avec respect, etc.

Ce sont les maisons elles-mêmes qui encaissent la rivière. L'eau qui s'écoule avec une majestueuse rapidité se brise avec un fracas horrible en passant sous les ponts dont elle menace la voûte et ressort du côté opposé en formant des vagues effrayantes.

La circulation est interrompue sur les ponts suspendus.

Les pluies continuelles ont détrempé les terres qui surplombent le quartier Saint-Georges; des murs de terrasse et de soutènement s'éboulent par suite de la chute des terrains.

Les vivres commencent à manquer dans plusieurs quartiers, les boutiques de comestible étant envahies et les communications très-difficiles. Une immense quantité de farine est déjà avariée dans les magasins du quai Saint-Vincent. Des bruits sinistres circulent de bouche en bouche, on craint la famine; mais l'autorité, instruite de ces circonstances, rassure la population inquiète et prend des mesures pour que ce surcroît de malheur ne vienne pas nous surprendre.

Dix heures.

La Saône est couverte d'immenses débris de pièces de bois, on dirait la carcasse de quelque moulin ou de quelque usine brisée contre les ponts.

La pluie continue; les eaux grossissent toujours. Déjà elles s'élèvent dans la ville jusqu'à la rue

Saint-Côme, la rue Mercière, la rue des Bouquetiers ; la rue Grenette et la rue Dubois sont baignées jusqu'au milieu ; les rues de la Palme et de Vandran sont interceptées ; l'eau gagne l'allée des Images. Sur un autre point, elle entre déjà dans la galerie de l'Argue, traverse la rue Confort et se jette dans le Rhône par le canal de l'Hôpital.

SERIN.

Le quartier de Serin est entièrement inondé, des maisons commencent à s'écrouler, les habitants fuyent leurs domiciles et se réfugient sur le plateau de la Croix-Rousse.

Là ils sont secourus par l'autorité municipale qui se hâte avec empressement d'ouvrir des salles d'asile, de procurer des logements chez les particuliers et de pourvoir à la subsistance de tous.

L'adjoint remplissant les fonctions de maire, le vénérable M. Cabias, s'est acquis des droits impérissables à l'estime et à la reconnaissance de ses administrés. On le voit malgré son grand âge, accourir au premier signal du danger, donner des ordres, établir des postes de surveillance et assurer sur tous les points le maintien de la tranquillité publique. Sa vigilance dirige des quêtes et des souscriptions ; et dans ce laborieux travail il est juste de dire que le premier magistrat a été dignement secondé par MM. les conseillers municipaux et par le secrétaire général de la mairie.

Enfin chacun des actes de cette administration, dans la circonstance présente, est marqué du sceau de l'intelligence et du zèle, il n'est qu'une voix pour le proclamer.

Midi.

La Saône charrie une quantité considérable de débris de tonneaux; les débris entassés d'un bateau de charbon viennent achever de se briser contre les arches du pont Tilsitt.

La rue Sala est envahie; le bureau de timbre est fermé; à Perrache, les maisons qui y sont généralement construites en pisé menacent ruine, et les habitants se sauvent emportant à la hâte quelque portion de leur mobilier.

Une heure.

Des bateaux à laver se détachent des quais de Serin et Saint-Vincent, se précipitent contre la passerelle Saint-Vincent qui est enlevée par le choc, ses deux chaînes restent suspendues et résistent encore.

S'il est à propos de signaler les actes nombreux de générosité qui surgissent autour de nous, il ne sera pas moins utile, dans l'intérêt de la morale, de consigner les traits d'égoïsme qu'on a douloureusement remarqués dans ces jours néfastes. Au moment où nous parlons, au bas du pont Tilsitt, un riche particulier, que nous ne nommerons pas, grimpe sur le dos d'un crocheteur pour se faire porter à son domicile rue de la Préfecture, à travers un courant rapide. Arrivé à sa destination après des peines infinies pour le malheureux porteur, il lui met dix centimes dans la main. Sur la juste réclamation du pauvre portefaix qui ruisselle l'eau et la sueur; le monsieur lui réplique que dix centimes gagnés toutes les cinq minutes produisent une journée de douze francs, et qu'il lui souhaite tous les jours de pareilles aubaines : au surplus, ajoute cet homme, qui se croit sans doute très-généreux, attendez-moi là un instant, vous me reporterez à l'endroit où vous m'avez pris, et je vous donnerai encore dix centimes. Ce qui fut dit fut fait; quelques minutes après le monsieur remonte sur sa voiture vivante; mais, à l'endroit le plus profond du passage, le porteur fait un faux pas, tombe et renverse son fardeau. Le monsieur ne s'est pas noyé, mais on espère que ce bain réchauffera en lui les sentiments naturels à l'humanité.

Quatre heures.

La pluie continue à tomber, le ciel s'assombrit de plus en plus, les eaux continuent à croître.

Plusieurs bateaux de charbon roulent, ainsi que des cadavres mutilés, déchirés par les flancs, puis disparaissent, laissant à la surface d'immenses taches noirâtres, et vomissent une multitude de tronçons qui vont se briser contre le tablier du pont Seguin et achèvent de se rompre contre les arches du pont Tilsitt.

A la Quarantaine, la maison Mante, deux pavillons et une terrasse sont emportés par les flots; une partie de la maison Nicoud tombe également, et sans les mesures de prudence ordonnées par la voirie, ce quartier eût éprouvé de plus grands dommages.

C'est justice à rendre à MM. les architectes de la ville : ils se sont transportés sur tous les lieux menacés avec un zèle et un empressement qui leur fait honneur ; sans eux nous aurions sans doute de plus grands malheurs à déplorer. M. Guénot, commissaire de l'arrondissement de la Métropole, dès que les premiers indices d'éboulements se sont déclarés, s'est occupé activement de faire étamper les murs et les terres.

Sept heures.

Le pont Chazourne est renversé, il n'en reste plus que deux arches.

Un bateau de faïence et deux bateaux à laver se détachent du port Sablet. Un malheureux jeune homme, commis à la garde de l'un de ces bateaux, voyant le danger qui le menace, se précipite dans l'eau pour gagner la rive à la nage; dans sa chute il s'est frappé la tête contre une planche : il n'a pas reparu à la surface de l'eau.

Huit heures.

L'eau pénètre sur la place Bellecour par la rue Louis-le-Grand, dans la rue St-Dominique par la place de la Préfecture; elle est à la hauteur du passage Couderc, et bientôt se déversera sur la place Bellecour. Elle s'étend dans les rues Dubois, de la Poulaillerie, de la Grenette qu'elle couvre presque entièrement, et avec elles les rues transversales : elle débouche déjà, mais faiblement sur la place des Cordeliers par la rue de la Gerbe ; de la rue Grenette dans la rue des Générales, la rue Bonneveau, et de là dans la rue Port-Charlet.

Les habitants des magasins situés sur le Port-du-Roi, et qui se croyaient en sûreté, attendu l'élévation de cette partie du quai, se hâtent de déménager leurs marchandises ; mais la crue a été si forte qu'ils ont eu à peine le temps d'enlever ce qui remplissait les basses étagères ; ils éprouvent des peines infinies pour sauver leur fortune menacée; le torrent est d'une rapidité indomptable. Parmi les hommes qui se dévouent à ce pénible sauvetage, on remarque les braves Richardy et Villard, crocheteurs. Grâce à ces deux hommes, plusieurs magasins, que l'on considérait comme perdus, sont vidés et les marchandises portées intactes en lieu de sûreté. La rue St-Jean est fermée à la circulation.

Dix heures.

Toutes les rues sont complètement envahies, et le canal qui a son issue dans le Rhône et dont l'embouchure est fixée à l'angle de la rue Grolée, voisine de la rue Port-Charlet, ne suffit plus à absorber les eaux ; les rues Grolée et Blanchère sont obstruées.

Sur nos quais, les cris confus des mariniers travaillant à la lueur des torches pour assurer les amarres des bateaux menacés; au lieu de cette brillante et quotidienne illumination, une obscurité profonde, à peine combattue par quelques réverbères et de rares lumières éparses aux croisées des maisons en partie abandonnées; les familles qui fuyent dans les ténèbres, et surtout cette grande et solennelle voix des eaux en fureur, tout cela forme un ensemble saisissant et terrible dont il est difficile de se faire une idée si l'on n'en a pas été témoin.

Vers minuit, on entend s'élever des cris lamentables, on croit que l'un des ponts menacés s'écroule; c'est un énorme bateau à laver qui vient d'être détaché de l'un des quais de la Saône et sur lequel se trouvaient encore plusieurs hommes qui y sont restés probablement pour veiller à sa sûreté; on parvient cependant à sauver ces malheureux, le bateau se brise en mille pièces.

VAISE.

L'inondation s'élève à vue d'œil; dans ce faubourg les maisons sont submergées jusqu'au premier étage; mais ce n'est pas le seul malheur a déplorer; l'incendie vient s'y joindre. A l'Observance, presque en face du pont de Serin, le feu se manifeste dans la fabrique d'orseille de M. Péters, autrefois Bourget. Les secours ne peuvent arriver qu'avec les plus grandes difficultés; ainsi au même endroit le rez-de-chaussée est inondé et les étages supérieurs sont en feu. La flamme de l'incendie se reflette sur la Saône ; c'est affreux: Les habitants de cette fabrique et des habitations voisines poursuivis par le feu et cernés par l'eau, sont obligés de percer un mur et d'escalader le rocher à pic qui domine cette localité, pour échapper au double fléau.

Un détachemement du 33e de ligne sous la direction de plusieurs officiers du génie, a montré un zèle digne d'éloge pour arrêter les progrès du feu.

Dans le faubourg les écroulements se succèdent avec rapidité; grâce à l'autorité personne n'a encore péri, mais elle a été forcée plusieurs fois d'employer la force pour arracher des individus des maisons menacées. Par cette sage mesure tous ont été secourus à temps, et l'on a même sauvé une partie des mobiliers.

Tout le quartier neuf au dessous de Champvert n'existe plus ; là des maisons de quatre étages ont disparu sous les flots.

Les bureaux de la mairie transportés hier dans l'établissement de l'école des frères, poursuivis de nouveau par l'inondation, sont transférés dans une maison plus élevée appartenant à M. Suiffet.

M. le curé de cette paroisse, homme charitable et dévoué, nourrit à ses frais autant de personnes que sa maison peut en contenir ; ce digne ecclésiastique regrette que l'exiguité de son appartement ne lui permette pas de les loger.

L'église sert de refuge à une foule de victimes.

Les deux vicaires de cette paroisse, MM. Bourgin et Robert, ont déployé dans ces moments de désolation générale un courage extraordinaire; ces deux ecclésiastiques n'ont pas craint de se mettre à l'eau et de transporter sur leur dos les vieillards et les enfants en danger de périr.

M. le maire n'abandonne pas son poste un seul instant, et quoiqu'il soit lui-même une des victimes de l'inondation (sa pharmacie est complètement ruinée), il ne songe qu'à la chose publique et prend les mesures les plus propres au maintien de l'ordre. Les habitants font le plus grand éloge de ce magistrat. Par ses soins des vivres sont fournis à tous ceux qui en ont besoin. Là comme à la Guillotière, des misérables profitent du trouble des habitants pour s'introduire dans les maisons et les piller. La police et la force armée sont obligés d'intervenir pour mettre fin à ces désordres hideux.

La manutention des vivres de la garnison, située à la caserne de Serin est sur le point d'être envahie. Les capitaines Lacoste et Domergue parfaitement secondés par le garde du génie Pecheur, depuis trois jours font des efforts inouis pour garantir la boulangerie de l'inondation; la hauteur toujours croissante de la rivière rend tous leurs efforts inutiles; à 5 heures de l'après-midi ils ont été contraints de renoncer à ce travail; l'eau est maintenant dans les fours de la garnison; aura-t-elle assez de vivres pour attendre la fin de l'inondation?

Le Rhône qui depuis hier soir s'est maintenu au même niveau recommence à décroître; il continue cependant à miner les murs, un tiers des maisons de la Guillotière est lézardé, presque tous les murs de clôture sont tombés. Le quartier de Monplaisir éprouve des pertes considérables.

Le berger qui mène au paturage les moutons destinés à la consommation de Lyon et qui ne sont pas vendus au marché du jeudi, ou qui ne sont pas envoyés de suite à l'abattoir, en a perdu soixante qui ont été noyés.

Le nommé Palatin, ouvrier tulliste, âgé de 27 ans, voulant à l'aide d'une barque porter des secours anx maisons voisines, échoue contre l'angle d'une maison de la rue de Chartres, et se noie. C'est le second malheur de ce genre que cette commune a à déplorer.

Mercredi 4 novembre.

La Saône s'est élevée de deux pieds pendant la nuit.

La pluie a cessé, le temps est beau, mais le vent du midi souffle toujours.

Les courriers de Paris n'arrivent plus depuis le 1er novembre, ils sont retenus, dit-on, à St-Albin, au-dessus de Mâcon.

Cette absence de nouvelles de la capitale agite les esprits, on fait circuler des bruits sinistres, on assure qu'on s'est battu à Paris et qu'il a été mis en état de siége ; on dit encore que les ouvriers de Lyon veulent profiter des circonstances actuelles pour operer un mouvement. Mais ce serait une absurdité de le craindre; les malheureux ont bien assez à faire de sauver les tristes débris de leur fortune, et toute pensée politique n'est-elle pas étouffée par la terreur qu'inspire cette effrayante calamité, commune pour tous?

Huit heures du matin.

La place des Cordeliers ne forme plus qu'un lac, les rues Poulaillerie, Dubois, Grenette, Bonneveau, Tupin, Palais-Grillet et presque toutes les rues adjacentes portent bateau d'un bout à l'autre. Toutes ces rues forment autant de torrents qui vont se perdre sur la place des Cordeliers et courent se précipiter dans le Rhône par le port Charlet; la place de Bellecour est une immense nappe d'eau, la place de la Préfecture s'y déverse par la rue St-Dominique; la cour de la Préfecture est envahie.

L'eau est dans l'église de la Charité, elle va par la rue de l'Arsenal jusqu'à la place St-Michel, elle court dans les rues Sala et de la Sphère. elle passe par dessus le cours du Midi et se précipite avec un incroyable bruissement dans les parties basses de la presqu'île Perrache.

Les maisons Faure, Datigny, Roussillon, Alix,

Beauregard, Clairveaux, Pelletier, Crépu, Langlade, Toulousain, et une vingtaine d'autres, toutes constructions de peu d'importance, s'écroulent presque simultanément ; les habitants pour la plupart, surpris par la rapidité du débordement n'ont pas eu le temps d'emporter leurs mobiliers qui se trouvent presque tous engloutis sous les décombres.

La Saône est toujours couverte de débris.

De tous côtés circulent des fiacres, des charrettes et des bateaux chargés de gens qui s'enfuient précipitamment, emportant à peine quelques hardes.

Les débarcadères du pont Tilsitt, de la place de la Charité et de la place du Concert, sont des tableaux à voir. Sur chacun de ses points, 30 à 40 mariniers font jour et nuit un service de transport, du rivage à l'embarcation et de l'embarcation au rivage, des gens de tout âge, tout sexe, toute condition, qui fuyent ou regagnent leurs domiciles, ou qui, pour satisfaire leur curiosité, veulent parcourir les rues inondées. Le soir surtout, ces scènes bruyantes et animées, à la lumière des torches, sont d'un effet pittoresque qui fait oublier un instant les tristes conséquences de ce fléau.

Neuf heures.

Une pile du pont de la Mulatière est enlevée; elle entraîne deux arches.

Par ordre de l'administration, des commissaires de police parcourent les rues inondées avec des bateaux chargés de pains, qu'ils distribuent gratuitement à ceux qui en ont besoin ; ils annoncent en même temps que l'autorité a reçu l'avis que la crue a cessé, et que les eaux commencent à diminuer.

« Que les habitants se rassurent, l'autorité a reçu des lettres de Gray et de Châlon qui annoncent que la Saône a diminué de beaucoup; que ceux qui auront besoin de secours s'adressent à l'autorité, elle s'empressera de leur procurer tous ceux qui sont à sa disposition. »

Cette lecture faite d'une voix claire et sonore produit le meilleur effet.

Cependant l'inondation augmente toujours sensiblement.

M. le maire lui-même parcourt en ce moment plusieurs quartiers et fait des distributions aux indigents.

Le quartier de St-Nizier est témoin d'un acte de générosité que nous mentionnons avec un véritable plaisir ; M. le curé de cette paroisse, sa voiture pleine de provisions de toute espèce, se fait transporter dans les rues inondées, et quoiqu'il ait de l'eau jusqu'à mi-jambe il continue chaque jour des distributions de vivres qu'il achète de ses propres deniers.

Le service de secours et de sauvetage de MM. les commissaires de police dans mainte occasion a excité la plus vive reconnaissance chez les habitants. M. Lefebvre dans l'arrondissement de Villeroy, a secouru à propos plusieurs femmes qui se trouvaient dans les douleurs de l'enfantement.

Dans la rue Mercière et les rues environnantes un jeune homme nommé Matthieu Vanaud, se dévoue généreusement au service de ce quartier inondé, il conduit sa barque à travers les courants avec une intrepidité vraiment remarquable; les habitants de ce quartier ne pourront jamais assez reconnaître les services qu'il leur rend avec un si généreux désintéressement.

Nous signalerons encore les nommés Berger, Etienne, Desauche Alexandre, Poncet Pierre et Buisson cadet; ces quatre crocheteurs du port de la Mort-qui-Trompe s'occupent constamment des travaux les plus pénibles et les plus dangereux dans l'intérêt public, avec une ardeur et un zèle qui ne s'est pas ralenti depuis le commencement de l'inondation.

Le nommé Joseph Bertholon, de la deuxième compagnie du Port-du-Temple, se fait remarquer sur le quai de l'Arsenal par le même zèle et le même désintéressement.

Le nommé Etienne Ugnon mérite une mention particulière. Ce brave homme déjà porteur de deux médailles d'honneur pour avoir sauvé la vie à plusieurs personnes, après avoir consacré ses génereux services aux habitants inondés de la Guillotière, se transporte dans le quartier Villeroy; là, jour et nuit, dans l'eau jusqu'à la ceinture, il déploie le même courage et le même désintéressement.

Tous les bateaux qui stationnaient sur le port du Temple ont disparu.

Le tablier de la travée droite du pont Séguin est enlevée, il passe en entier sous le pont Tilsitt et va se briser contre le pont d'Ainay.

Le pont de Serin est dans la situation la plus critique; à chaque instant des débris de bateaux, des trains de bois, d'énormes poutres viennent se heurter contre lui et s'enchevêtrent dans la charpente dont il est composé.

Tous les ponts s'agitent dans les angoisses d'une lutte semblable; plusieurs commencent à succomber. Un énorme bateau à laver brise les chaînes de la passerelle St-Vincent qui avait résisté jusqu'à ce moment. Le pont de la Feuillée horriblement tourmenté, a une partie de son tablier dans l'eau, l'autre relève au dessus. Sa destruction paraît imminente.

Deux heures.

Le tablier de la travée centrale du pont Seguin, déjà effleuré par les eaux qui, depuis quelques instants lui ont imprimé de fréquentes oscillations, est tout-à-coup saisi par une lame nouvelle plus élevée que les autres, s'ébranle et part tout entier.

Dans sa ruine, il entraîne la chûte des deux colonnes correspondantes placées à l'aval, et du cable de suspension qu'elles portent; les deux autres colonnes restent debout. Les débris du pont vont heurter plusieurs bateaux amarrés au-dessous, brisent leurs amarres et les poussent sur le pont Tilsitt où ils sont mis en pièces(1).

Le moment où ce désastre s'accomplit, dit le rédacteur du Courrier de Lyon, est un moment d'indicible terreur pour les habitants des deux quais de la Saône, qui n'ont pas fui de leurs habitations et qui en sont spectateurs. De toute part, on entend retentir des cris de détresse, des prières, des invocations à la vierge, dont la chapelle placée sur le haut du côteau de Fourvières domine cette scène de désolation. On s'attend que la charpente du pont emporté ira encombrer les arches du pont Tilsitt dont le sommet n'est séparé du niveau de la rivière que par un vide presque imperceptible, ce qui ferait refluer les eaux contre la ville; mais l'impétuosité même du courant rend un pareil événement impossible, et tout cet immense débris disparaît en un clin-d'œil dans le gouffre formé par les arches et sort immédiatement divisé en mille pièces du côté opposé.

Une pile du pont de la Mulatière est renversée, elle entraîne la chute de deux arches. La route du chemin de fer se trouve ainsi coupée, les commu-

---

(1) Le pont Seguin dans sa structure était d'une coupe gracieuse et élégante, mais ses quatre petites colonnes étaient peu en harmonie avec cette vaste colonnade du palais de justice qui lui fait face. Puisque l'on a fait de si grands sacrifices pour doter Lyon d'un si beau monument, ne conviendrait-il pas de saisir cette occasion pour relever ce pont de manière que son architecture soit plus en harmonie avec celle du monument? Ne serait-ce pas d'un mal faire ressortir un bien?

nications avec St-Etienne ne pourront plus avoir lieu qu'en faisant un immense contour.

Le pont de Chazourne a cessé d'exister. Un incident dramatique marque la chute de ses derniers débris. Un bateau à laver, monté par trois hommes, se détache de la Quarantaine et vient se heurter contre les trois arches de la rive droite, les seules qui restent debout. Ces malheureux se jettent sur le pont au moment même où il est abordé par le bateau sur la terrasse duquel ils sont grimpés et gagnent la terre en toute hâte. A peine ont-ils touché le rivage hospitalier que deux de ces arches sont emportées.

Le bâtiment de la Douane est inondé, une quantité considérable des marchandises qu'il recèle est avariée ou détruite. M. le préfet par un arrêté de ce jour ordonne le transfert des bureaux et des marchandises dans le bâtiment de l'ancienne Halle-au-xBlés, aujourd'hui Mont-de-Piété.

Quatre heures.

De nouveaux bateaux viennent de périr; la Saône se couvre de charbons de bois.

L'eau croît toujours, elle se déverse dans le Rhône par le quai de la Charité.

La ville ne forme plus qu'un vaste lac depuis la place St-Nizier jusqu'à la rue Sala, depuis le cours du Midi jusqu'à la Mulatière. Quelques centaines de mètres sont libres seulement entre le cours et la rue Sala, mais déjà la rue Vaubecour commence à être inondée.

Dans la rue Bellecordière une vieille maison en pisé, la seule sans doute qui soit à Lyon construite de cette manière, menace d'une ruine prochaine. Elle est entièrement évacuée.

Les omnibus d'Ainay qui avaient établi leur parcours par le quai du Rhône sont obligés de le transporter au-delà du fleuve; ils passent par le pont du Change et le pont Tilsitt et reprennent la rue de l'Arsenal pour atteindre leur station.

Sur le quai Bon-Rencontre, la circulation un moment rétablie à l'aide de petits ponts volants, est interrompue par la violence des courants. Le torrent qui se précipite dans le Rhône par la rue Port Charlet creuse sur le port aux Pierres deux gouffres d'une grande profondeur qui s'étendent à chaque instant et menacent d'engloutir les maisons voisines, qui sont évacuées en toute hâte. L'autorité porte toute sa sollicitude sur ce point : on essaie de combler ce gouffre avec des fascines et des pierres de taille.

Les tuyaux de l'éclairage au gaz sont disjoints et entraînés par cet affaissement considérable, l'eau y pénètre et circule bientôt dans toute leur étendue, ce soir l'éclairage public se trouvera interrompu.

Le courant est tel sur le quai Bon-Rencontre qu'un bateau ayant par accident chaviré près du canal, quelques unes des personnes qu'il porte ont failli être englouties.

Au même instant, dans la rue St-Dominique, un gendarme se rendant en ordonnance chez M. le Préfet, est sur le point de se noyer; le sieur Cancel se précipite à la nage, vole au secours de ce malheureux et l'enlève au courant.

Au milieu de ce désastre général, l'administration municipale fait tous ses efforts pour résister au fléau ou du moins en diminuer l'intensité; mais que peuvent les efforts humains contre un pareil ennemi? L'autorité a compris qu'elle ne pouvait que cicatriser les plaies qui saignent à ses yeux.

Quelques personnes proposent d'établir des canaux dans les rues de Lyon pour ouvrir des communications entre les deux rivières; ce projet est rejeté comme pouvant produire des conséquences plus fâcheuses qu'utiles (1).

(1). Réponse de M. l'Ingénieur en chef à M. le Préfet au sujet de cette proposition.

« L'Ingénieur en chef soussigné est intimement convaincu que les tranchées que l'on propose d'ouvrir rue Bât d'Argent et place de la Charité, n'auraient aucune influence sur le niveau de la Saône en amont, tandis qu'elles pourraient au contraire produire des effets très-désastreux dans l'intérieur de Lyon et le long des quais du Rhône, en donnant lieu à des courants transversaux qui affaibliraient les fondations des maisons.

« Il s'oppose de toutes ses forces à l'emploi de ces tranchées, et pense qu'il serait bien préférable partout où cela est possible de s'opposer aux courants transversaux de déversement de la Saône dans le Rhône, en établissant des batardeaux, barrages aux points culminants des rues transversales, et rendant ainsi stagnantes les eaux qui courent maintenant dans ces rues avec assez de rapidité. Par ce moyen, tout le versant du Rhône se maintiendra libre.

Lyon, le 4 novembre 1840.

Mondot de Lagorce.

Mgr l'archevêque remplit sa mission avec un zèle évangélique. Les paroles qu'il adresse aux malheureux sont empreintes d'une bienveillance paternelle et d'une ardente charité. Il s'empresse de mettre à la disposition des malheureux inondés le palais archiépiscopal et il ordonne des prières pour la cessation du fléau dans toutes celles des églises dont l'accès est encore ouvert aux fidèles.

Dans toutes les paroisses, le clergé donne l'exemple du dévoûment et de la charité.

M. le Préfet prévient les maires des communes environnantes qu'ils aient à recevoir les malheureux sans asile et à les secourir autant qu'il sera en leur pouvoir.

Toutes les salles des écoles mutuelles de la société pour l'instruction élémentaire sont offertes par M. Thiaffait, président de cette société. Bientôt 235 individus y sont admis, et il est pourvu à tous leurs besoins.

Huit heures.

A Vaise, la désolation est à son comble, et sans l'active sollicitude de M. Millet, les plus grands malheurs auraient eu lieu dans ce faubourg si horriblement maltraité. On y compte 240 maisons écroulées ou mises hors d'état de service.

SERIN.

Le pont de Serin est en grande partie couvert par les eaux. Le quartier de Serin qui dépend de la commune de la Croix-Rousse voit s'écrouler peu à peu ses nombreux entrepôts.

Les maisons Charrin, Morel, Falsan, Baudin, Revol, Germain, Ve Clu, Facy, Clerjon, Garlon, Pommier et Cretien, Bidremann, Gourd, Bergairolles, Bouchacourt, Tavernier, Carra, sont écroulées en totalité ou en partie, sans compter les murs de clôture.

Serin, le Bercy de Lyon, contient continuellement cent mille hectolitres de vin ou esprits. Ses entrepôts au nombre de dix se divisent en treize ou quatorze cents magasins occupés par autant de marchands de vins. On y compte en outre plusieurs entrepôts de farine, blé, huile, bois, etc.

Tous ces magasins sans exception sont submergés et les deux tiers qui sont construits en bois ou en pisé sont déjà écroulés. Tous les vins blancs nouveaux sont perdus, par la raison qu'ils n'ont pu être bouchés complètement à cause de la fermentation, ou qu'étant bouchés ils ont fait sauter leurs fûts. Les vins rouges qui n'ont pas péri sous la chûte des toits ou qui n'ont pas été entraînés par les eaux, devront moins souffrir.

La majeure partie des habitants de Serin est composée d'ouvriers; c'est pitié de les voir fuir à demi-vêtus leurs maisons qui s'écroulent, et gravir à l'aide d'échelles la montagne contre laquelle leurs habitations sont adossées.

L'eau a gagné l'église de cette paroisse et a dépassé la hauteur du maître-autel.

Au milieu de ces désastres, ce faubourg n'a heureusement à déplorer la perte de personne ; mais que de larmes à essuyer, que de plaies à fermer !

M. le curé de cette paroisse s'est empressé de mettre sous les yeux de notre généreux archevêque cet état de détresse et implore les secours que nécessitent l'urgence du moment.

La compagnie des vétérans du génie, casernée au fort de Vaise, n'a pas reculé devant l'appel du malheur ; elle a donné l'hospitalité à plus de cent personnes qui fuyaient devant le fléau.

Les malheureuses victimes sont accueillies de toute part avec le plus vif empressement ; mais M. Charrin a dépassé en bienfaisance tout ce qu'on pouvait attendre de la haute position où la fortune l'a placé. Sa maison avec ses dépendances a été ouverte sans distinction à tous ceux qui se sont présentés. MM. Charrin fils sont accourus dès le commencement pour en ouvrir les portes et pourvoir avec la plus affectueuse sollicitude aux premiers besoins. Ils se sont réduits dans l'appartement le plus étroit afin d'être utiles à un plus grand nombre ; et cette maison, à elle seule, a la gloire d'avoir recueilli près de 200 personnes.

MM. les directeurs du grand séminaire mettent à la disposition des malheureux l'établissement qu'ils occupent sur les hauteurs de Serin et qui sert de maison de campagne à leurs élèves. M. Revol, ancien maire de la Croix-Rousse, M. Darlay, chef du pensionnat du Petit-Trianon ; à la tour de la Belle-Allemande, MM. Jourdan, Maunier,

Pasquier, Roux, Chapelle, montrent aussi le plus généreux empressement.

Jeudi 5 novembre.

Le Rhône est rentré dans son lit; cependant la plaine est encore couverte d'une vaste nappe d'eau qui ne trouvant aucune issue pour s'écouler menace de séjourner long-temps dans ce bas-fond.

La Saône a cru de 4 pouces cette nuit dans la ville et se serait élevé davantage sans les dégorgeoirs qui se sont établis par les rues transversales de la Saône au Rhône, dont plusieurs se sont transformées en torrents impétueux et qui déversent dans le lit du fleuve le trop plein de l'inondation intérieure.

Vers l'embranchement des rues Dubois, Trois-Carreaux, petite et grande rues Mercières, il y a dix pieds d'eau, les enseignes sont couvertes.

On circule en bateau dans la Galerie de l'Argue.

Les arches du pont Tilsitt sont presque totalement obstruées, l'obstacle que les eaux éprouvent contre ce pont d'une solidité parfaite les fait refouler sur la place Bellecour.

Un habitant de la rue Tupin nommé Décoste, faisant profession de tailleur, n'a pas cessé depuis le commencement de l'inondation de se tenir à l'angle de la rue de la Plume où le courant très-rapide a enlevé le pavé et creusé une excavation dont le passage est dangereux. Là dans l'eau jusqu'à la ceinture pendant quatre jours et quatre nuits, cet homme généreux transporte hors de leurs domiciles les personnes qui veulent s'éloigner, indique le danger à celles qui passent, aide aux bateliers et aux voituriers à l'éviter, se multiplie pour être utile et distribue des vivres achetés de ses propres deniers, à quelques personnes pauvres qui en manquent et qui ne peuvent pas quitter leurs maisons. La conduite de M. Décoste excite au plus haut point l'admiration des habitants de ce quartier.

L'excavation du port aux Pierres prend un aspect allarmant; le gouffre qui s'est formé devient une véritable cataracte de quatre mètres de chute, il met à nu le vieux cimetière de l'église des Cordeliers et fait rouler dans le Rhône les ossements qui dorment là depuis des siècles.

M. le préfet, M. le maire, MM. les ingenieurs s'y transportent; M. le géneral Aymard en uniforme, à cheval, suivi de ses officiers d'ordonnance, arrive sur le théâtre de l'événement. Les mesures que commandent la circonstance sont prises pour arrêter les progrès du mal.

Un nouveau courant arrive par la rue de l'attache des bœufs, et par le nouveau passage de l'Hôtel-Dieu, devant la rampe du pont suspendu qui prend naissance à ce point, là il se bifurque; une partie se jette en aval, l'autre remonte le quai Bon-Rencontre, va rejoindre le courant principal du port des Cordeliers et fournit dans l'intervalle une chute considérable qui laboure profondément le port qui se trouve en amont du pont de l'hôpital.

La plupart des rues qui débouchent sur le Rhône, depuis la voûte du Collége jusqu'à la rue Ste-Hélène, ont leurs affluents qu'elles versent dans le fleuve; les ouvertures des caves, les portes d'allées, les rez-de-chaussées laissent sur presque toute cette ligne s'échapper des filets d'eau provenant de la même cause.

Midi.

L'inondation est à son plus haut point. Savoir: 7 mètres 37 centimètres au-dessus de l'étiage. Elle demeure stationnaire pendant quelques heures.

Les communications presque complètement interrompues les premiers jours, à cause du désordre inséparable d'une surprise pareille, se sont généralement rétablies. Grâces aux mesures prises par l'administration municipale et appropriées à la situation, de nombreux batelets sillonnent les rues et places transformées en canaux et en lacs; partout où ce moyen ne peut être employé, des planches établies par les gens de rivière et surveillées par les gardes municipaux servent à la circulation des piétons.

Chaque porte d'allée a son débarcadère composé de planches reposant sur des caisses ou tonneaux, ou bien suspendu par des cordes à plusieurs pieds au-dessus du sol, et au moyenduquel les habitants regagnent en rempant leur domicile. De distance en distance des échelles sont attachées aux fenêtres des premiers étages et servent également à maintenir les communications avec la rue; en quelques endroits même des ponts aériens sont improvisés au moyen de planches jetées d'un côté de la rue à l'autre. On voit des personnes de tout âge, de tout sexe, employer ces moyens d'escalade et s'y habituer au point de ne pas éprouver la plus légère émotion en franchissant les plus périlleux passages.

Pendant les journées d'hier et d'aujourd'hui M. Heyman de Riglès, président du consistoire Israélite, a parcouru en bateau la plupart des rues inondées, et accompagné de deux personnes attachées à la police, il a distribué du pain et des secours en argent à tous les infortunés qui ont réclamé son assistance. Ce qui ajoute au mérite de M. Heyman de Riglès, ce n'est point d'avoir fait ces distributions des ses propres deniers; mais c'est de ne s'être point borné à soulager ses coreligionnaires et d'avoir prodigué des secours à tous les malheureux indistinctement sans s'informer de leur culte.

La charité, la bienfaisance sont de toutes les religions; et M. Heyman, en pratiquant ces vertus dans toute leur étendue, s'est acquis à la gratitude publique des droits que nous sommes heureux de reconnaître et de constater.

Le quartier Bourgneuf, complètement inondé, et dans quelques parties jusqu'au premier étage, présente les plus grandes difficultés, vu la force du torrent qui circule sur le quai, pour porter les secours nécessaires à ses habitants. Des crocheteurs courageux et dévoués descendent, à l'aide de cordes à nœuds, les rochers à pic qui surplombent les maisons de ce quai et portent du pain à des gens qui n'ont pas mangé depuis vingt-quatre heures.

On est obligé de démolir plusieurs murs pour parvenir aux endroits tout à fait inabordables.

M. Merk, propriétaire quai Pierre-Scize, déploie en cette occasion un courage surnaturel; aidé de quatre hommes hardis et dévoués, désignés par le commissaire de police du quartier et encouragés par son exemple, il s'est embarqué sur un batelet auquel on n'a pu faire franchir l'impétuosité du courant qu'en le remorquant à l'aide d'une corde amarrée à un fort anneau de fer solidement scellé dans un mur.

Par ce moyen qui a parfaitement réussi M. Merk est allé chaque jour avec son batelet chargé de pain et d'eau potable puisée à sa fontaine, faire des distributions aux malheureux enfermés dans leurs maisons.

La reconnaissance due à M. Merk pour un tel bienfait revient aussi pour une part aux quatre braves mariniers qui l'ont accompagné avec un désintéressement absolu; ils appartiennent à la compagnie des crocheteurs préposés au déchargement des bateaux à vapeur de la Saône et se nomment: Léopard, Mondon, Fayard et Pivelot.

M. Dunod adjoint au maire, M. Chapeau Revol conseiller municipal, MM. les membres du bureau de bienfaisance, domiciliés dans le quartier, ainsi que M. Comte commissaire de police, ont tous déployé un zèle, un dévouement et une activité au-dessus de tout éloge.

Sur les quais de Serin, St-Benoit, St-Vincent, et sur le quai d'Orléans, treize autres hommes d'une intrépidité qui plus d'une fois a fait frémir les habitants de cette rive, depuis cinq jours remplissent un service de sauvetage avec un zèle incroyable. On sait quelle est la violence du torrent dans cette partie où la rivière est extrêmement resserrée. Il est de notre devoir de signaler à la reconnaissance publique les noms de ces treize braves :

Joseph Bossonnet, Antoine Drivet, Jean Darmès, Joseph Trielle, François Mazuel, Pascal Drivet, Charles Drivet, Joseph Samuel, Nicolas Brochu, Louis Jacqué, Claude Blache, Antoine Tartari.

A Vaise le désastre est immense; tous ceux qui ont pu fuir se sont enfuis; beaucoup de maisons sont désertes; la plus grande partie de la population reflue sur la hauteur.

M. Bailleul, commissaire de police à St-Just, invite les aubergistes, cafetiers et cabaratiers de son arrondissement, à donner l'hospitalité aux infortunés habitants du faubourg de Vaise qui sont errants sur les routes. L'empressement qu'on a mis *à se rendre à son invitation mérite d'être cité dans ce livre*, et la conduite de M. Bailleul, est digne des plus grands éloges. Il n'a cessé de s'occuper à subvenir aux premiers besoins de ces infortunés par des quêtes en nature qu'il a fait faire à domicile chez les bouchers, charcutiers, boulangers, etc. Il soutient de cette manière 390 personnes, jusqu'au moment où les secours de l'administration lui viendront en aide. Il a reçu de M. le maire de Francheville, un envoi de dons en nature offerts par les habitants de cette commune; cet envoi se compose d'une bareille de vin, et d'un tombereau de pommes de terre et autres denrées.

M. Boué, curé de la paroisse de St-Just, établit une succursale de secours, au couvent de la Providence de l'hospice de l'Antiquaille, où cent rations de bouillon et de viande se distribuent chaque jour.

Le couvent des sœurs St-Michel, à St-Irénée, et celui de Ste-Marie-Thérèse, montée du Chemin-Neuf, font aussi des distributions considérables de la même nature.

A l'entrée du faubourg de Vaise, la fabrique d'orseille incendiée hier, fume encore.

Sur 30 bateaux amarrés le plus solidement qu'on a pu le faire, 26 ont péri, dans le seul arrondissement de Pierre-Scise.

Serin présente un spectacle déchirant; mais heureusement on n'a encore à déplorer la perte de personne; le sieur Vermorel sur le point de se noyer est sauvé par le nommé Antoine Boudin, marinier. Deux enfants montés dans une barque sont entraînés à la dérive, dans l'endroit le plus rapide du courant, et sont sur le point de périr sans les secours qui leur sont portés par le nommé Berger, dit Nanyle, marinier. Nous citerons encore parmi les personnes qui se sont dévouées, dans cet arrondissement, à la sureté des personnes et à la conservation des propriétés, les nommés Gonin cadet, tonnelier, Fayolle, inspecteur du port, Villet, Boudin Noël, Picolet et les deux frères Renaud, mariniers.

Les quêtes ouvertes par l'administration ont bientôt produit un total de 10,000 fr. Depuis le 4 du mois un bureau de bienfaisance est en permanence, pour distribuer des secours en aliments aux victimes de l'inondation.

Les habitants de la Croix-Rousse ont offert une généreuse hospitalité à ces malheureux et leur font partager leurs demeures.

C'est aujourd'hui le neuvième jour de la crue de la Saône, on attend l'heure fatale; si elle croit il y en a pour neuf jours encore, et alors tout est perdu.

Dix heures du soir.

La Saône a décru de quelques millimètres, cependant le vent du midi souffle avec violence; la pluie recommence.

La Saône s'est élevée à 0^m 90 c. au-dessus de l'inondation de 1711, mesurée sur la porte de l'ancien couvent St-Antoine.

Vendredi 6 novembre.

La Saône a décru de dix pouces, le vent souffle toujours avec violence.

Les voies de communication sont interrompues partout, des ponts volants sont établis sur tous les points ; l'autorité veille à ce que l'esprit de calcul qui a présidé à leur création ne devienne pas un impôt onéreux pour le peuple.

A la demande de M. le préfet, M. l'ingénieur en chef fait établir un batardeau en poutrelles au travers de la rue du Port-Charlet, à l'angle de la rue Champier. La population aveugle sur ses propres intérêts veut s'opposer à ce travail, prétendant que l'inondation gagnera en hauteur ce qu'elle perd dans son écoulement et que le quartier pourra en souffrir. L'autorité est obligée d'intervenir pour contenir l'effervescence populaire, et ce n'est qu'à l'appui d'un piquet de troupe de ligne que les ouvriers du génie peuvent continuer cette opération qui est faite en moins d'une heure. Dès l'instant que ce travail fut achevé, tout ce que le torrent qui venait de cette rue avait de dangereux, cessa comme par enchantement, et l'on put avec succès enrocher les fondations de la maison à l'angle du quai qui avaient été mises à découvert.

Une des maisons situées à l'entrée du Pont-de-Pierre s'est fortement lézardée à l'intérieur; les habitants en sont sortis.

La maison qui forme l'angle de la petite rue Ste-Catherine et de la rue Ste-Marie, quoique éloignée de l'inondation, a donné coup, la dalle qui en garnit le seuil s'est soulevée en plusieurs endroits.

Midi.

Un bateau de foin vient se briser contre la culée du pont de l'Ile-Barbe (rive gauche.). Par suite de ce choc le tablier du pont est rompu.

Dans le quartier Villeroy, à l'angle de la rue Chalamont, une barque ayant chavirée cinq personnes sont sur le point de se noyer, deux se sauvent dans une allée où il y a de petits ponts volants, les trois autres restent suspendues à des enseignes, et sont sauvées par des hommes dont nous regrettons de ne pas signaler les noms.

La mairie reçoit une proposition de M. Malbrancq, tailleur, place des Terreaux. Ce respectable citoyen, poussé par les plus nobles sentiments d'humanité, offre en son nom personnel et au nom de ses confrères, une certaine quantité de vêtements à distribuer aux malheureuses victimes de l'inondation.

Depuis le commencement du désastre on remarque un infatigable et courageux citoyen, conduisant lui-même un bateau dans le quartier de la Préfecture et offrant son service à tous les malheureux qui le réclament. Jour et nuit sans repos ni trêve, il remplit la généreuse mission qu'il s'est imposée, avec un zèle qui ne se ralentit jamais. Cet homme est donc largement salarié pour remplir un si pénible ministère? Non, cet homme n'a d'autre véhicule que les plus nobles sentiments qu'inspire l'humanité; non seulement il sauve l'infortuné qui veut fuir son domicile devenu inhabitable, mais il lui offre sa bourse. Cet homme, c'est M. Mahussier, horloger rue St-Dominique.

MM. Mazalon et Seraille, non moins courageux, viennent de sauver des flots, sur le quai des Célestins, deux jeunes gens qui à l'aide d'un petit radeau voulaient rentrer à leur domicile et que le courant entraînait déjà.

Les bateaux de la poissonnerie, appelés *bachuts*, entraînés par le courant, se brisent contre le pont du Change; tous les poissons qu'ils contiennent en grand nombre fuient le torrent qui sans doute les épouvante et se jettent dans les rues où on les prend avec la main.

On voit des gens pêcher à la ligne de leurs fenêtres sur la place Bellecour.

Les étangs de la Bresse qui ont débordé contribuent à rejeter dans la ville l'immense quantité de poissons que l'on y trouve. Dans le quartier Perrache, et surtout sur le Cours du Midi, on y fait des pêches considérables de carpes, tanches, brochets, anguilles, perches, écrevisses, etc.

La soirée est moins pleine d'angoisses que celles des journées antérieures depuis le commencement du débordement. Les parties préservées de l'inondation presentent seules un reste d'animation. C'est uniquement dans ces quartiers que l'arrêté de M. le Maire sur l'éclairage est exécuté. Dans tous les autres une profonde obscurité, un morne silence règnent.

(Aujourd'hui la compagnie du gaz de la Guillotière a repris son service.)

Huit heures du soir.

La circulation cesse presque complètement sur tous les points et la vie semble avoir délaissé cette grande cité ordinairement si bruyante et si animée en ce moment.

Neuf heures.

Le vent du sud qui règne depuis trois jours souffle avec un redoublement de violence vraiment inouïe. La pluie commence à tomber avec abondance. Peu à peu elle devient un véritable déluge. Elle continue jusqu'à six heures du matin. C'est un nouveau sujet de consternation pour notre ville qui appréhende une autre crue soit du Rhône soit de la Saône, qui dans les conjonctures actuelles, pourrait avoir des conséquences dont l'imagination s'effraie.

Le Rhône recommence à croître.

Samedi 7 novembre.

Malgré la pluie abondante la Saône a baissé depuis hier de 14 pouces

Dans la nuit, une partie supérieure du rocher de Pierre-Scise s'est éboulée. Si cet événement avait eu lieu pendant le jour, il eût causé la mort de plusieurs personnes, ce rocher n'ayant pas cessé d'être couvert de curieux depuis le commencement de l'inondation.

Le Rhône a cru d'un pied; cette nouvelle crue vient de la rivière d'Ain.

Les courants transversaux de la place de la Charité, de la rue de l'Attache-des-Bœufs, sont enfin taris. Celui qui s'est fait jour sur le port des Cordeliers et qui est formé par les courants réunis de plusieurs rues, a diminué; mais il est encore très fort et très impétueux.

En quelques points, des sources d'eau naturellement filtrées et d'une limpidité parfaite, sortent en bouillonnant par les soupiraux des caves qui ont jour sur cette voie de communication. Ce phénomène est surtout remarquable sous la voûte du Collége, où une ouverture de ce genre fournit à elle seule un énorme volume d'eau qui alimente un courant assez fort pour qu'on ne puisse le franchir à pied qu'au moyen d'une planche.

Un malheureux portefaix, le nommé Remilly, conduisant un batelet avec un de ses camarades, dans le quartier des Célestins, est entraîné par le courant et disparaît sous les flots qui tourbillonnent en amont du pont de l'Archevêché. On voit périr ce malheureux. Le nommé Marmet, crocheteur, a failli périr à son tour en voulant le secourir.

Dans la rue de Perrache, n. 5, une femme descend à sa cave remplie d'eau pour en voir les progrès, lorsque, étant à une distance de l'eau de plus de deux mètres et sur les marches, du gaz s'échappe de la cave fermée par une porte à claire-voie, s'enflamme à la lumière que cette femme tient à la main, fait explosion et lui brûle toute la figure.

Midi.

Une nouvelle catastrophe, résultat de la pluie abondante qui est tombée la nuit dernière, vient de répandre l'effroi dans le quartier de la Quarantaine.

Une masse énorme de terre détrempée vient de s'ébouler et d'engloutir deux maisons; personne heureusement n'a péri dans ce nouveau désastre.

Les ouvriers en soie du quartier St-Georges se plaignent de ce que les fabricants leur refusent de l'ouvrage jusqu'à ce que les maisons qu'ils habitent aient été constatées solides. Si le fait est vrai, il ne fait pas honneur à ceux de MM. les fabricants qui manifestent de pareilles craintes. S'il en était ainsi, que l'ouvrier risquât de compromettre son existence en voulant reprendre ses travaux accoutumés, le fabricant peut-il envisager comme une perte plus à regretter que la vie d'un homme celle d'une misérable pièce d'étoffe? Nous sommes certain que le fait est controuvé.

Le soir, sur le quai St-Antoine, deux jeunes gens allaient périr sans les prompts secours des nommés Miard et Fournier crocheteurs.

Aujourd'hui M. le préfet a fait afficher un arrêt par lequel il institue une commission centrale de secours.

Sur l'invitation de M. le lieutenant-général baron Aymard, commandant la 7ᵉ division militaire, une commission spéciale s'est réunie à l'état-major de la place de Lyon, à l'effet d'indiquer les meilleurs moyens d'obvier, autant que possible, aux inconvénients qui pourraient résulter, pour la santé des troupes de la garnison de Lyon, de l'extrême humidité qui règne dans plusieurs casernes et corps-de-garde de cette place.

Dimanche 8 novembre.

La Saône a décru de six pouces.
Le Rhône a cru d'un mètre.

Pendant la nuit des courants se sont de nouveau établis depuis la Tête-d'Or, qui n'est plus protégée par la digue en terre, jusqu'à la Guillotière où ils traversent le cours Bourbon. Mais qu'est-ce que cela en comparaison des deux effroyables débordements que nous venons d'éprouver et dont le dernier dure encore?

Plusieurs blocs d'une grosseur considérable se sont détachés du rocher de Pierre-Scise d'où ils ont roulés dans la Saône. Cet éboulement n'a causé aucun accident.

La façade d'une maison en pierre, située immédiatement en amont du pont d'Ainay et dont la base battue par les flots, avait été légèrement ébréchée depuis trois jours, s'est écroulée dans la Saône.

Un éboulement a eu lieu pendant la nuit dans les balmes qui bordent le quai St-Clair, sur le Rhône, près l'hôtel d'Henri IV. Les habitants des maisons voisines, effrayés par le bruit se sont sauvés dans l'état où ils se trouvaient. Aucun n'a péri.

Huit heures du matin.

La circulation sur le port Bon-Rencontre est rétablie pour les piétons au moyen de deux ponts provisoires en planches; mais le passage est toujours impraticable aux voitures : des gardes municipaux, des officiers de police maintiennent l'ordre nécessaire pour prévenir tout accident.

Dans la rue Mercière, une femme tombe dans un endroit où il y a huit pieds d'eau. Le sieur Grand Louis, futier à St-Clair, se jette tout habillé à la nage et l'enlève au courant qui l'entraîne.

Midi.

La place Bellecour commence à être évacuée par les eaux, dans les rues inondées on commence à pouvoir circuler en voiture et même dans quelques-unes à pied sur les dalles qui bordent les maisons.

Des plaintes continuelles sont portées à la

mairie sur les prétentions exagerées de quelques-
uns des conducteurs de bateaux qui se sont établis dans les rues inondées pour le service public ;
des personnes dignes de foi affirment qu'elles
en ont vu qui demandaient à des malheureux
fuyant leur domicile menacé de l'inondation,
30 francs pour les transporter d'une rue à l'autre.
Le fait peut être vrai, mais heureusement l'on
en cite peu d'exemples. En général les corpora-
tions des mariniers et des crocheteurs ont montré
un généreux désintéressement, et leur devise
était : *Passe qui veut, paye qui peut* (1). Quoi qu'il
en soit, M. le maire averti de cette manière de
rançonner le peuple déjà assez malheureux du
fléau qui l'accable, a décidé par un arrêté de ce
jour, que nul canot, barcot, barque ou embarcation quelconque ne pourra circuler sur les quais,
places ou rues, sans être autorisé par le commissaire de police de l'arrondissement où ils station-
nent.

Pendant que la Saône nous inonde encore, la
Guillotière nous montre à découvert les horribles
ravages que le Rhône lui a occasionnés.

C'est un aspect lamentable que celui de toutes
les parties basses de cette malheureuse ville. Des
rues profondément labourées par les courants,
encombrées de graviers et de matériaux. A chaque
pas des maisons écroulées, leur toit et leurs plan-

---

(1) La compagnie des Crocheteurs du quai Bon-Rencontre a souscrit
pour 200 francs en faveur des inondés.

chers confusément entassés, des murailles encore debout, d'autres à demi renversées; c'est un spectacle qui navre le cœur. Dans les chantiers de construction qui abondent en cette localité, les bois soulevés se sont accumulés et mêlés ensemble dans un incroyable désordre.

Lundi 9 novembre.

La Saône a baissé de quatre pouces cette nuit, la place Bellecour est presque complètement abandonnée des eaux; néanmoins la rivière continue à couvrir nos quais à une grande hauteur, ainsi que l'extrémité inférieure de la plupart des rues qui y aboutissent.

Le pont du Change a souffert de graves avaries; la plupart des pierres de taille qui garnissaient la partie supérieure des éperons, ont été enlevées; un affaissement s'est manifesté dans le voisinage de la guérite placée sur la pile du milieu.

Le conseil municipal est convoqué extraordinairement pour mercredi 11 du courant, à midi.

Vaise a considérablement souffert, tout ce qui n'est pas ruiné est désert, car les habitants l'ont presque tous abandonné et pleurent sur leurs misères, entassés dans les granges des environs, où ils couchent pêle-mêle sur la paille.

Sur la route du Bourbonnais la plupart des maisons dont quelques-unes de quatre à cinq étages, construites en pierres sur la façade, se sont écroulées.

Le quartier du Chapeau-Rouge n'est qu'un vaste champ de décombres.

La commune de Ste-Foy est venue au secours de ces victimes avec un généreux empressement, plus de 1,500 kilogrammes de pain sont déjà distribués par ses soins; elle a immédiatement ouvert une salle d'asile aux malheureux.

Parmi les riches propriétaires des environs de Vaise, on a remarqué avec quel empressement M. Ollat, fabricant distingué de cette ville, et Mme Ve Evesque, de la montée de Balmont, offraient asile et secours aux malheureux fuyant leur domicile envahi par les eaux. M. de Casenove a employé tous ses domestiques et ses plus riches équipages à transporter en lieu de sûreté les victimes de l'inondation et même leurs mobiliers.

Mardi 10 novembre.

Les eaux continuent à se retirer; on circule encore en bateau sur la place des Jacobins, aux deux extrémités de la rue Mercière, dans la rue des Souffletiers, dans les rues Trois-Carreaux et Basse-Grenette, et à moitié dans la rue Grenette et dans la rue Dubois. Les quais sur les deux rives sont encore complètement inondés.

Violemment heurté par le choc des eaux, détrempé par des pluies longues et opiniâtres, transpercé par les filtrations du Rhône et de la Saône, peut-être même ébranlé par des causes qui échappent à notre pénétration et aux investigations de la science, notre sol est en proie à une sorte de perturbation qui se révèle en beaucoup d'endroits par des affaissements et des éboulements qui ont lieu sur la place du Port-du-Roi et à la montée du pont de l'Archevêché, dans la rue Ste-Hélène, à l'extrémité de la rue Ste-Claire, aux églises de St-Nizier et de St-Bonaventure; partout où nos rues ont servi de lit aux torrents nombreux qui s'étaient fait jour à travers la ville, le pavé est dénudé, arraché, affaissé, et les dalles des trottoirs tourmentées.

M. Brun, maire de la commune du bourg St-Christophe, arrondissement de Meximieux, se présente à la mairie de notre ville à la tête d'un convoi de quatre voitures chargées de pain et de pommes de terre qu'il offre aux victimes de l'inondation. Ce don fait avec une bonté vraiment patriarcale, provoque les larmes d'attendrissement de la part du témoin de cette scène touchante.

Le chargement contient quinze quintaux de pain, et environ vingt sacs de pommes de terre.

L'administration fait afficher une dépêche télégraphique annonçant que le gouvernement a fait une demande aux chambres d'un crédit de cinq millions pour secourir les départements victimes des inondations.

Une commission de secours vient d'être organisée à la Guillotière.

La tâche de la mairie de Vaise n'est pas terminée, il faut surveiller les restes enfouis de la fortune de plus de 2,000 individus sans asile;

aussi personne ne sort de la commune emportant des effets, sans être muni d'une autorisation.

Il n'est permis à personne de faire des fouilles sans autorisation, ni de rentrer dans les habitations avant que le voyer ait reconnu qu'il n'y a pas de danger.

M. le docteur Guichanet, adjoint à la mairie, a été délégué pour remplir les fonctions de maire à St-Simon, sur la grande route du Bourbonnais, où il a déployé tout le zèle possible. M. Achard autre adjoint, est resté constamment avec le maire.

Mercredi 11 novembre.

La Saône continue son mouvement de retraite. La circulation se rétablit sur tous les points de l'intérieur, les quais seuls sont encore inondés.

Dans sa séance de ce jour, le conseil municipal de Lyon a voté une somme de 100,000 fr. pour premiers secours aux inondés.

La compagnie du gaz, par des efforts inouïs, est parvenue à réparer les dégâts causés à ses tuyaux dans l'excavation du quai Bon-Rencontre. La partie basse de la ville est déjà éclairée et le reste ne tardera pas à l'être.

Jeudi 12 novembre.

La Saône a baissé de deux pieds, depuis hier. A mesure que l'inondation recule elle laisse voir de nouveaux ravages cachés au regard. Le parapet du quai d'Orléans a été renversé sur une longueur de plusieurs mètres. Ce quai, ainsi que celui des Augustins, a été en partie dépavé et de profondes fondrières y ont été creusées.

Les affaissements de terrain se manifestent en grand nombre sur plusieurs points de la ville. L'église des Cordéliers a beaucoup souffert sous ce rapport ; on l'attribue aux anciennes sépultures qui auraient eu lieu dans son enceinte.

Les magasins que l'eau a quittés présentent l'image d'un dégât épouvantable.

Entre 4 et 5 heures une maison des Etroits, appartenant à M. Renard, servant d'atelier de teinture, s'est écroulée par suite des éboulements des terres de la balme. Quatre hommes et deux femmes qui travaillaient en ce moment ont été plus ou moins grièvement blessés.

La commission créée par M. le préfet pour la répartition des secours à accorder aux malheureux inondés, s'est réunie aujourd'hui ; elle a reconnu, à l'unanimité, que la distribution des secours ne pouvait être équitable, efficace, exempte d'abus, si toutes les ressources, quelle que fût leur origine, n'étaient pas centralisées dans les mains de son trésorier.

Il a été en conséquence décidé que l'autorité administrative inviterait MM. les collecteurs de souscriptions particulières à en verser le montant dans la caisse de M. Delahante, directement ou par l'intermédiaire des receveurs municipaux et des percepteurs.

La commission a pensé que dans toutes les communes, à l'exception de celles où la population tout entière a souffert, des quêtes à domicile pouvaient être utilement organisées; mais elle a émis le vœu que ces quêtes fussent faites régulièrement, par ordre de l'autorité municipale et avec le concours du clergé, et que toute quête spontanée ou non autorisée fût expressément interdite.

M. Barou, vicaire général, au nom de Mgr. l'archevêque, et M. le maire de Lyon, ont donné l'assurance que les collectes faites par MM. les curés et par MM. les commissaires de la Mairie, seraient versées dans les mains de M. Delahante.

Toutefois, et comme il était urgent de pourvoir à d'impérieuses nécessités, la commission a décidé:

1. Que les crédits ouverts par le vote régulier des communes inondées resteraient à la disposition des maires pour être employés immédiatement aux besoins les plus pressants;

2. Que M. le préfet était autorisé, comme ordonnateur des dépenses, à accorder, partout où besoin serait, des secours provisoires;

3. Qu'il serait rendu compte de l'emploi de ces ressources.

Au surplus la commission a résolu que les sommes régulièrement votées par les conseils municipaux et celles qui seraient données sous la condition d'être distribuées dans une localité désignée, ne seraient point détournées de leur destination; mais que, dans les répartitions ultérieures, on prendrait en considération, d'une part les sacrifices que les communes se seraient imposés, d'autre part les secours déjà distribués, et enfin la proportion des pertes éprouvées.

Aussitôt que cet arrêté est à la connaissance du public tous les collecteurs se hâtent de verser leurs recettes à la caisse de M. Delahante, à l'exception des journaux le *Censeur* et le *Réparateur* qui se réservent la répartition des dons qu'ils ont reçus dans leurs bureaux.

Le projet de loi pour l'allocation d'un crédit de cinq millions, en faveur des victimes de l'inondation, a été présenté à la chambre dans sa séance de ce jour, ainsi qu'un autre projet, portant demande d'un crédit d'un million, pour réparations de routes, ponts, digues, etc.

Vendredi 13 novembre.

La retraite des eaux continue à s'opérer avec la même lenteur; les quais d'Orléans, de l'Archevêché et de la Peyrollerie sont libres.

Les quais des Célestins et de St-Antoine sont toujours inondés, mais comme la masse d'eau à écouler est énorme, on craint bien qu'il ne faille encore long-temps pour qu'elle soit rentrée dans son lit. Elle est aujourd'hui au niveau de 1711.

Vaise présente un tableau qui fait pitié. Laissons parler le rédacteur du *Censeur* qui en donne une peinture exacte et vraiment remarquable.

« Les désastres de Vaise sont au-dessus de toute narration. Des rues entières sont changées en ruines. Plusieurs quartiers sont broyés par les eaux; il semble qu'un moteur gigantesque et puissant a trituré poutres, planches et meubles avec de la boue. Quelques débris indiquent la présence des objets mobiliers pulvérisés dans la chute des maisons. Dans le quartier du Chapeau-Rouge, les décombres obstruent les rues, et s'il reste quelques vestiges des planches et des murailles crevassées, ils ne servent qu'à attester la profonde misère des victimes qui bravent le danger de nouveaux écroulements pour se livrer à des fouilles dont le résultat est de recueillir des fragments de meubles et des lambeaux de hardes. Les matelas sont les objets qui ont le moins souffert; mais imprégnés d'eau, il faut plusieurs hommes pour les transporter; les murs de pisé sont en partie perdus et leurs fragments ne ressemblent plus qu'à une traînée de terre fangeuse. Le chagrin a basané le teint des fouilleurs, et l'on est étonné de leur courage et de leur patience à se livrer à de pénibles travaux pour extraire des objets qui sont loin de valoir la journée du pionnier, car ils sont entravés par les grosses pièces de charpente qui se chevauchent en tous sens.

« Nous n'avons pas vu une joue sillonnée de larmes, sans doute les sanglots ont desséché la source des pleurs dans les premières heures du désespoir.

« Dans la prairie de Gorge-de-Loup, on retrouve

la dévastation; à St-Simon, près le chemin des Roches, seulement l'œil se repose. Mais à quoi ressemble cette belle avenue depuis ce lieu jusqu'à la Pyramide? c'est une perspective de décombres sur deux lignes parallèles. Là seulement, grâce à l'extrême largeur de la route, le passage est encore praticable; mais il faut éviter en passant la chute des murs.

« Meubles brisés, fragments de murailles, fouilleurs silencieux à l'œil morne et au visage blême, voilà le spectacle qu'offre aujourd'hui cette riche commune. »

Samedi 14 novembre.

La Saône continue à se retirer, la place des Jacobins est presque entièrement libre.

A Perrache, près du cours du Midi, une maison en briques à deux étages s'est écroulée à une heure après midi. On n'a heureusement aucun accident à déplorer.

Ce soir la pluie recommence et tombe par torrents.

L'eau en se retirant laissé à nu un triste spectacle de dévastation et de dégoût; le parapet du nouveau quai de l'Arsenal a été détruit sur une longueur de plus de 80 mètres, le quai même a été miné profondément; en se rapprochant du pont Tilsitt, l'abreuvoir a été détruit ainsi qu'une partie du quai qui le joint immédiatement. En face du Grenier à Sel une partie en retour près l'escalier a été également démolie. Le choc des eaux retenues par le pont Tilsitt a dû être en effet extrêmement violent.

Les rues abandonnées par les eaux sont couvertes de limon.

Dimanche 15 novembre.

La Saône a subi un léger mouvement de hausse.

Le Rhône dont les pluies presque continuelles avaient arrêté la décroissance, s'est étendu de nouveau dans une grande partie des Brotteaux.

Le pont du Change s'est affaissé, une excavation s'est formée sur la pile du milieu ; par suite de cet événement qui inspire des craintes à l'administration le passage est interdit même aux piétons. Les habitans du quartier St-Paul que leurs affaires appellent dans celui des Terreaux sont forcés de faire un immense détour par le pont Tilsitt.

Lundi 16 novembre.

Le Rhône semble se retirer ; les craintes que l'on avait pu concevoir d'une nouvelle crue ne paraissent pas devoir se réaliser.

La Saône continue à décroître.

Quelques quais seulement sont encore sous les eaux.

Dans sa séance de ce jour, la chambre des Députés a adopté à la presque unanimité les deux projets de loi relatifs aux deux allocations demandées par le gouvernement, soit pour les secours aux contrées victimes de l'inondation, soit pour réparations des routes, chaussées, ponts, etc. endommagés par la même cause.

M. le préfet institue une commission centrale pour la répartition des secours; sont nommés membres de cette commission MM. Janson et Vincent de Vaugelas.

Mardi 17 novembre.

La Saône a repris douze ou quinze centimètres d'élévation; elle est cependant trois mètres au-dessous du niveau qu'elle atteignait le 6 courant.

Le Rhône a éprouvé une crue considérable. Il a de nouveau envahi, sur la rive gauche, la plus grande partie des Brotteaux, une portion du cours Bourbon; sur la rive droite, il a pénétré sur le quai de Retz et dans la rue de la Charité par les canaux.

La pluie ne cesse de tomber et fait craindre que l'inondation dure encore long-temps.

Les omnibus recommencent à passer sur le quai de la Baleine n'ayant de l'eau que jusqu'aux moyeux.

Ce matin, le clergé et un grand nombre de fidèles de la paroisse d'Ainay se rendent processionnellement à l'église de Fourvières pour demander au ciel la fin des maux qui pèsent sur nos contrées.

Mercredi 18 novembre.

La pluie continue pendant une grande partie de la nuit.

Le Rhône et la Saône en ont subi une légère crue ; on espère qu'elle ne sera que momentanée.

Les quais des Célestins, de la Baleine, de St-Antoine, de Serin sont encore inondés.

Le pont du Change, après avoir été réparé par les soins de M. l'ingénieur Jourdan, est livré à la circulation. L'affaissement qui avait éveillé des inquiétudes sur sa solidité provenait de ce que, lors de la construction, l'intérieur du tympan avait été rempli de terre et de gravier, au lieu d'être fait en maçonnerie. La Saône ayant détaché quelques pierres d'un des éperons en amont, les eaux ont fait un affouillement dans l'intérieur, la terre qui remplissait le tympan a été entraînée et a causé un vide par suite duquel le pavé s'était abaissé et avait laissé à découvert une excavation. Le pont n'a nullement souffert, et sa solidité, qui vient d'être mise à une si rude épreuve, ne laisse rien à désirer.

Jeudi 19 novembre.

Le Rhône et la Saône reprennent leur mouvement de retraite.

Les mariniers du Rhône et de la Saône se sont comportés d'une manière admirable. Nous devons un juste tribut d'éloges à cette corporation recommandable par les services que ses membres ont rendus à l'humanité en d'autres occasions ; plusieurs se sont signalés par des actes de dévoûment et d'intrépidité, en exposant leurs jours pour sauver des malheureux dont les maisons s'écroulaient. Nous croyons de notre devoir de leur consacrer un chapitre spécial où leurs noms et leurs actes seront rendus fidèlement ; ce sera un monument consacré à témoigner de leur belle conduite. Parmi les braves mariniers qui ont rendu de si grands services à la population pendant nos désastres, nous devons mentionner le nommé Delrieux, appartenant à la compagnie des modères, et demeurant place d'Henri IV. Ce généreux citoyen, accablé par l'excès de travaux qu'il s'était imposés, vient de succomber malgré la force de sa constitution. Nous déplorons sa perte.

On a vu ces braves gens s'exposer à des dangers presque certains pour porter des secours partout où l'on entendait crier alarme. On les a vus s'oublier eux-mêmes, laisser leurs meubles, leur linge s'abîmer dans les décombres pour voler au secours de tous ceux qui imploraient leur assistance.

L'autorité supérieure, nous n'en doutons pas, saura reconnaître tant de désintéressement ; sa commission versera au sein de ces hommes si utiles des indemnités dignes d'une conduite si honorable. Ainsi on leur apprendra qu'on apprécie leurs services et qu'on sait les récompenser. Il est à remarquer que cette classe si active, et dont les gains sont si exigus, n'a point eu recours aux faveurs que la commune accordait aux malheureux, ils en voyaient de plus malheureux qu'eux, et ils ont dit : *Lnissons-les passer.* En sorte que, moins la botte de paille, ou tout au plus le pauvre matelas sur lequel ils allaient reposer leurs membres raides et froids dans la maison hospitalière qui les avait reçus, ils ont constamment fourni à leur subsistance de leurs propres deniers.

La pluie, qui n'a pas presque discontinué de tomber depuis quinze jours, recommence aujourd'hui avec une violence désespérante.

Le *Moniteur* annonce que le roi, sur le rapport de M. le ministre de l'intérieur, a nommé M. Jayr, préfet du Rhône, officier de l'ordre royal de la Légion-d'Honneur.

Ce n'est là qu'une stricte justice rendue à M. le préfet, dont la conduite a été des plus remarquables pendant tout le temps qu'a duré la complète inondation, et qui n'a pas craint d'exposer ses jours pour se transporter partout, dans les endroits même les plus dangereux, où il lui était nécesaire de juger par ses yeux des ordres à donner.

Les communications entre St-Etienne et Lyon, par le chemin de fer, sont rétablies aujourd'hui pour les voyageurs.

Un marinier âgé de 35 ans, natif de Serrière (Ardèche), chaussé en sabots, marchait sur la bande d'un bateau amarré le long du quai de l'Arsenal ; le pied lui a glissé, il est tombé dans la Saône, et entraîné sous le bateau même par un courant impétueux, il a disparu sans qu'il ait été possible de lui porter aucun secours. Ce malheureux laisse une femme et des enfants en bas âge.

M. le préfet de l'Ain vient d'engager son collègue du Rhône de lui transmettre une notice détaillée de toutes les mesures hygiéniques qui seront indiquées par le conseil de salubrité de ce département, et il lui a promis en retour de lui communiquer les mesures de même nature qui seront prescrites par la commission de salubrité de l'Ain. Cet échange réciproque de sages conseils, fruit de la science et des observations des médecins les plus habiles, ne pourra qu'être profitable à la santé des habitants des deux départements.

Le soir, les rues de la ville sont transformées en autant de nappes d'eau, et le tonnerre éclate de temps en temps avec un épouvantable fracas.

Samedi 21 novembre.

Les eaux de la Saône, qui se retiraient avec une extrême lenteur, ont recrû de quelques pouces.

Ce matin, à trois heures, l'orage s'est apaisé et le vent du nord a commencé à souffler.

La rue Ecorchebœuf est une de celles qui ont le plus souffert de l'inondation ; ce sera la dernière à se vider, l'eau y aura séjourné pendant trois semaines.

Dimanche 22 nove

L'eau couvre encore le quai St-Antoine, la rue des Prêtres, la rue de la Préfecture, une grande partie du Port du Roi.

Un fait qui honore le digne prélat qui occupe notre siège archiépiscopal, c'est qu'après avoir largement ouvert sa bourse pour venir au secours des malheureux inondés, il a voulu concourir encore d'une manière puissamment efficace à leur soulagement en faisant aujourd'hui de sa personne une quête dans le quartier de la métropole. Mgr. l'archevêque, accompagné de Mgr. l'évêque de Gap, de M. le percepteur des contributions de l'arrondissement, et de M. Humblot, avocat, a commencé cette tournée qui ne peut manquer d'être des plus profitables pour les infortunés.

Mardi 24 novembre.

Dans la nuit du 23 au 24, au renouvellement de la lune, il s'est opéré un changement subit dans l'atmosphère. Le vent du nord souffle avec une violence telle que les arbres en sont bientôt couverts de givre, et il gèle dans les campagnes. De ce moment l'espérance commence à renaître de toute part. C'est le signe évident de la fin de tous nos désastres, Dieu soit loué.

Cependant la rivière inonde encore une partie de nos quais, et il est probable qu'elle ne sera pas totalement rentrée dans son lit avant quinze jours.

M. le maire de Lyon a organisé dans chacune des paroisses de la ville, une commission d'enquête chargée d'apprécier les besoins des inondés et de leur faire arriver les secours que leur position réclame.

Le 27 seulement la partie élevée du quai St-Antoine est rendue à la circulation, et ce quai est couvert de pavés et de débris de toute nature qu'on se hâte de faire disparaître. Les habitants des rez-de-chaussée ont pu rentrer dans leurs domiciles, dont voilà près d'un mois que les eaux les tiennent éloignés. C'est un triste spectacle que celui que présente cette longue suite de magasins brillants de luxe, il y a quelques jours à peine, et aujourd'hui ravagés, brisés et dans un état à faire pitié. Chacun des propriétaires de ces établissements s'occupe à réparer, à nétoyer, à faire peindre et vernir, et même à faire replacer les boiseries qui ont été toutes plus ou moins endommagées. Heureusement que les ouvriers ne manquent pas; et nous pensons que d'ici à quelques jours, sauf les ponts suspendus, dont la reconstruction demandera du temps, les dernières traces matérielles de nos désastres seront effacées.

Conclusion.

L'inondation de 1840 laissera de profondes traces dans l'esprit des habitants de notre cité. La mémoire de ce terrible fléau se perpétuera d'âge en âge et profitera, n'en doutons pas, aux siècles à venir. Au milieu de notre malheur, félicitons-nous de ce que le débordement de nos deux fleuves n'a pas été simultané. Quel immense désastre n'eussions-nous pas éprouvé et que serait devenu notre riche cité, qui se glorifie à tant de titres d'être la seconde ville de France? Les esprits forts, qui riaient de l'opinion populaire qui annonçait que l'année 1840 serait fertile en événements sinistres (1), commencent à croire à ces vagues pressentiments qui agitent les esprits à l'approche de grands événements.

Maintenant que l'heure du danger est passée, que nous pouvons, l'esprit plus calme, jeter les yeux sur les ruines qui nous entourent, notre pre-

---

(1) Tout le monde connaît ce dicton populaire : *Je m'en moque comme de l'an quarante.*

mier devoir est de rendre à chacun la justice qu'il mérite. La population en général a montré dans ces journées de deuil un empressement qui honore l'humanité. La spontanéité avec laquelle les secours ont été improvisés est chose qui ne s'est jamais vue dans aucun siècle, et à travers tant de calamités est surgie cette remarque consolante que le cœur humain ne cesse d'entretenir le feu sacré de cette charité évangélique qui distingua les premiers temps de l'Eglise; aucun appel n'a été fait à la bienfaisance publique, elle est allée d'elle-même au-devant du malheur. Personne ne pourra dire qu'il a donné l'exemple, l'élan a été général, a été instantané. Le reste de la France s'est empressé de s'associer au grand œuvre de soulagement de cette grande infortune. Espérons que toutes les plaies qui saignent aujourd'hui seront demain fermées et cicatrisées, tous nos maux réparés. Nous le répétons à la gloire de notre siècle, chacun a fait son devoir; mais qu'il nous soit permis de consacrer une ligne pour accorder le tribut d'éloges mérités à ceux que leur position sociale mettait à même de faire plus que les autres et qui se sont rendus dignes du poste élevé qui leur est confié.

Le premier de nos magistrats, M. le Préfet de de ce département, s'est attiré par sa noble conduite en ces jours de douloureuse mémoire, l'estime et la reconnaissance de ses concitoyens; sur tous les points menacés d'un nouveau désastre, il était là, suivi de MM. les ingénieurs, mettant tout en œuvre pour arrêter les progrès du mal, et grâce à ses soins, tous les efforts humains, toutes les ressources de la science ont été employés contre le fléau destructeur. Le premier, il a pénétré courageusement dans cette profonde excavation qui s'était formée sur le port du Change et que nul ouvrier n'osait approcher. C'est encore lui qui a payé de sa personne en visitant le premier le gouffre qui s'était formé sur le port Bon-Rencontre; enfin dans mainte autre circonstance, ce magistrat a prouvé au péril de ses jours, qu'il était digne du rang honorable qu'il occupe; et Sa Majesté a fait acte de justice en le nommant officier de la Légion-d'Honneur.

L'autorité municipale, en ce qui la concernait, ne l'a cédé en rien pour le zèle et l'empressement à l'autorité départementale; notre nouveau Maire, à peine installé, dès le premier pas dans la carrière administrative, se trouve tout-à-coup investi d'une immense responsabilité, d'une tâche pénible et difficile à remplir. Nous devons convenir à sa louange qu'il s'est élevé tout-à-coup à la hauteur où les circonstances venaient de le placer, et que rien de ce qui dépendait de lui n'a été omis, soit pour maintenir l'ordre et le calme au milieu de la population consternée, soit pour fournir et ménager des secours aux pauvres victimes de l'inondation, soit enfin pour assurer les moyens de subsistance de notre grande cité. M. le Maire a déployé dans ces moments difficiles une habileté rare, une activité sans relâche.

Notre digne archevêque, dans ses attributions, s'est conduit comme le vrai pasteur du troupeau. Il a visité lui-même les pauvres inondés, partout il a distribué des secours de ses propres deniers, répandu des paroles consolatrices, relevé les esprits abattus, rendu l'espoir et la vie à des malheureux qui, sans ressource, se voyaient livrés à la plus affreuse misère. Nous le disons avec conviction, la conduite de ce digne Prélat, pendant ces jours de détresse, a été comme ses vertus au-dessus de tout éloge.

Maintenant que nous avons rempli un devoir bien doux, celui qu'impose la reconnaissance, revenons à notre sujet et jetons un coup-d'œil sur les tristes résultats de cette affreuse calamité.

L'inondation a laissé à Lyon des traces douloureuses : cinq ponts emportés par les bateaux et par la violence des courants; un grand nombre de maisons qui ont donné coup; Vaise et Serin bouleversés de fond en comble; les maisons des Brotteaux, de la Guillotière et sur toute la rive gauche du Rhône, depuis la Tête-d'Or jusqu'à la Mouche, décimées par l'inondation; dans la presqu'île Perrache, des hangards et des usines renversées; à St-Georges, des éboulements de rochers jetant l'épouvante dans le quartier heureusement sans faire de victimes ; sur les quais et dans les rues adjacentes, les caves pleines d'eau jusqu'à la voûte; les magasins qu'on n'avait pas eu le temps d'évacuer devenus de véritables viviers où l'eau en s'en allant a déposé en abondance au lieu des marchandises qu'elle a entraînées, une fange épaisse et limoneuse que l'on ne peut enlever qu'à grands frais ; enfin environ 600 maisons renversées dans la ville et les faubourgs; les travaux publics endommagés; un grand nombre de mobiliers perdus ; des vins, eaux-de-vie, denrées, provisions, marchandises de toute espèce avariées; tels sont les résultats de l'inondation, telle a été la ville dans cette part de notre effroyable calamité.

Oui, nous avons bien des pertes à réparer, bien des larmes à sécher; mais malgré l'immensité des désastres ne devons-nous pas reconnaître les effets de la bonté toute puissante dans le petit nombre de victimes que nous avons à regretter! Lyon, qui par sa position et par son agglomération populeuse offrait le plus de chance aux sinistres graves, ne compte que quatre victimes dont une par imprudence; et l'on verra par les relations suivantes que peu de personnes ont péri dans l'étendue du littoral des deux rivières. Prosternons-nous donc devant les décrets de la Providence et remercions-la de n'avoir pas fait nos maux plus grands encore.

Comme le firent les anciens historiens, nous n'attribuerons pas nos calamités à la colère de l'Etre suprême (*dies iræ*), mais nous en chercherons les véritables causes aux sources qu'indique la science.

Les observations météorologiques expliquent cette inondation extraordinaire de la manière suivante : dans les journées des 27, 28, 29, 30 et 31 octobre, 1 et 2 novembre, il est tombé 32 centimètres 4 millimètres d'eau. Comme la quantité moyenne est de 54 centimètres par an environ, il résulte que dans sept jours, il est tombé plus d'eau que dans sept mois.

Avant le commencement de nos inondations, la Suisse avait éprouvé d'épouvantables désastres, causés par la fonte des neiges qu'avait déterminé un vent très chaud venant du Midi. Des avalanches, comme on n'en avait pas vues de mémoire d'homme, étaient venues fondre à l'improviste sur des villages qu'elles avaient engloutis. Dans la cité d'Aost un torrent avait emporté pendant une nuit 190 personnes.

Enfin il est de notoriété publique que dans plusieurs communes de nouvelles sources ont surgi de terre et qu'il s'est opéré dans les entrailles du globe des perturbations dont la cause échappe à notre pénétration.

Voilà, nous le pensons, les trois causes qui, en se combinant, ont contribué à former l'horrible fléau qui vient de répandre la consternation dans nos villes.

Le désastre qui est venu fondre sur nous a excité la plus vive sympathie dans tous les cœurs français. Des souscriptions se sont formées dans presque toutes les villes en faveur des victimes de l'inondation; le chiffre des secours s'élève déjà à une somme considérable. Les nations voisines même s'associent au soulagement de cette grande infortune; mais dans des désastres de ce genre la bienfaisance publique est loin de suffire. C'est ici une de ces infortunes exceptionnelles qui demandent de plus grandes ressources; le gouvernement dans sa sollicitude a déjà pris l'initiative en demandant cinq millions aux chambres; mais qu'est-ce que cela auprès de l'énormité de nos pertes? Espérons que des allocations spéciales seront créées à cet effet; et si nos maux ne peuvent entièrement se réparer, que du moins les malheureux réduits à une misère absolue retrouvent ce qu'ils ont perdu; que la chaumière soit rétablie dans son état primitif.

(90)

....
....
...... et il dû répandre la consternation dans
...

Je déclare que ne veux faire ...
.... sympathie dans ...
.... accomplies se sont produites
presque toutes, les villes en butte aux vejations
de l'inondation; le débit des nouvelles
......
.... ont soulevé ... de
cette grande infortune; mais dans des circonstances pour la bienfaisance publique ...
suffit pas, tant de nos infortunés ...
amies appartiennent de plus ...
le gouvernement dans sa sollicitude ...
l'initiative en demandant cinq millions aux
chambres, mais qu'est-ce que cela vis-à-vis de
... de nos pertes ! Espérons que ...
...... avant ordre à cet effet ...
.... de réfugiés ....
.... refaite ; ...
disons-nous en ce qu'ils ont pendant que ...
.... d'état d'âme des ...

ÉLÉVATION
DES EAUX DE LA SAONE.

DANS LA NUIT DU 4 AU 5 NOVEMBRE 1840;

MESURÉE PAR MM. LES ARCHITECTES DE LA VILLE.

PORTAIL DE L'ÉGLISE ST-BONAVENTURE, 0ᵐ 45 centimètres au-dessus du seuil.

HALLE-AUX-BLÉS, façade nord, 0,7 c. au-dessus du seuil de la porte du centre, ou 0,34 c. en contrebas du dessus du socle.

    id.   façade méridionale, 0,39 c. en contrebas du dessus du socle.

PASSAGE DE L'HÔPITAL, rue de l'Hôpital, 0,80 c. au-dessus de la dalle de la maison n. 39, devant la porte d'allée.

HÔTEL-DIEU, repaire à l'angle sud-est de la place de l'Hôpital, près l'église, 0,455 millim. au-dessus du socle, ou 0,43 c. en contrebas du dessus de la coudière des grandes fenêtres.

ÉGLISE DE L'HÔPITAL, 0,50 c. au-dessus du perron.

ÉGLISE DE LA CHARITÉ, rue de la Charité, à l'angle de la place, 2 m. 26 c. au-dessus de la dalle du pavé, et 1 m. 49 c. au-dessus du perron de la porte principale.

Hôtel de la Préfecture, à la grille d'entrée sur la place, au-dessus du second socle des piliers, 1 m. 45 c. au-dessus du seuil de l'entrée centrale.

Rue Louis-le-Grand, magasin Moteteville, 0,22 c. au-dessus de la dalle.

Hôtel de Malte, rue du Plat, 0,38 c. au-dessus du seuil de la grande porte.

Place des Célestins, à la porte du théâtre, 1 m. 90 c. au dessus du seuil.

Douane, jusqu'au niveau du bassin de la cour, ou 0,66 c. au-dessus du pavé de la nouvelle porte rue du Plat.

Grenier a sel, au niveau du socle du rez-de-chaussée, 0,64 c. au-dessus du seuil d'entrée.

Porte de l'église St-Louis sur la rue des Augustins, au-dessus du seuil, 1 m. 23 c.

Église St-Paul, 0,53 c. à l'angle sud-ouest à partir du pavé.

Temple des Protestants, angle sud-est, 0,51 c. au-dessus du pavé.

Palais-de-Justice, contre le jambage septentrional de la porte, à l'angle de la rue des Estrées, 1 m. 63 c. au-dessus de la dalle.

Allée Marchande, côté du quai, au-dessus du seuil, 1 m. 36 c.

Génic.

HAUTEUR LA PLUS GRANDE

A LAQUELLE SONT PARVENUES LES EAUX AU-DESSUS DE L'ÉTIAGE.

		m. c.
Le 31 octobre, jour de la plus grande crue du Rhône.	Au pont Morand	5,25
	— Lafayette	5,54
	— de la Guillotière	5,48
	— de la Mulatière	5,65
	— d'Ainay	4,60
	— de Tilsitt	5,14
	— de la Feuillée	5,60
	— de Serin	5,78
Le 5 novembre, jour du maximum de la hauteur de la Saône.	Au pont Morand	3,10
	— Lafayette	2,95
	— de la Guillotière	3,14
	— de la Mulatière { côté d'aval	3,50
	{ côté d'amont	5,77
	— d'Ainay, côté d'aval . . .	6,45
	— de Tilsitt, côté d'aval . . .	7,57
	— de la Feuillée { côté d'aval . .	8,14
	{ côté d'amont .	8,88
	— de Serin	8,89

La chute de l'amont à l'aval des ponts de Tilsitt, d'Ainay et de la Guillotière, autant qu'on a pu l'évaluer, était de 1 mètre au plus et de 0,75 c. au moins.

Celle du pont de la Mulatière était de 2 m. 50 c. à 2 m. 80 c.

HAUTEUR

Des eaux de la Saône à différentes heures de la journée, prise à l'échelle du pont Tilsitt, du 30 octobre au 24 novembre 1840.

(Jusqu'alors on regardait la cote de 5 mètres 25 c. comme la plus haute de celles connues.)

DATE.	HEURE.	HAUTEUR.	DATE.	HEURE.	HAUTEUR.
		m. c.			m. c.
30 octobr.	midi.	4,25	2 novem.	10 h. du m.	5,90
31 id.	midi.	5,14	id.	midi.	6,00
id.	1 h. du soir.	5,17	id.	2 h. du soir.	6,10
id.	2 h. id.	5,20	id.	4 h. id.	6,15
id.	3 h. id.	5,23	id.	6 h. id.	6,25
id.	4 h. id.	5,27	id.	8 h. id.	6,27
id.	5 h. id.	5,30	id.	10 h. id.	6,31
1er novem.	6 h. du mat.	5,50	id.	minuit.	6,35
id.	8 h. id.	5,45	3 novem.	2 h. du mat.	6,40
id.	midi.	5,50	id.	4 h. id.	6,45
id.	2 h. du soir.	5,51	id.	6 h. id.	6,47
id.	4 h. id.	5,53	id.	8 h. id.	6,48
id.	6 h. id.	5,60	id.	10 h. id.	6,50
id.	8 h. id.	5,67	id.	midi.	6,60
id.	10 h. id.	5,72	id.	2 h. du soir.	6,60
id.	minuit.	5,75	id.	4 h. id.	6,61
2 novem.	2 h. du mat.	5,77	id.	6 h. id.	6,62
id.	4 h. id.	5,75	id.	8 h. id.	6,65
id.	6 h. id.	5,80	id.	10 h. id.	6,68
id.	8 h. id.	5,85	id.	minuit.	6,72

475

DATE.	HEURE.	HAUTEUR.	DATE.	HEURE.	HAUTEUR.
		m. c.			m. c.
4 novem.	2 h. du mat.	6,80	7 novem.	4 h. du mat.	7,08
id.	4 h. id.	6,89	id.	6 h. id.	7,06
id.	6 h. id.	6,98	id.	8 h. id.	7,05
id.	8 h. id.	7,02	id.	10 h. id.	7,05
id.	10 h. id.	7,07	id.	midi.	7,05
id.	midi.	7,09	8 novem.	8 h. du mat.	7,00
id.	2 h. du soir.	7,15	id.	10 h. id	6,98
id.	4 h. id.	7,16	id.	midi.	6,98
id.	6 h. id.	7,17	id.	2 h. du soir.	6,98
id.	8 h. id.	7,21	id.	4 h. id.	6,92
id.	10 h. id.	7,26	9 novem.	6 h. du mat.	6,80
id.	minuit	7,27	id.	8 h. id.	6,80
5 novem.	2 h. du mat.	7,28	id.	10 h. id.	6,75
id.	4 h. id.	7,30	id.	midi.	6,73
id.	6 h. id.	7,31	id.	2 h. du soir.	6,73
id.	8 h. id.	7,34	id.	4 h. id.	6,70
id.	10 h. id.	7,35	10 novem.	6 h. du mat.	6,50
id.	midi.	7,37	id.	8 h. id.	6,48
id.	2 h. du soir.	7,37	id.	midi.	6,45
id.	4 h. id.	7,55	id.	2 h. du soir.	6,42
id.	6 h. id.	7,54	id.	4 h. id.	6,39
id.	8 h. id.	7,54	11 novem.	9 h. du mat.	6,15
id.	10 h. id.	7,30	id.	midi.	6,85
id.	minuit.	7,29	12 id.	id.	5,85
6 novem.	2 h. du mat.	7,28	13 id.	id.	5,60
id.	4 h. id.	7,26	14 id.	id.	5,40
id.	6 h. id.	7,24	15 id.	id.	5,55
id.	8 h. id.	7,22	16 id.	id.	5,40
id.	10 h. id.	7,21	17 id.	id.	5,50
id.	midi.	7,19	18 id.	id.	5,63
id.	2 h. du soir.	7,11	19 id.	id.	5,50
id.	4 h. id.	7,10	20 id.	id.	5,40
id.	6 h. id.	7,10	21 id.	id.	5,60
id.	8 h. id.	7,09	22 id.	id.	5,38
id.	10 h. id.	7,09	23 id.	id.	5,30
id.	minuit.	7,09	24 id.	id.	5,12
7 novem	2 h. du mat.	7,09			

ACTES ADMINISTRATIFS.

PRÉFECTURE DU RHONE.

Lyon, 4 novembre 1840.

Nous PRÉFET du Rhone,

Vu la lettre du Président de la chambre de commerce de Lyon, à la date du 3 novembre présent mois;

Considérant que les magasins et les bureaux de la Douane ont été envahis par l'inondation de la Saône, et que la suspension complète des actes de cette administration causerait un préjudice considérable au commerce;

Arrêtons :

Les bureaux et entrepôts de la Douane sont provisoirement transférés dans le bâtiment de la Halle-aux-Blés, et en cas d'empêchement, dans tout autre édifice qui sera désigné par M. le Maire de Lyon.

Le présent arrêté sera notifié pour être immédiatement mis à exécution à M. l'inspecteur des douanes, directeur du service, à M. le Maire de Lyon et à M. le Président de la chambre de commerce qui est chargé de donner à cette mesure toute la publicité possible.

Le Préfet,

JAYR.

Lyon, 7 novembre 1840.

Nous PRÉFET DU RHONE,

Attendu que les magasins de l'entrepôt des Douanes de Lyon ont été envahis par l'inondation, et que les sucres, cafés, cacaos, indigos et marchandises diverses déposées dans ces magasins ont éprouvé des avaries considérables;

Attendu que pour éviter la perte totale de ces marchandises il importe qu'il soit pris d'urgence, à leur égard, des mesures de conservation, ou qu'elles soient immédiatement livrées à la consommation;

Attendu que les droits de Douane ne peuvent plus aujourd'hui être perçus sur la valeur résultant des prix courants des mêmes espèces de marchandises non avariées, et qu'il est de toute justice de faire subir à ces droits une réduction proportionnelle à la dépréciation constatée;

Attendu que la circonstance désastreuse qui a produit cette dépréciation autorise suffisamment dans le cas présent l'application des dispositions du titre 7 de la loi du 21 avril 1818;

Attendu enfin qu'il y a urgence;

Arrêtons :

Art. Ier. Seront assimilées aux marchandises avariées par suite d'événements de mer, celles qui, déposées aujourd'hui aux magasins de l'entrepôt des Douanes, seront reconnues avoir été atteintes et dépréciées par l'inondation.

Art. II. Il sera procédé à l'égard de ces marchandises suivant les formes prescrites par l'art. 52 de la loi du 21 avril 1818.

Art. III. Les droits de préemption, de réexportation, de triage, consacrés par les art. 53, 54, 55, 56 de la même loi, demeurent réservés tant à l'administration des Douanes qu'aux consignataires.

Art. IV. La vente aux enchères des denrées comestibles ou médicales avariées, ne pourra avoir lieu que d'après une attestation délivrée par M. le Maire de Lyon, portant que l'avarie n'est pas de nature à nuire à la santé.

Art. V. Le présent arrêté sera imprimé et affiché à Lyon et dans les communes suburbaines. Notification en sera faite à l'inspecteur en chef du service des Douanes, à M. le Maire de Lyon, à M. le Président de la chambre de commerce et à M. le syndic des courtiers en marchandises, qui demeurent chargés, chacun en ce qui le concerne, de concourir à son exécution.

Il sera du tout rendu compte à M. le Ministre des finances.

Fait à Lyon, à l'Hôtel de la Préfecture, le 7 novembre 1840.

Le Préfet du Rhône,
JAYR.

Pendant que l'inondation exerçait ses ravages, des souscriptions particulières s'ouvraient dans tout le département; des quêtes étaient faites à domicile; les conseils municipaux mettaient dans quelques communes des ressources à la disposition des maires; le gouvernement ouvrait des crédits provisoires et préparait de plus larges secours. Mais ensuite pour faire une équitable répartition, pour prévenir toute confusion et soulager efficacement tant de misères, il était nécessaire de recourir à une mesure générale; à cet effet le Préfet prit l'arrêté suivant :

Lyon, le 7 novembre 1840.

Nous PRÉFET DU RHONE,

Considérant qu'il importe de centraliser les ressources destinées à secourir les victimes des inondations du Rhône et de la Saône et d'en opérer ensuite une équitable répartition entre chacune d'elles.

Avons arrêté :

Art. Ier. Toutes les sommes recueillies par MM. les commissaires nommés à cet effet par MM. les Maires, et toutes celles déposées entre les mains des commissions de quartiers et de communes, seront versées à la caisse de M. Delahante, receveur-général.

Art. II. Il est formé une commission centrale qui se réunira sous notre présidence, à l'effet de repartir les secours aux personnes qui seront reconnues avoir éprouvé des pertes par suite de l'inondation.

Art. III. Sont nommés membres de cette commission.

MM. le Maire de Lyon.
    Le Maire de la Croix-Rousse.
    Le Maire de la Guillotière.
    Le Maire de Vaise.
    Barou, vicaire-général.
    Le Président de la chambre du commerce.
    Le Président du tribunal de commerce.
    Le Président des prudhommes.
    André, membre du conseil d'arrond.
    Bernard, adjoint à la Guillotière.
    Arlès-Dufour, négociant.
    Rival, conseiller munic. de la Croix-Rousse.
    Guichannet, médecin à Vaise.
    Delahante, receveur-général.
    Valois, conseiller de préfecture.
    Burnet, conseiller municipal à Vaise.
    Michel, teinturier à la Quarantaine.

Art. IV. Le présent arrêté sera notifié à MM. les Maires de Lyon, la Guillotière, Vaise et la Croix-Rousse.

Fait à Lyon, le 7 novembre 1840.

Le Préfet,
JAYR.

Mesures relatives à l'inondation.

Lyon, le 8 novembre 1840.

Le PRÉFET du Rhône,

A MM. les Maires de ce département.

Messieurs, un épouvantable fléau vient de désoler Lyon et une partie des communes du département que baignent le Rhône et la Saône ou leurs affluents. L'étendue du mal est incalculable. Le temps seul, ne cherchons pas à nous le dissimuler, aura le pouvoir d'en faire disparaître les traces.

Mais lorsque des milliers de familles sont privées d'asile et de ressources, qui donc voudrait laisser au temps le soin de venir à leur aide et de soulager d'aussi poignantes misères? L'heure presse, l'hiver approche. Il faut assurer le nécessaire à ceux qui maintenant manquent de tout.

J'ai demandé des subsides au Gouvernement. Ces subsides me sont promis; ils seront larges, généreux. proportionnés autant que possible à la grandeur des pertes, à l'immensité des désastres.

Cependant tout le littoral de deux grands fleuves et d'autres pays encore ont souffert. Si empressée, si libérale que soit l'intervention du pouvoir, elle ne saurait cicatriser toutes les plaies, ni remédier sur-le-champ à cette grande calamité. Prenons les devants, Messieurs. L'œuvre de destruction a été instantanée; que la bienfaisance publique soit à son tour prompte à secourir.

Ceux d'entre vous dont les communes n'ont pas été atteintes, peuvent dès à présent réunir leurs conseils municipaux et réclamer des votes sur les fonds libres. J'y donnerai mon approbation. Le montant de ces votes, joint au produit des souscriptions particulières que vous aurez provoquées par tous les moyens possibles, sera versé des mains du Receveur municipal dans la caisse de M. le Receveur général. Une commission centrale déjà instituée, fixera dans le plus bref délai la distribution des ressources.

Quant aux maires des communes inondées, leur tâche devient urgente et difficile. Mais dans son accomplissement, la conscience du devoir les soutiendra;

Pourvoir dans les établissements publics et dans les habitations particulières au logement des inondés sans asile;

Assurer, au moyen des dons faits dans les localités, la distribution régulière des aliments;

Donner des vêtements à ceux qui en manquent;

Faire visiter les maisons atteintes par l'inondation, et ne permettre qu'elles soient occupées qu'autant que cette occupation serait sans danger;

Présider à la reconnaissance des effets mobiliers et placer ceux dont la propriété serait douteuse et contestée sous la garde provisoire de l'autorité;

Prescrire tout ce qu'exige la salubrité publique, qui peut être compromise après la retraite des eaux;

Faire constater les pertes d'une manière tout à

la fois équitable et modérée, et m'adresser les procès-verbaux qui serviront de base à la répartition des secours généraux;

Tels sont les premiers soins qu'imposent les douloureuses circonstances où nous sommes, à l'active charité de ces administrateurs.

Successivement, Messieurs, et lorsqu'il sera nécessaire, je vous adresserai des instructions plus détaillées. Je n'ai voulu aujourd'hui que faire à la bienfaisance de tous un appel qui sera entendu, et qu'indiquer sommairement, pour les lieux soumis à l'action dévastatrice des eaux, les mesures de protection et de prudence qui doivent être adoptées.

Je ne mets en doute ni la sagesse qui dictera ces mesures, ni le zèle qui présidera à leur exécution.

Déjà, tant que durait le danger, la population a vu ses magistrats municipaux s'oubliant eux-mêmes, veiller à la sûreté de leurs administrés et tendre une main secourable à toutes les infortunes.

Interprète de la haute satisfaction du Gouvernement et de la reconnaissance publique, je suis heureux d'adresser ici à ces fonctionnaires si dévoués, les éloges qu'a mérités leur noble et courageuse conduite.

Agréez, Messieurs, l'assurance de ma considétion distinguée.

Le Préfet du Rhône,
H. JAYR.

Certifié conforme:

Le Secr. Gén. de la Préfect. du Rhône, BESSON.

Mesures de sûreté à prendre au sujet des bâtiments qui ont été atteints par les eaux.

Lyon, le 12 novembre 1840.

Le PRÉFET du Rhone,

A MM. les Maires du département.

Messieurs, au nombre des devoirs que vous laisse à remplir la cessation de l'inondation, il en est un qui, dans l'intérêt de la sûreté de vos administrés, appelle toute votre sollicitude. Je veux parler de la visite des maisons qui ont été atteintes par les eaux.

Il est malheureusement trop certain que plusieurs des bâtiments qui semblent avoir échappé à la destruction, ont néanmoins éprouvé des avaries telles que leur solidité a dû en être affectée. On doit craindre que par la suite leur chute n'occasionne de grands malheurs, non-seulement pour ceux qui les habiteraient, mais encore pour les maisons voisines et pour le public.

La visite de ces bâtiments, soit que les habitants ne les aient pas abandonnés, soit qu'ils les aient évacués, est une mesure de police qu'il y aurait, tout à la fois, imprudence et mauvaise administration à négliger.

Je vous réitère donc l'invitation déjà consignée dans ma circulaire du 8 du courant, de faire visiter par des architectes, toutes les maisons envahies par les eaux, de n'en permettre l'occupation qu'autant que des rapports formels et par écrit déclareraient que cette occupation est sans danger.

Si des travaux de consolidation avaient été jugés nécessaires vous ne lèveriez, qu'après leur entière exécution, l'interdiction que vous aurez prononcée.

Vous voudrez bien, Messieurs, me rendre compte des cas dans lesquels vous aurez fait usage de ce droit dont, je n'ai pas besoin de vous le dire, l'exercice doit être tempéré de manière à concilier l'intérêt particulier avec le soin de la sûreté publique.

Agréez, Messieurs, l'assurance de ma considération très-distinguée.

Le Préfet du Rhône,

H. JAYR.

Mesures à prendre pour régler le mode de construction des maisons en pisé.

Lyon, le 13 novembre 1840.

Le PRÉFET DU RHÔNE,

A MM. les Maires de ce département.

Messieurs, les constructions dans lesquelles le pisé, employé comme partie principale, a été atteint par l'inondation, se sont toutes écroulées. Aucune n'a résisté à l'action des eaux; il est inouï que personne n'ait péri au milieu des éboulements si multipliés dont nous avons eu le douloureux spectacle dans cette semaine désastreuse. Mais ce fait, heureusement constaté, n'en laisse pas moins subsister la preuve des dangers que peuvent présenter ces sortes de constructions, lorsqu'elles ne sont pas établies sur une base de maçonnerie qui élève la partie battue au-dessus de la partie des eaux.

Il est de votre devoir, Messieurs, de prévenir les fatales conséquences que pourrait avoir, en cas de nouvelle inondation, l'oubli des précautions dont les dernières crues n'ont que trop démontré la nécessité.

Je vous invite, dans ce but, à prendre immédiatement des arrêtés qui régleront la hauteur des bases de maçonnerie sur laquelle devront être établis, dans vos communes, les murs en pisé, tant extérieurs que de refend des bâtiments d'habitation qui seront construits à l'avenir.

Toutefois, comme le terrain, dans une même commune, présente des inégalités et des pentes qui rendraient inutiles, et par conséquent injustes, des prescriptions générales et absolues, il conviendra que vous divisiez fictivement votre territoire en différentes zônes, et que vous établissiez une règle différente pour chaque zône, suivant l'élévation des lieux, par rapport au niveau des eaux répéré à la dernière inondation.

Ces arrêtés devront, aux termes de la loi, m'être adressés avant d'être mis à exécution.

Agréez, Messieurs, l'assurance de ma considération distinguée.

Le Préfet du Rhône,
H. JAYR.

Mesures à prendre relativement aux épaves.

Lyon, le 13 novembre 1840.

Le PRÉFET DU RHONE,

A MM. les Maires du département.

Messieurs, la reconnaissance des objets mobiliers enfouis sous les décombres des bâtiments ou sauvés à la hâte pendant l'inondation, est un point sur lequel déjà, par ma circulaire du 8 de ce mois, j'ai appelé votre attention. Je ne doute pas que vous n'ayez prescrit à cet égard les mesures commandées par les circonstances, et j'espère que le triage des effets appartenant aux habitants de votre commune s'est opéré sans difficultés sérieuses.

Quant aux meubles, hardes, bois de chauffage, bois de construction, etc., etc., qui ne sont pas encore réclamés, ou dont la propriété n'est pas clairement établie, ils restent sous la garde de l'administration municipale.

Ces épaves appartiennent à de malheureuses victimes de l'inondation, vous devez prendre toutes les précautions nécessaires pour assurer leur conservation.

Il peut se faire que quelques habitants de vos communes aient cru pouvoir s'approprier des effets entraînés par les eaux. Vous ne leur laisserez pas ignorer que la rétention de ces effets serait illégitime et pourrait donner lieu à des poursuites judiciaires.

Je vous invite à publier un Arrêté portant que les effets dont la propriété n'est pas reconnue, qui ont été ou qui seront retirés de l'eau, doivent être déposés dans le lieu que vous indiquerez, pour être rendus aux personnes qui justifieraient de leur droit.

Veuillez m'adresser un procès-verbal descriptif de tous les objets de cette nature qui existent dans vos communes, je vous ferai connaître ultérieurement de quelle manière il pourra en être disposé.

Agréez, Messieurs, l'assurance de ma considération très-distinguée.

Le Préfet du Rhône,
H. JAYR.

Constatation des pertes éprouvées par l'effet de l'inondation.

Lyon, le 13 novembre 1840.

LE PRÉFET DU RHONE,

A MM. les Maires du département.

Messieurs, il importe essentiellement aux intérêts de vos administrés qui ont éprouvé des pertes par l'effet de l'inondation, que la constatation de ces pertes soit faite sans le moindre délai; je vous invite à vous en occuper.

Pour procéder d'une manière régulière, vous formerez une commission d'hommes habitués aux opérations d'expertise, et connaissant autant que possible la localité; ils établiront soit avec l'aide des contrôleurs, soit en son absence, un état nominatif des perdants, indiquant la nature et la valeur approximative des pertes.

Cette vérification provisoire, qui sera constatée par un procès-verbal que je désire recevoir le 25 de ce mois au plus tard, doit être exempte d'exagération, d'ailleurs elle sera revisée officiellement par les agents de l'administration.

En me transmettant ce procès-verbal, je vous prie de me faire connaître aussi exactement que possible la position de fortune et de famille de chacun des perdants.

Agréez, Messieurs, l'assurance de ma considération très-distinguée.

Le Préfet du Rhône,
H. JAYR.

Instruction sur le mode de secours à donner aux inondés.

Lyon, le 23 novembre 1840.

LE PRÉFET DU RHONE,

A MM. les Maires des communes atteintes par l'inondation.

Messieurs, au moment de la fatale et désastreuse invasion des eaux, le premier devoir à remplir envers les malheureux inondés consistait à leur procurer un asile temporaire et du pain. La bienfaisance y a pourvu instantanément. A côté des maisons écroulées, un empressement généreux a ouvert aux fugitifs les habitations épargnées par le fléau, et sur l'heure se sont organisées d'abondantes distributions de vivres. De son côté le Gouvernement se hâtait d'allouer des crédits; des comités de secours formés dans la plupart des communes, recueillaient des souscriptions; la commission parisienne, les départements les plus éloignés nous faisaient parvenir leurs offrandes. Grâce à ce fraternel et admirable concours, aucune misère, depuis le commencement de l'inondation, n'est restée sans soulagement.

Cependant cette situation n'est que temporaire; la retraite des eaux, sur laquelle il semble que nous puissions enfin compter, rappelle la population dans les lieux où se trouvent ses affections, ses intérêts et ses espérances. L'administration n'aurait accordé à tant d'infortunes qu'une insuffisante protection si, après avoir satisfait aux exigences présentes, elle ne se préoccupait de celles de l'avenir. Voici l'instant de tout disposer dans ce but.

Les distributions journalières de vivres et de combustibles doivent être continuées. C'est aux bureaux de bienfaisance aidés, s'il le faut, d'auxiliaires, qu'il appartient de les étendre dans toute la mesure des besoins. Constituer ces bureaux dans les communes inondées où ils n'existent pas, mettre à leur disposition les fonds nécessaires, imprimer partout à leurs travaux charitables une nouvelle et plus vive impulsion, tel est, Messieurs, le premier soin que se proposera votre zèle.

Mais ce n'est point assez. Il importe encore que nul ne reste cet hiver sans abri assuré, que les instruments de travail soient rendus sans retard, aux ouvriers et cultivateurs, que les industriels aujourd'hui tombés dans l'indigence, soient pourvus des moyens de reprendre l'exercice de leurs professions.

Des recensements faits avec exactitude, une enquête ouverte sur la situation de chaque famille inondée, vous fourniront tous les documents nécessaires. Ayez recours pour cet objet à MM. les Curés, appelez à votre aide les comités de secours; leur dévouement éprouvé pendant que sévissait le fléau, ne vous fera pas défaut lorsqu'il s'agira d'en réparer les désastres.

Par leur intermédiaire vous pourrez faciliter le placement des familles indigentes dans les locaux publics ou particuliers, remplacer les meubles indispensables perdus dans l'inondation, donner en nature la matière première des industries, les outils, les métiers, les semences, les fourrages, empêcher en un mot la mendicité par le travail et soulager l'infortune sans lui infliger l'humiliation de l'aumône.

Ce mode de secours, Messieurs, se recommande si naturellement à vos sollicitudes qu'en recevant cette lettre, vous vous empresserez, je n'en doute pas, de l'organiser. Veuillez me tenir au courant de ce que vous aurez fait. Je désire recevoir de vous la liste numérique des personnes inscrites aux bureaux de bienfaisance et en outre un état détaillé du nombre des inondés indigents qui, aidés par l'autorité, pourront se livrer sur-le-champ à leurs occupations habituelles.

Ces renseignements communiqués au comité central de secours influeront, je n'en doute pas, sur la répartition des ressources entre les communes.

Agréez, Messieurs, l'assurance de ma considération très-distinguée.

Le Préfet du Rhône,
H. JAYR.

Répression de la mendicité.

Lyon, le 23 novembre 1840.

Le PRÉFET du Rhône,

A MM. les Maires de ce département.

Messieurs, sous prétexte de pertes essuyées pendant l'inondation, quelques individus pourraient, parcourant les villes et les campagnes, se livrer à une mendicité patente ou dissimulée. Jamais leurs obsessions n'auraient été plus dépourvues de motifs. Dans le département du Rhône comme dans les pays limitrophes, les communes que le fléau n'a point épargnées sont en mesure de pourvoir, par des secours directs ou par le travail, au soulagement de leurs inondés. Une coupable spéculation sur l'impression produite par un grand désastre peut donc seule pousser les indigents vrais ou faux à réclamer, hors du lieu de leur domicile, l'assistance de la charité.

J'engage ceux d'entre vous dont les communes ont été atteintes par les eaux à refuser les certificats qui leur seraient demandés en vue de solliciter la commisération publique, et je vous invite à déférer à la gendarmerie ou à l'autorité judiciaire les mendiants prétendus inondés qui vous seraient signalés.

Agréez, Messieurs, l'assurance de ma considération très-distinguée.

Le Préfet du Rhône,
H. JAYR.

Prix Monthyon.

Lyon, le 25 novembre 1840.

LE PRÉFET DU RHÔNE,

A MM. les Maires du département.

Messieurs, la distribution annuelle des prix de vertu fondés par M. de Monthyon, a eu lieu cette année sous les auspices de l'Académie française. Le livret qui rend compte de la cérémonie a été adressé à MM. les Maires des chefs-lieux de canton, où vous pourrez en prendre connaissance.

Vous n'ignorez pas, Monsieur le Maire, combien il importe de propager au sein des masses le sentiment du bien par l'émulation du bon exemple; à cet effet je vous engage à vouloir bien me faire connaître les personnes de votre commune qui, par des actes éclatants de vertu, ou par la constance d'un long dévouement et d'une conduite éminemment exemplaire, auraient acquis des droits aux récompenses qui seront décernées dans la séance publique du mois de mai 1841.

Il est indispensable que les pièces justificatives des faits dignes d'être signalés me soient transmis avant le 1er janvier prochain.

Il n'est pas moins nécessaire que l'exposé de ces faits soit appuyé de pièces probantes, de certificats authentiques délivrés et signés par les autorités locales, ou par des personnes notables en la véracité desquelles on puisse mettre une entière confiance.

Le livret dont je viens de parler contient une instruction relative aux conditions à remplir.

Je serais heureux, Monsieur le Maire, d'avoir à appeler l'attention de l'Académie française sur la conduite de quelques habitants du département.

Agréez, Messieurs, l'assurance de ma considération très-distinguée.

Le Préfet du Rhône,
H. JAYR.

MAIRIE DE LA VILLE DE LYON.

Eclairage public.

AVIS IMPORTANT.

Nous MAIRE DE LA VILLE DE LYON,

Vu la Loi des 16-24 août 1790;

Considérant qu'il importe de prendre, dans les circonstances particulières où nous nous trouvons les mesures nécessaires pour assurer l'ordre public,

AVONS ARRÊTÉ;

Art. 1er. Il est enjoint aux personnes qui habitent les maisons situées sur les voies publiques éclairées au moyen du gaz, d'éclairer ce soir et à la tombée de la nuit, le devant de leurs maisons, depuis le rez-de-chaussée jusques et y compris le deuxième étage.

Art. II. Cet éclairage qui, autant que possible, devra être de nature à résister au vent et à la pluie, sera entretenu toute la nuit.

Art. III. Cette mesure, bien que provisoire et d'urgence, sera continuée jusqu'à nouvel ordre.

Art. IV. MM. les Commissaires de Police et

leurs agents, MM. les inspecteurs du nettoiement et de l'éclairage, le commandant de la Garde municipale, sont chargés de l'exécution du présent, qui sera préalablement soumis à l'approbation de M. le Préfet.

Fait à l'Hôtel de-Ville, Lyon, le 3 novembre 1840.

Le Maire de la ville de Lyon,

TERME.

Vu et approuvé par Nous Préfet du Rhône.
Lyon, le 3 novembre 1840,

H. JAYR.

Mes chers concitoyens!

Un épouvantable fléau est venu se précipiter sur nous ; mais les maux qu'il entraîne ne sont point au-dessus de notre courage, et la bienfaisance publique saura les adoucir. Tout annonce qu'il touche à sa fin: que la fermeté que vous avez montrée se soutienne. Les magistrats chargés de veiller sur vous, remplissent nuit et jour ce devoir, devenu aujourd'hui pénible et douloureux.

» L'inondation présente n'est pas sans exemple dans le passé ; et nous ne serons ni moins courageux que nos pères pour en supporter les désastres, ni moins actifs, ni moins généreux pour les réparer.

» Quant à vos magistrats, tout en s'efforçant de

parer aux calamités présentes, soyez assurés qu'ils ne perdent pas un instant pour organiser les secours qui doivent concourir à en faire disparaître les traces.

» Lyon, le 4 novembre 1840.

« *Le maire de la ville de Lyon*,
TERME.

« Mes chers concitoyens !

« J'attendais dans une vive anxiété l'instant où je pourrais vous dire : Le fléau dont nous sommes victimes, entre dans sa période de décroissance ; nul nouveau danger n'est désormais à craindre. Mais que la population lyonnaise, qui a montré un calme à la fois si noble et si ferme pendant tout le temps d'une crise qui touche à sa fin, ne se laisse pas abattre après que le danger est passé.

L'inondation va bientôt disparaître; il ne saurait en être ainsi des désastres qu'elle a causés : que chaque citoyen redouble donc d'efforts pour les réparer.

« Le courage de l'action, le calme et la patience étaient des vertus nécessaires durant les trois terribles journées qui viennent de s'écouler; la population les a développées avec grandeur, et vos magistrats sont heureux et fiers de proclamer ici que chacun a fait son devoir.

« Mais après le danger, une mission commune nous est imposée : au courage de la patience et de l'action doivent succéder les sentiments de la bienfaisance et de la pitié pour le malheur. Cette mission sera remplie; et pour y parvenir, l'administration, dont la sollicitude s'étend en proportion des besoins, compte sur le généreux concours de tous les bons citoyens.

« Lyon, le 5 novembre 1840.

« *Le maire de la ville de Lyon*,

TERME.

6 novembre.

La mairie fait placarder l'avis suivant :

L'eau des puits atteints par l'inondation pouvant être mêlée avec les infiltrations des latrines ou imprégnée de salpêtre existant dans les caves, le maire de la ville de Lyon invite ses concitoyens à ne pas en faire usage en ce moment.

Les habitants doivent au besoin et sans hésitation, préférer à l'eau des puits celles du Rhône et de la Saône qu'ils laisseront reposer pendant douze ou quinze heures, et dont l'emploi ne peut dans aucun cas être nuisible à la santé.

Le maire de la ville de Lyon,

TERME.

Un avis de la mairie concernant le curage des fosses d'aisances contient ce qui suit :

Curage des fosses d'aisances.

Art. 1ᵉʳ Les propriétaires des maisons sises dans les quartiers qui ont été inondés feront immédiatement vider *à fond* leurs fosses d'aisances, et de manière à ce que la vidange de toutes ces fosses soit terminée d'ici au 31 de ce mois;

Passé ce délai il y sera pourvu administrativement et d'office, aux frais, risques et périls des propriétaires en retard.

Art. 2. L'eau que la rivière aura pu laisser à la surface des matières sera vidée sur la voie publique, mais seulement en vertu d'une autorisation spéciale qui sera délivrée dans nos bureaux de la police municipale et après examen préalable de la fosse, par un agent de l'autorité que nous désignerons à cet effet.

Art. 3. MM. les commissaires de police et leurs agents sont chargés de tenir sévèrement la main à l'exécution du présent arrêté, qui sera d'abord soumis à l'approbation de M. le préfet, pour être ensuite publié et affiché partout où besoin sera.

Le maire de la ville de Lyon,
TERME.

Verres cassés.

Art. 1ᵉʳ Il est de nouveau expressément défendu de jeter ou d'entreposer, sur quelque partie que ce soit de la voie publique, des verres cassés, des débris de bouteilles ou de vaiselle, et généralement aucun objet quelconque qui serait de nature à embarrasser la circulation ou à causer des accidents soit aux personnes, soit aux animaux.

Art. 2. Les personnes qui ont à se débarrasser de verres cassés, ou de quelques-uns des objets mentionnés en l'article précédent, doivent les déposer dans les tombereaux du nettoiement lors de leur passage dans les différentes rues, ou autrement elles peuvent les entreposer sur les dalles au-devant de leur domicile, une demi-heure avant le passage desdits tombereaux.

Art. 3. Les commissaires de police tiendront exactement la main à l'exécution de la disposition ci-dessus prescrite. Ils feront et feront faire de fréquentes tournées dans leurs arrondissements pour constater les contraventions, dont ils dresseront immédiatement procès-verbal, pour être les contrevenants poursuivis conformément aux lois, pardevant le tribunal compétent.

Mairie de Lyon, 4 décembre.

Le maire de la ville de Lyon,

TERME.

MAIRIE DE VAISE.

Le MAIRE de VAISE

Aux Habitants de cette Commune.

Chers Concitoyens !

Un fléau, contre lequel tout effort humain est impuissant, est venu tout-à-coup jeter dans la désolation cette bonne et paisible commune ; chacun de vous s'est oublié et n'a songé qu'au salut de tous. Au milieu de la consternation générale, il est consolant d'avoir vu les mariniers, les deux compagnies de crocheteurs, les pompiers et un grand nombre de citoyens travailler, de concert pour sauver les malheureux renfermés dans les maisons inondées, et concourir avec l'autorité, la gendarmerie et les agents de Police au maintien de l'ordre.

Le mal est énorme et les pertes incalculables ; mais, grâces au zèle de la population, au milieu d'écroulements presque continus, personne n'a péri. C'est le plus bel éloge qu'on puisse faire des sages mesures qui ont été prises et de la manière dont elles ont été exécutées. Honneur aux

Citoyens qui comprennent si bien ce qu'on doit à la Communauté ! L'administration a l'espoir qu'un tel dévouement à l'intérêt général se continuera, et qu'en conséquence l'ordre ne sera jamais troublée à l'occasion des effets qui seront retrouvés dans les ruines et les décombres des bâtiments écroulés ; mais des étrangers à la Commune et le petit nombre de malveillants qu'elle peut renfermer, nécessitent qu'il soit pris des mesures sévères pour mettre à l'abri des troubles que cette classe d'hommes pourrait faire naître, les bons Citoyens à la sûreté et tranquillité desquels notre premier devoir est de veiller constamment. Ainsi, nous avons cru devoir prendre à ce sujet l'Arrêté suivant.

Le maire de Vaise,
MILLET.

Arrêté.

Nous MAIRE DE VAISE,

Vu les Lois de décembre 1789, 16-24 août 1790, Code du 3 Brumaire an IV, et Arrêté du Gouvernement du 5 brumaire an IX, concernant les fonctions des Commissaires généraux de Police, dévolues depuis aux Maires par l'art. 2 du décret du 23 fructidor an XIII, lesquelles lois attribuent aux Maires le soin de maintenir l'ordre public ;

Avons arrêté :

ART. 1er Il ne pourra être fait aucune fouille ou recherche dans les ruines et décombres des maisons écroulées, que la retraite des eaux de l'inondation aura laissés à découvert, que sur une autorisation spéciale délivrée par Nous.

Ces fouilles ne seront faites qu'en présence du propriétaire ou d'un homme de confiance choisi par lui, ou, à défaut, par les habitants de la maison, lequel sera chargé de surveiller les ouvriers, de pourvoir aux mesures de sûreté, de réunir les effets mobiliers qu'on parviendra à retirer, et de faire procéder à la reconnaissance et à l'enlèvement de ces objets par leurs légitimes propriétaires.

Art. 2. Dans le cas où les effets mobiliers ne seraient pas reconnus, ou donneraient lieu à quelque contestation, il en sera référé au Commissaire de Police, qui en ordonnera le dépôt dans un lieu par lui indiqué, jusqu'à ce que les parties intéressées aient justifié de leur propriété.

Art. 3. Toute résistance aux ordres de l'Autorité compétente, toute voie de fait ou autre délit et contravention seront poursuivis conformément aux Lois.

Art. 4. M. le Commissaire de Police est chargé de l'exécution du présent Arrêté, qui sera préalablement soumis à l'approbation de M. le Préfet du Rhône.

Le maire de Vaise,
MILLET.

Vu et approuvé par nous Préfet du Rhône.
Lyon, le 9 novembre 1840,
H. JAYR.

Arrêté.

Nous MAIRE de la commune de Vaise,

Désirant prévenir les nouveaux malheurs que pourrait occasionner trop d'impatience des habitants pour rentrer dans leurs maisons;

Sur le rapport de M. l'Architecte-Voyer de la commune;

Avons arrêté :

Art. 1er Chaque maison écroulée devra, aussitôt après la retraite des eaux, recevoir, du côté de la voie publique sur laquelle elle est située, et préalablement à aucun autre travail, une palissade en planches, placée à un mètre cinquante centimètres de distance de l'alignement.

Art. 2. Aucun ouvrage ne pourra avoir lieu sans que les étaiements et les moyens de démolir aient été indiqués par le Voyer, dans une autorisation délivrée par nous à ce sujet.

Art. 3. Les déblaiements, pour sortir les effets mobiliers qui peuvent exister entre les matériaux, ne pourront avoir lieu qu'après l'exécution entière des articles précédents.

Art. 4. Les effets mobiliers existant, lors de l'invasion des eaux, dans les maisons qui étaient habitées par plusieurs locataires, seront, après l'exécution des mesures prescrites par les articles un et deux, tous réunis sur la surface la plus opportune de chaque immeuble, à l'effet d'être retirés par ceux à qui ils appartiennent; mais ce triage ne pourra s'opérer que conformément à notre arrêté du 7 courant.

Art. 5. Il ne pourra être travaillé aux constructions ou reconstructions à élever le long des voies publiques qu'en suite de notre autorisation préalable accordée, comme d'usage, sur le rapport de M. le Voyer. Ces autorisations, non-seulement fixeront les alignements, mais encore le mode de construction à observer, comme aussi l'épaisseur et la profondeur des fondations de l'édifice à construire.

Art. 6. Aussitôt les eaux retirées, un rapport nous sera fait par M. l'Architecte-Voyer et par MM. les Architectes-adjoints qui lui seront donnés, pour que chaque propriétaire connaisse parfaitement et immédiatement les obligations qu'il aura à remplir.

Art. 7. Les maisons non écroulées et dans lesquelles les habitants voudront rentrer de suite ne pourront rouvrir avant que le propriétaire ne soit muni d'une autorisation émanée de nous sur le rapport du Voyer, elles devront aussi recevoir dans la hauteur des-de-chaussée un blanchissage à la chaux.

Art. 8. Notre arrêté du sept de ce mois continuera d'être exécuté dans toutes ses dispositions qui peuvent se concilier avec celles des articles 3 et 4 du présent.

Art. 9 M. l'Architecte-Voyer et M. le Commissaire de police de la commune sont chargés, chacun en ce qui le concerne, de l'exécution du présent Arrêté, qui sera préalablement soumis à l'approbation de M. le Préfet.

Fait en mairie, à Vaise, le 11 novembre 1840.

Le maire de Vaise,

MILLET.

Vu et approuvé par nous Préfet du Rhône.
Lyon, le 12 novembre 1840.

H. JAYR.

Arrêté relatif au passage des voitures dans la commune de Vaise.

Nous MAIRE DE VAISE,

Considérant que, pendant l'inondation, tous les murs de maisons ou de clôtures ont été pénétrés par les eaux et qu'il importe de prévenir tout ce qui pourrait les exposer aux ébranlements, secousses et commotions qu'occasionne le passage des voitures marchant trop rapidement ou trop lourdement chargées;

Avons arrêté :

Art. 1er Jusqu'à nouvel ordre et jusqu'à ce qu'il se soit écoulé un temps suffisant pour raffermir les fondations des bâtisses existant à Vaise, toute voiture chargée ou non chargée, qui traversera l'intérieur de cette commune ou y circulera, ne pourra marcher qu'au pas. Il est défendu aux charretiers et voituriers, et à tous autres de les conduire au trot.

Art. 2. M. le Commissaire de Police est chargé de l'exécution du présent, qui sera préalablement soumis à l'approbation de M. le Préfet, et dont copie sera remise à la Gendarmerie, avec invitation de veiller à ce qu'il soit ponctuellement observé.

Fait à la mairie à Vaise, le 11 novembre 1840.

Le maire de Vaise,
MILLET.

Vu et approuvé par nous Préfet du Rhône.
Lyon, le 12 novembre 1840.

H. JAYR.

MAIRIE DE LA CROIX-ROUSSE.

Secours aux inondés du quartier de Serin.

Mes chers concitoyens,

Depuis que l'inondation exerce ses affreux ravages sur le quartier de Serin, je ne cesse pas de veiller à la sûreté et aux intérêts des victimes du fléau.

Mes premiers soins se sont naturellement portés sur les moyens d'asile et de subsistance des inondés. De leur côté, je me plais à le reconnaître, les habitants du plateau de la Croix-Rousse ont montré avec empressement leur sympathie pour leurs concitoyens du littoral de la Saône.

MM. les Membres du Conseil Municipal, du Bureau de Bienfaisance, et plusieurs habitants, m'ont prêté un généreux concours dans toutes les mesures qu'exigeaient les circonstances.

MM. les Membres du Clergé ont aussi pris une part active à celles de ces mesures qui se conciliaient le mieux avec la dignité de leur ministère. Des quêtes ont été instantanément organisées dans les églises de St-Denis, de St-Eucher et de la Visitation. Ces quêtes ont été publiques et permanentes pendant plusieurs jours sur divers points de la ville. Une souscription a été offerte par MM. les Membres du conseil municipal, et quelques dons particuliers ont été recueillis.

Mais ces libéralités seront insuffisantes pour soulager tant d'infortunes, pour réparer tant de désastres.

Plein de confiance dans vos sentiments d'humanité, je n'ai pas dû hésiter à recourir aux souscriptions à domicile. Ce système de ressource, qui vient d'être organisé, sera mis en pratique dès aujourd'hui par MM. les conseillers municipaux, MM. les membres du bureau de bienfaisance et plusieurs notables habitants désignés à cet effet.

En présence de la calamité qui vient de désoler le quartier de Serin, vous ne resterez pas sourds à la voix de la misère; vous jetterez les yeux sur l'affreuse détresse de tant de familles qu'un caprice des éléments vient de dépouiller du fruit d'un travail pénible et d'une économie soutenue; vous jetterez un regard bienveillant sur ces mères et ces enfants qui reposent aujourd'hui leur tête sous le toit de l'hospitalité.

Votre cœur ne restera pas insensible devant un tableau si douloureux. Vous vous rappellerez d'ailleurs qu'il existe entre tous les hommes une sorte de solidarité, et qu'il n'est pas permis aux uns d'ignorer les besoins des autres ou de rester insensibles à leur infortune.

C'est surtout à la richesse et à l'aisance que j'adresse plus directement mes exhortations, et j'ai la satisfaction de croire que ma voix sera entendue.

Fait à la Croix-Rousse, le 10 novembre 1840.

L'adjoint remplissant les fonctions de Maire de la Croix-Rousse,

CABIAS, adjoint.

Mesures relatives à l'inondation du quartier de Serin.

Nous MAIRE DE LA VILLE DE LA CROIX-ROUSSE,

Vu la circulaire de M. le Préfet du Rhône, en date du 8 de ce mois, ayant pour objet d'indiquer d'une manière générale les principales dispositions à prendre, dans l'intérêt public comme dans l'intérêt privé, à l'occasion de l'inondation causée par le débordement de la Saône;

Vu les avis et renseignements qui nous ont été donnés aujourd'hui par sept des principaux propriétaires et commerçants du quartier de Serin, au sujet des mesures d'ordre qu'il sera convenable de mettre en usage aussitôt que les eaux se seront retirées des propriétés, magasins et habitations particulières;

Considérant que la nécessité de créer quelques dispositions exceptionnelles se justifie suffisamment par la gravité des circonstances;

Avons arrêté :

Art. Ier. Une commission commerciale est provisoirement instituée dans le quartier de Serin à l'effet, 1° de reconnaître les marchandises de toute espèce et matériaux de construction dont la propriété, par suite d'un déplacement, serait douteuse ou contestée; 2° de faire placer en lieu sûr, et sous la garde de l'autorité, ceux de ces objets qui ne seraient pas reconnus appartenir à telle ou telle personne; 3° de fournir d'une manière équitable, et dans le plus bref délai possible, des renseignements sur les pertes de marchandises et sur les dégâts causés aux propriétés foncières par l'inondation; 4° et enfin de signaler à l'autorité les bâtiments présumés être en péril et appartenant à des propriétaires absents n'ayant aucun représentant dans la localité.

Art. II. Sont désignés pour faire partie de la commission ci-dessus instituée :

1° M. Garlon, propriétaire entrepositaire.
2° M. Clapisson,   id.   id.
3° M. Pommier, entrepositaire.
4° M. Revol (Jean),   id.
5° M. Plasson,   id.
6° M. Mottet,   id.
7° M. Charrin (Lucien), id.
8° M. Magnin,   id.
9° M. Morin,   id.
10° M. Charmetton,   id.

Les membres de cette commission ne pourront procéder à la reconnaissance des objets dont la propriété serait douteuse, que lorsqu'ils seront réunis au nombre de cinq au moins.

Art. III. Une commission, composée d'habitants de diverses professions, est instituée provisoirement dans le quartier de Serin, à l'effet, 1° de reconnaître les objets purement mobiliers, tels que linge, hardes, meubles, outils, ustensiles de ménage, denrées, et les marchandises qui sont dans le commerce de détail, dont la propriété, par suite d'un déplacement occasionné par les eaux, serait douteuse ou contestée;

2° De faire placer en lieu sûr, et sous la garde de l'autorité, ceux de ces objets qui ne seront pas reconnus appartenir à telle ou telle personne;

3° De fournir d'une manière équitable, et dans le plus bref délai possible, des renseignements sur les pertes mobilières reconnues être causées par l'inondation ou la chute des bâtiments.

Art. IV. Sont désignés pour faire partie de cette commission :

1° M. Aguiraud, curé de la paroisse de Saint-Charles;
2° M. Rejanin, conseiller municipal;
3° M. Collon (Jean-Pierre), id.
4° M. Lambert Morel, id.
5° M. Viannet, membre du bureau de bienfaisance;
6° M. Collon père, marchand de vin;
7° M. Bresson, cafetier;
8° M. Parrotton, marchand de verreries;
9° M. Vachey, instituteur;
10° M. Perret, sous-lieutenant de la compagnie de sapeurs-pompiers;

11° M. Maillet, syndic de la compagnie des cro-chéteurs ;
12° M. Clu cadet ;
13° M. Rey (Nicolas);
14° M. Martinon (Barthélemy), sapeur-pompier.

Les membres de cette commission ne pourront procéder à la reconnaissance des objets dont la propriété serait douteuse, que lorsqu'ils seront réunis au nombre de cinq au moins.

Art. V. Dans tous les cas où l'intervention de l'autorité publique paraîtra nécessaire, M. le commissaire de police, ou M. le brigadier de gendarmerie, se rendra sur les lieux, d'après l'invitation qui lui en sera faite par deux membres des commissions ci-dessus instituées.

Art. VI. Une expédition du présent arrêté sera remise à chacun de MM. les membres desdites commissions. Cet arrêté sera en outre affiché dans l'étendue de cette ville et notamment dans le quartier de Serin.

Fait à la Mairie, le 11 novembre 1840.

L'adjoint remplissant les fonctions de maire de la Croix-Rousse,

CABIAS.

Mesures sanitaires.

LE MAIRE DE LA VILLE DE LA CROIX-ROUSSE,

Après avoir consulté un conseil de salubrité, composé de plusieurs docteurs-médecins de la

Croix-Rousse, invite les habitants dont les domiciles ont été inondés par le débordement de la Saône, à se conformer aux prescriptions hygiéniques ci-après :

PRÉCAUTIONS CONCERNANT LES HABITATIONS.

Enlever soigneusement avec de l'eau claire, des brosses ou des éponges, la vase déposée sur les planchers ou contre les murs des habitations. Sécher ensuite les planchers avec des tampons de linge ou autrement, et étendre sur leur surface une couche de sciure de bois d'un ou deux centimètres d'épaisseur. Établir une ventilation dans les appartements au moyen de l'ouverture des portes et croisées. Faire du feu au moyen des poêles, grilles ou cheminées.

Ajourner pour quelque temps les réparations en plâtrerie ou maçonnerie, telles que rétablissement des cloisons de briques et enduits des murs ou plafonds.

Faire des fumigations au moyen de graines de genièvre jetées sur des charbons ardents.

Placer dans chaque pièce une terrine contenant du chlorure de chaux sec ; faire quelques aspersions avec la dissolution de cette dernière substance dans une certaine quantité d'eau : ou bien, faire ces dernières aspersions avec du vinaigre ordinaire ou encore avec des eaux de Cologne.

DÉPENDANCE DES HABITATIONS.

Extraire l'eau et la vase des caves, puits, citernes, cloaques et canaux; vider les fosses d'aisance; nettoyer avec soin les cours, allées et autres dépendances de la maison.

Sortir des caves ou magasins les denrées, ou autres matières susceptibles de putréfaction, qui auraient été avariées par l'inondation, et les enfouir loin de toute habitation.

PRÉCAUTIONS PERSONNELLES.

Se couvrir de vêtements chauds, et autant que possible faire usage de bas de laine et de sabots; porter sur la peau des camisoles en tricot ou tissu de laine, de manière à éviter l'humidité.

Avoir soin de coucher dans la pièce la plus sèche de l'appartement; éviter de placer les paillasses, matelas et couvertures sur le plancher, et ne faire usage de ces objets qu'après les avoir exposés chaque soir à une chaleur suffisante pour ôter l'humidité dont ils pourraient être imprégnés.

Prendre une nourriture substantielle et tonique, telle que des viandes grillées ou rôties, et des aliments farineux; s'abstenir de faire usage des céréales et légumes secs qui auraient été avariés par l'inondation; prendre pour boisson du vin et éviter de faire usage d'eau pure.

Prendre l'eau destinée à la boisson et à la préparation des aliments dans des puits ou citernes assez élevés pour avoir été à l'abri de l'inondation.

Fait à La Croix-Rousse, le 17 novembre 1840.

L'adjoint remplissant les fonctions de maire de La Croix-Rousse,

CABIAS.

Quêtes et souscriptions en faveur des inondés.

Nous MAIRE DE LA VILLE DE LA CROIX-ROUSSE,

Etant informé que quelques personnes se sont présentées chez plusieurs habitants, sans mandat de l'autorité, à l'effet de quêter ou de recueillir des souscriptions en faveur des inondés ; voulant d'ailleurs éviter les abus auxquels les quêtes isolées peuvent donner lieu ;

Prévenons les Habitants,

Que les Conseillers municipaux, Membres du Bureau de bienfaisance et autres habitants, porteurs de cahiers revêtus de notre signature et du sceau de la Mairie, sont seuls autorisés à procéder aux quêtes et souscriptions en faveur des inondés; et que toute personne qui procéderait à ces quêtes sans notre autorisation, s'exposerait à être traduite pardevant les tribunaux compétents.

Fait à la Mairie, le 25 novembre 1840.

L'adjoint remplissant les fonctions de Maire de La Croix-Rousse,

CABIAS.

MAIRIE DE LA GUILLOTIÈRE.

Mes chers concitoyens,

L'effroyable inondation qui vient de cesser à peine, laisse sans asile et sans pain, un grand nombre de familles.

J'ai recours à la bienfaisance publique pour soulager de si grandes infortunes, et je fais un appel à l'humanité des personnes qui peuvent sacrifier une obole au malheur.

Une souscription est ouverte à la mairie de cette ville, où seront recueillis tous les dons.

J'engage vivement mes concitoyens à venir déposer leur offrande, qui sera acceptée avec autant de reconnaissance que d'empressement.

Fait à la mairie de La Guillotière, le 2 novembre 1840.

Le maire,
GRILLET FILS.

LETTRE

DE MONSEIGNEUR L'ARCHEVÊQUE DE LYON ET DE VIENNE, ETC.,

A MM. les Curés.

La continuation des calamités qui affligent la ville de Lyon, doit ranimer, dans le cœur des pasteurs et des prêtres de la cité, la charité pour nos frères malheureux, le désir de soulager leur infortune, et nous faire trouver les moyens de leur porter les secours que réclame leur position. Mais, en même temps, nous devons élever nos mains suppliantes vers le Seigneur et le conjurer de jeter un regard de bonté et de miséricorde sur son peuple affligé. Vous continuerez donc les prières que nous avons ordonnées, jusqu'au 15 novembre inclusivement : vous ajouterez à la messe l'oraison *ad coercendam aquarum inundantiam*. Entendez-vous avec M. le maire de la ville pour faire les quêtes ; mettez-vous en rapport avec la commission des secours qui a dû être formée.

Procurez des asiles à ceux qui n'en ont plus et des abris pour les meubles des habitants qui déménagent. Les salles du palais archiépiscopal sont à la disposition de tous ceux qui voudront y déposer leurs effets. Dites bien à ceux qui souffrent le désir que j'ai de les consoler et de leur être de quelque utilité dans cette triste circonstance.

Exhortez vos paroissiens à implorer la protection de celle que l'église appelle la *Consolatrice des affligés*, et qui a si souvent donné à cette ville des témoignages de son amour.

Vous lirez cette lettre à vos paroissiens, et la ferez connaître par tous les moyens que vous jugerez à propos.

Agréez, Monsieur le Curé, l'assurance de mon sincère attachement.

J.-L. MAURICE.
Archevêque de Lyon et de Vienne.

MANDEMENT

DE Mgr L'ARCHEVÊQUE DE LYON ET VIENNE.

Lorsque nous faisions naguères, au milieu de vous, nos très-chers Frères, notre entrée si solennelle et si pacifique; lorsque nous entendions éclater autour de nous les témoignages d'une allégresse si chrétienne, et que vous receviez, en notre personne, l'ambassadeur de Jésus-Christ avec les démonstrations d'une foi sincère, qui nous eût dit que nous aurions si tôt à remplir à votre égard les fonctions les plus douces et tout à la fois les plus douloureuses d'un pasteur, celles de *pleurer avec ceux qui pleurent,* et de partager son toit et son pain avec ceux qui n'ont plus ni pain ni foyer? Comment des jours de deuil et de ruine ont-ils succédé si vite à des jours d'une joie sainte et aux premiers moments de notre alliance avec notre nouvelle Eglise? Comment un fleuve, dont le cours, ordinairement si paisible, ne semble traverser nos campagnes que pour les féconder, s'est-il subitement changé en un torrent impétueux qui ne connaît plus de digues, désole des rives autrefois si heureuses; et, intelligent dans sa fureur, semble profiter des ombres de la nuit pour porter partout l'épouvante, la destruction et la misère? A la vue de ces calamités, nous nous sommes demandé si notre présence dans l'Église qui nous est confiée, aurait été le signal des orages qui ont fondu sur nos têtes; et si les tempêtes s'étaient déchaînées à cause d'un prophète qui avait été où Dieu ne voulait pas l'envoyer. Puis, en voyant les eaux débordées fermer violemment et les lieux de travail, et les lieux de plaisir; condamner à l'inaction le négociant et l'ouvrier, non pas un jour sur la semaine, mais des semaines entières, d'autres réflexions succédaient aux premières; et nous nous demandions si ce n'était pas la justice de Dieu qui passait dans nos rues et sur nos places, pour venger la violation du jour que le Seigneur s'est consacré, en forçant au repos des contrées industrielles, parce que l'ouvrier qui travaille et le maître qui l'emploie, ne veulent pas un moment quitter l'atelier et abandonner le comptoir, pour s'occuper de l'affaire seule importante et seule négligée. D'autrefois, en entendant le mugissement des eaux qui s'élevaient de plus en plus, nous nous rappelions que le Créateur avait puni le débordement des mœurs, en permettant aux cataractes du ciel de s'ouvrir pour effacer les œuvres admirables de la création.

Mais, au milieu du tumulte des pensées les plus tristes et des douleurs que nous causent vos douleurs, un rayon de consolation est venu réjouir notre ame consternée. C'est vous, nos très-chers Frères, qui l'avez fait luire sur nous, vous qui étiez entourés des ondes menaçantes. La cité des Pothins et des Irénées, plus admirable par sa bienfaisance et par son industrie, cette cité si justement nommée *la ville des aumônes*, nous est apparue ce qu'on l'a toujours vue au milieu des plus terribles calamités, les mains pleines de bienfaits qu'elle verse de toutes parts, ouvrant des asiles à ceux qui ont vu disparaître leurs demeures dans les flots, donnant des vêtements à ceux qui n'avaient pu sauver que leur vie, et prenant sous son patronage les enfants que leur mère ne peut plus nourrir. Toutes les paroisses, toutes les familles, le pasteur et la sœur de charité, le pauvre et le riche, tous ont rivalisé de courage, de générosité et d'abnégation de soi-même. Les magistrats ont donné l'exemple aux habitants; et après s'être imposé des sacrifices personnels, on les a vus s'occuper le jour et la nuit de conjurer de nouveaux désastres par leur vigilance, et de réparer des malheurs qu'il n'était pas au pouvoir de l'homme de conjurer. Partout la charité a en quelque sorte vaincu la dévastation.

Aussi, les paroles que nous allons faire entendre, nos très-chers Frères, ne s'adressent pas tant à la ville archiépiscopale et aux lieux qui ont été ravagés par l'inondation, qu'à ces heureuses contrées qui ont été préservées des malheurs qui nous accablent. Ce sont les fidèles qui les habitent que nous venons conjurer d'épancher cette compassion que Dieu a mise dans leurs cœurs pour l'infortune, sur tant d'enfants qui demandent du pain à une mère qui ne peut leur répondre que par des larmes, sur tant de pères de famille qui n'entendent autour d'eux, sans pouvoir les apaiser, que les cris de la faim et les plaintes de la souffrance, sur tant de jeunes personnes placées entre le vice et le dénuement absolu de toutes choses. Ce qui ajoute à l'horreur de la situation de tant d'infortunés, c'est la rigueur de la saison qui approche, c'est le froid qui va venir accroître les angoisses de la faim. Iront-ils dans les champs chercher un travail nécessaire à leur subsistance ? La terre couverte de frimas refusera d'ouvrir son sein. Trouveront-ils au moins quelque soulagement autour du foyer domestique ? Quel soulagement qu'un foyer éteint, qu'un toit en ruine pour se mettre à l'abri, qu'un sol glacé pour reposer sa tête, que des haillons pour conserver à ses membres un reste de chaleur qu'on n'a aucun moyen d'entretenir ? Voilà un bien faible tableau des douloureuses privations auxquelles nos frères peuvent être exposés. Nous n'avons pu cependant le tracer sans éprouver un déchirement de cœur inexprimable, et il ne faut rien moins que le souvenir de votre bienfaisance et de vos aumônes pour tempérer notre douleur. Qu'il nous soit donc permis de recommander en ce moment à votre charité les pauvres ouvriers, les pauvres honteux, tous les indigents que les eaux ont chassés de leurs habitations et qui ont tout perdu. Ils font partie de cette famille dont Jésus-Christ nous a établi le père et le pasteur. Nous vous les recommandons comme nos chers enfants : *Ut viscera mea suscipe.*

Si pour obtenir quelque adoucissement à tant de maux nous nous adressions à ces riches bienfaisants qui ne connaissent d'une bonne œuvre que le plaisir que l'on trouve à faire des heureux, et qui du reste ne voient dans un pauvre que leur semblable dans l'infortune, nous leur retracerions toutes les jouissances que l'on éprouve à sécher les larmes; nous leur rappellerions tout ce qu'il y a de douceur pour la conscience dans un acte de bienfaisance, sans oublier tout ce que les hommes y attachent d'honneur et de considération. Nous n'irions pas chercher au-dessus de la terre des motifs pour encourager leur largesse; nous ne serions pas compris. Mais nous parlons à des chrétiens, et notre langage doit être celui d'un chrétien et d'un évêque. Nous parlons à des enfants de la Foi, à des *héritiers de la promesse*, et toutes nos expressions doivent être puisées dans les vues de la Foi; elles doivent être *pleines d'immortalité*. Nous parlons à des *hommes de miséricorde*, et les ardeurs divines de la charité doivent se communiquer à nos accents et à nos leçons.

Heureux, vous dirons-nous donc, nos très-chers Frères, heureux l'opulent du siècle qui, éclairé des lumières de la Foi, comprend tout ce que cachent de grandeur et de dignité les haillons de l'indigence ; tout ce que voilent de noblesse et de gloire les livrées de la misère, depuis que le Sauveur, s'identifiant en quelque sorte avec le pauvre, confondant ses intérêts avec les siens, tend la main et cherche à vous apitoyer en sa personne : *Beatus qui intelligit super egenum et pauperem!* Heureux le chrétien qui, dirigé par les pensées de l'*homme céleste*, descend avec amour dans les détails des privations du pauvre, à l'intelligence de tous ses besoins, compte toutes ses larmes et soulage ses maux du superflu de ses biens! A ses yeux, c'est moins un service qu'on lui rend qu'un hommage qu'il dépose à ses pieds; ce n'est plus un homme mortel qu'il assiste, c'est un Homme-Dieu auquel il rend les bienfaits qu'il en a reçus; ce ne sont plus les ulcères de Lazare qu'il veut guérir, ce sont les cinq plaies du Fils de Marie qu'il vénère et qu'il adore; ce n'est plus à l'indigent qu'il donne la moitié de son manteau, c'est Jésus-Christ qu'il en revêt; et si des devoirs sévères ne mettaient des bornes à ses pieuses libéralités, il ne se croirait riche que lorsqu'il aurait versé tous ses trésors dans le sein des pauvres; il ne croirait pouvoir administrer l'héritage de ses pères avec plus de sagesse et de succès, qu'en le faisant servir au soulagement de l'infortune, ayant appris de l'Esprit-Saint lui-même, *qu'avoir pitié de celui qui est dans la nécessité, c'est prêter au Seigneur à intérêt.*

Oui, heureux qui comprend ces choses et qui

fait de ces considérations la règle de sa conduite, parce qu'alors toutes ses œuvres de bienfaisance deviennent pour lui des œuvres de vie ; et que, ne donnât-il que l'obole de la veuve, ou la modeste hospitalité de la Sunamite, ou même *un verre d'eau froide*, ces actions seraient dignes d'être récompensées par un Dieu qui, en le couronnant, semblerait payer la dette de la reconnaissance : *Beatus qui intelligit super egenum et pauperem !*

Des esprits qui *ne goûtent pas assez les choses d'en haut*, trouveront peut-être que nos réflexions sont puisées dans un ordre d'idées trop élevées, et que nous n'avons pas assez d'égard à la faiblesse de leur foi. Mais nous pourrions ouvrir devant eux les Livres inspirés, et ils y liraient, que faire l'aumône n'est pas pratiquer un conseil, mais obéir à un précepte rigoureux ; que ce n'est pas seulement céder à un mouvement de sensibilité, mais que c'est acquitter une dette de justice. Quoi ! parce qu'il est légitime possesseur de ses biens, le riche pourrait-il en conclure qu'il est libre de refuser ou de faire l'aumône sans compromettre sa conscience ? Mais la Providence, en lui accordant une part plus considérable dans la distribution des richesses de la terre, aurait-elle oublié ce pauvre qui fait entendre à sa porte une voix suppliante, et lui aurait-elle refusé ces soins qu'elle prodigue aux petits oiseaux et aux lis des champs ? *Ne s'est-elle pas proposée*, dit saint Basile, *dans cette inégalité de dons, de fournir à l'opulent du siècle l'occasion d'acquérir la récompense éternelle par des actions de miséricorde, et au pauvre la couronne par les combats de la patience ?* N'a-t-elle pas voulu que le riche fût la ressource du pauvre par ses bienfaits, et que le pauvre fût la ressource du riche par ses prières, afin que les liens qui doivent unir tous les hommes fussent ainsi resserrés par cette mutuelle assistance? Or, l'accomplissement de la volonté de Dieu n'est-il que de conseil?

Nous n'ignorons pas, nos très-chers Frères, avec quel discernement il faut interpréter le précepte de l'aumône. Nous connaissons les obligations que vous imposent une nombreuse famille à soutenir, des créanciers à satisfaire, et même une position honorable à conserver. Nous savons que le devoir de secourir l'indigence est plus ou moins rigoureux, à proportion que vos ressources sont plus ou moins grandes, et que les besoins des pauvres sont plus ou moins pressants. Aussi le Sauveur des hommes, en confirmant de nouveau le commandement de soulager le prochain dans sa misère, semble en fixer l'étendue, lorsqu'il nous prescrit de verser dans le sein des malheureux le *superflu* de nos richesses : *Quod superest date eleemosynam.* Mais comprenez bien que ce superflu qui ne vous est pas nécessaire pour soutenir votre vie ou votre rang, et qui ne servirait qu'à satisfaire la cupidité, le luxe et l'ambition, est le patrimoine du pauvre. C'est la portion que la Providence a réservée pour les nécessités de ceux à qui elle a refusé l'abondance des biens de la terre. *Ainsi,* dit le grand évêque de Césarée, *le pain que vous réservez est à ce pauvre qui meurt de faim. Ces vêtements que vous enfermez dans vos vestiaires sont à cet homme qui meurt de froid : cette chaussure qui s'use dans vos maisons sans vous être utile, est au prochain qui a les pieds nus : cet argent que vous enfouissez dans la terre, est à cet infortuné qui est dans l'indigence.*

Hélas! nos très-chers Frères, jetez un regard autour de vous : que d'ouvriers sans travail et sans aliments! que de pauvres à moitié vêtus! que d'enfants sans asile! Prêtez l'oreille; que de soupirs s'élèvent de ce réduit obscur, où une famille nombreuse, échappée par miracle au débordement des eaux, ne confie ses chagrins qu'à la Providence, ne pleure qu'au pied de la croix, n'a de témoin de sa détresse que l'image vénérée de la Mère des douleurs, et attend, mais sans le solliciter, désire, mais avec résignation, ce morceau de pain qu'une main charitable et discrète lui apportera! Que de sanglots étouffés! que de privations dont on n'ose vous faire le récit! que de souffrances dont on ne peut se décider à vous dévoiler le mystère et qui vous étonneraient si vous pouviez en sonder toute la profondeur, et si vous pouviez connaître ceux qui les éprouvent! C'est à ces infortunés, c'est à ces pauvres victimes des dernières inondations qu'appartient votre superflu, et ce qu'ils n'osent vous demander, nous, le protecteur-né du pauvre, nous venons aujourd'hui le solliciter en leur faveur.

Préféreriez-vous, nos très-chers Frères, porter au théâtre le fruit de vos épargnes, et payer, au mépris de vos devoirs et de vos intérêts, les leçons de grossière impiété et de honteuse licence que l'on y donne à la jeunesse? Consacreriez-vous à des représentations trop souvent sacriléges ce qui suffirait pour ramener la sérénité sur des fronts que voile le chagrin, et faire briller un rayon de bonheur dans une sombre et froide demeure? Ah! pourquoi jeter à ceux qui en feront mauvais usage le pain que vous demande le pauvre? Et pourquoi vous servir des dons de la Providence pour faire couler sur la scène des larmes mensongères, quand vous pouvez en sécher ailleurs de trop réelles? *Ut quid perditio hæc?*

Auriez-vous cédé au torrent qui entraîne toutes les classes dans un luxe ruineux; et comme ces filles d'Israël qui voulaient le disputer par leurs parures à la magnificence du temple, emploîriez-vous le superflu de vos richesses à paraître avec éclat dans le monde, à tout éclipser par vos profusions, et à désespérer toute rivalité par une recherche excessive? Nos très-chers Frères, Jésus-Christ a froid dans les pauvres victimes de l'inondation; vous pouvez retrancher ce qu'il y a d'excessif dans vos dépenses, pour lui donner un vêtement, sans rien ôter à votre état de ce qu'exigent les convenances. Ne vouloir, dans ce moment, vous soumettre à aucune privation, ce serait une coupable prodigalité, une insulte faite aux malheureux et un cruel abus des bienfaits de Dieu : *Ut quid perditio hæc? potuit enim istud venundari et dari pauperibus.* Mais ces craintes, si nous pouvions les concevoir à ce sujet, seraient injustes. L'empressement que vous avez mis jusqu'ici à secourir vos frères dans le malheur, est un gage assuré de la charité que vous allez exercer dans les douloureuses circonstances où nous nous trouvons.

C'est vous surtout, NOS CHERS COOPÉRATEURS, vous qui êtes véritablement des *hommes de miséricorde dont les œuvres de piété ne périront jamais*; c'est vous que nous appelons avec confiance au secours de nos infortunés diocésains qui viennent de tout perdre. Si vos ressources ne répondent pas à la générosité de votre ame, n'avez-vous pas ce zèle ingénieux qui vaut mieux que les trésors? Ne trouverez-vous pas dans votre cœur des paroles persuasives qui sauront émouvoir la sensibilité du riche, et développer ses dispositions bienfaisantes? Et si vous n'avez pas du pain à donner au pauvre, vos yeux n'ont-ils pas des larmes à mêler à ses larmes? Après tout, la croix dans vos mains serait-elle un instrument stérile; et ne feriez-vous pas jaillir de ce bois sacré des consolations qui soutiendraient le courage de l'indigent et lui rendraient sa position moins accablante? Un prêtre peut tout quand il est animé de cette foi qui transporte les montagnes; et les prodiges naissent sous ses pas à mesure qu'il oublie davantage ses intérêts pour ne s'occuper que des intérêts de Dieu.

Que le monde dise et écrive, tant qu'il lui plaira, que l'esprit du Sacerdoce est éteint, et que la religion catholique n'est plus qu'un temple que la divinité a cessé d'habiter et d'où les anges sont sortis. Prouvons au monde, par les élans de notre charité, qu'il y a en nous plus de vie qu'il ne pense; et que, députés par la Providence auprès des malheureux pour les nourrir et les consoler, notre ministère est encore assez beau et assez utile. Disons-lui aussi, avec le sentiment d'une humble et juste confiance, que le jour où notre mission serait terminée, la mission de la modeste fille de charité auprès du malade le serait aussi; que la mission de toutes vos associations de miséricorde cesserait également; et qu'au moment où le Sacerdoce catholique quitterait le lit du mourant ou le réduit du pauvre, l'Espérance et la Résignation remonteraient au ciel, sans que la voix du plus éloquent agent de la philanthropie pût jamais les faire redescendre.

Redoublez de charité dans ce moment, NOS BIEN AIMÉS COOPÉRATEURS, et poursuivez votre noble carrière, en ne laissant, s'il est possible, aucun genre d'infortune sans soulagement. Assistez et consolez tous les pauvres sans distinction d'opinion et de croyance, d'ami ou d'ennemi, et exhortez fortement les fidèles à seconder votre zèle et vos généreuses intentions. C'est ainsi qu'en consacrant tous les jours de votre ministère par des œuvres de charité, vous forcerez la calomnie au silence, et vous la mettrez dans l'impuissance de nous enlever une considération justement acquise.

Qu'il est consolant pour nous, nos très-chers Frères, de penser que nos paroles vont donner une nouvelle activité *au feu de la charité qui est répandue dans vos cœurs*, et dont les indigents ont si souvent éprouvé les merveilleux effets! Oui, vous avez partagé toute notre compassion pour les victimes de la dernière inondation; et de quelques ténèbres que le pauvre honteux veuille s'envelopper pour dérober à vos regards le spectacle de sa détresse, vos yeux intelligents le découvriront, vos bienfaits sauront l'atteindre, tout en respectant le mystère dont il se couvre. Touché de votre bienfaisance, le Seigneur ne la laissera pas sans récompense; et parce que vous aurez protégé l'infortune, il vous protégera lui-même au jour mauvais: *In die malâ liberabit eum Dominus*. Aurez-vous accueilli la prière de l'affligé et jeté un regard sur l'indigent? soyez plein d'espérances pour l'avenir de vos enfants, et pour la prospérité de votre maison, et portez au delà du tombeau un œil plus rassuré. Des intercesseurs puissants et toujours écoutés défendent vos intérêts devant le trône de Dieu. C'est le pain que vous avez partagé avec l'orphelin; c'est le vêtement dont vous avez couvert sa nudité, c'est l'asile où il a été reçu, qui implorent sur vous la protection céleste pour les jours de colère: *In die malâ liberabit eum Dominus*.

Permettez-nous, nos très-chers Frères, de joindre nos bénédictions aux bénédictions dont vous combleront les infortunés que vous allez assister : « Que le Seigneur, nous écrierons-nous avec eux, vous conserve et vous donne une longue vie ; qu'il vous rende heureux sur la terre, et qu'il ne vous livre pas au désir de ses ennemis ? Que le ciel orne vos enfants de ces vertus qu'il a fait germer dans vos cœurs, et qu'il protège votre bonheur domestique contre la malice des temps et des hommes : *Dominus conservet eum.* Que le Dieu des miséricordes vous visite sur votre lit de douleur, et qu'il rende votre dernière heure aussi consolante par l'action de sa grâce, que vous avez rendu douce l'existence de tant de pauvres pas vos liberalités: *Dominus opem ferat illi super lectum doloris ejus!* »

MANDEMENT

DE MGR L'ARCHEVÊQUE DE BORDEAUX.

Des inondations qui n'ont pas de précédents dans nos annales, couvrent, N. T. C. F., les plus riches vallées de la France, depuis la Suisse et les Vosges jusqu'à la Méditerranée; huit cents lieues carrées de terrain sont dévastées par le courroux des éléments. Deux grandes rivières, avec des affluents sans nombre, mêlent leurs flots, déplacent leurs lits, et emportent, dans leur cours sans limites, des villages, des bourgs, les récoltes et le sol même; plusieurs villes sont submergées, des milliers de maisons abattues et entraînées; enfin trente à quarante mille familles restent sans abri, sans pain, sans vêtements, sans moyen de travail, livrées à la pitié publique ou au désespoir.

Quel spectacle! Impossible, nous écrit-on du théâtre de tant de maux, de se faire une idée de pareils désastres, à moins d'en avoir, comme nous, le lamentable tableau sous les yeux. Nos regards ne plongent plus que sur des lieux de désolation. Sur les deux rives de nos fleuves, il n'y a plus qu'une morne solitude, un véritable chaos. Celles des maisons qui sont restées debout au milieu des eaux, sont désertes comme si la mort y avait établi sa demeure. Partout un affreux silence, qui n'est interrompu que par le mugissement des vagues qui se brisent avec fureur contre les obstacles qu'elles rencontrent, ou par le tocsin qui retentit du haut des clochers de tous nos villages. Où trouver un spectacle plus lugubre et plus déchirant ?

Et ce sont, N. T. C. F., quatorze départements sur les quatre-vingt-six départements de la France, qui ont souffert de ces épouvantables dévastations: la Haute-Saône, le Doubs, le Jura, la Côte-d'Or, la Saône-et-Loire, l'Ain, le Rhône, la Loire, l'Isère, l'Ardèche, la Drôme, Vaucluse, les Bouches-du-Rhône, le Gard comptent de grands désastres, inégaux sans doute, mais tous si difficiles à réparer!

En présence de pareilles infortunes, il n'est personne qui ne se sente profondément ému. Mais que serait une pitié stérile pour les malheureux que ce fléau vient de jeter dans le plus affreux dénûment ? Ne nous bornons pas à gémir sur tant de maux; cherchons à les soulager; un temps sera peut-être où nous aurons à implorer l'assistance de ceux que nous voulons secourir aujourd'hui. Ce n'est point une aumône, comme on la fait tous les jours, que nous demandons à votre charité, car il ne s'agit pas de réparer des désordres ordinaires : c'est tout un abîme à combler!

Avant de faire votre offrande, transportez-vous

par la pensée, N. T. C. F., vers ces contrées naguère florissantes, et au milieu desquelles ne flottent plus que des débris. Combien de familles désolées reviendront chercher leur foyer domestique et n'en trouveront plus la trace! Combien de pauvres mères redemanderont leurs enfants aux ruines qui les ont engloutis et aux vagues qui les ont entraînés!

Que chacun donne plus qu'il n'a jamais donné. Toutes les classes doivent prendre part à cette œuvre secourable : le pauvre par sa modeste offrande, le riche surtout en payant un large tribut.

Que le souvenir de la désolation de vos frères vous saisisse partout et toujours: en prenant notre nourriture, songeons que des milliers de familles, qui naguère jouissaient d'une honnête aisance, n'ont plus de pain ; rappelons-nous qu'elles n'ont plus de toit pour les abriter: l'aisance est devenue pauvreté; la pauvreté serait désespoir, si l'espérance chrétienne n'était pas là pour la soutenir; enfin, à chaque instant représentons-nous des populations entières errant au milieu des campagnes, tournant leurs regards consternés sur l'abîme qui leur a tout ravi, et vers leurs frères plus heureux dont elles implorent la pitié.

Et ces populations nous sont connues, N. T. C. F.; nous avons vécu au milieu d'elles; elles nous sont restées chères à tant de titres! Nous en avons reçu, il y a peu de temps encore, des marques si touchantes d'affection! Et si une providence, quelquefois sévère, mais toujours adorable, vous réservait de pareilles épreuves, votre Archevêque irait intéresser à vos malheurs ces mêmes populations, dont la charité lui apparaissait si active et si intelligente dans des jours qu'il ne saurait oublier. Il en serait compris, et il reviendrait à vous, les mains pleines des dons de leur reconnaissance. Lyon se glorifiait du beau titre de *ville des aumônes*, et jamais elle n'a failli à sa sublime mission. Que Bordeaux se montre, comme toujours, la ville généreuse et compatissante; qu'elle prouve à sa noble et malheureuse sœur des bords du Rhône qu'elle sait comprendre les grandes infortunes et les secourir.

Comités

D'ENQUÊTES ET DE SECOURS.

MINISTÈRE DES FINANCES.

Lyon, 6 novembre 1840.

Le Directeur des contributions directes

A MM. les Contribuables.

Le fléau destructeur qui depuis quelques jours ravage le département est enfin arrivé, Monsieur, à sa période décroissante; le Rhône est rentré dans son lit, la Saône commence à se retirer. Après tant de désastres, le devoir de l'administration, et le nôtre en particulier, est de calmer la stupeur publique, de rassurer autant que possible les alarmes de toutes les classes de contribuables par des démarches promptes qui leur portent au moins la consolante assurance que le gouvernement ne les abandonnera pas dans leurs infortunes. Ce sera, Monsieur, votre premier soin. Je vais proposer à M. le Préfet la désignation des commissaires qui devront concourir avec vous à la formation des procès-verbaux réguliers des pertes causées par les inondations dans les communes de votre contrôle qui ont été atteintes; mais sans attendre ce moment il importe de constater approximativement les pertes de toutes natures qui pourront être reconnues, afin de fournir à M. le Préfet le moyen de solliciter les secours dont ces communes ont un besoin si pressant. En conséquence, à la réception de cette lettre et aussitôt que la cessation de l'inondation aura rendu un point accessible, vous vous y transporterez sur-le-champ, *toute autre affaire cessante.* Vous chercherez, de concert avec MM. les Maires, à établir le montant approximatif des pertes, au moyen de cet état nominatif que vous dresserez en consultant dans chaque commune les matrices cadastrales et générales, les plans, les rôles et tous les autres documents authentiques sur lesquels vous pourrez appuyer vos chiffres. Vous aurez soin de désigner exactement dans ces états les articles des rôles sous lesquels chaque contribuable est imposé. Vous éviterez dans vos appréciations les exagérations qui pourraient compromettre la sincérité des demandes fondées: mais vous chercherez pourtant à ne pas rester au-dessous de la réalité. Vous m'adresserez successivement ces états.

Je ne doute pas, Monsieur, de votre activité

dans des circonstances si déplorables où nous avons comme hommes et comme employés des devoirs sacrés à remplir.

Recevez, Monsieur, etc.

DU PÉROU.

Le 14 novembre le journal le *Courrier de Lyon* publiait l'article suivant sur la question du mode de répartition.

« Les désastres occasionnés par l'inondation à laquelle nous échappons à peine, et l'empressement de toutes les ames généreuses à venir au secours des infortunes sans nombre qui en ont été la conséquence, soulèvent une question délicate sur laquelle nous appelons l'attention du public et de l'autorité.

« Des souscriptions nombreuses et productives ont été ouvertes dans notre ville, soit à la mairie, soit dans les études des notaires, soit dans les bureaux des journaux. D'autres sont annoncées de Paris.

« Quelle sera la destination, quel sera le mode de distribution des sommes provenant de cette source ?

« Ces secours seront-ils exclusivement destinés aux habitants de notre ville, victimes de l'inondation, ou bien s'étendront-ils à d'autres malheureux, et dans quelle mesure s'étendront-ils à ces derniers ?

« Sans doute nos propres concitoyens ont d'incontestables droits aux distributions qui doivent avoir lieu, ils doivent passer en première ligne; mais ceux qui ont été frappés en dehors de nos murs, à la Guillotière, à Vaise, à Caluire, dans les campagnes qui bordent le Rhône et la Saône, ne sont-ils pas aussi nos concitoyens? n'ont-ils pas mille liens qui les rattachent à l'intérêt lyonnais? Pouvons-nous séparer dans nos sympathies et notre sollicitude, la population laborieuse de la ville qui répand l'aisance dans les campagnes environnantes, de l'habitant non moins laborieux des campagnes qui nourrissent la ville?

« Évidemment non, et nous croyons être les interprètes fidèles du vœu des souscripteurs, en affirmant que leur intention est que le produit des souscriptions s'étende à toutes les victimes de l'inondation dans nos localités, sans tenir un compte trop rigoureux de ces circonscriptions qui établissent différents ressorts administratifs, mais qui n'empêchent pas la communauté des intérêts et de la vie sociale. Il est à remarquer d'ailleurs que si notre ville a éprouvé des dommages immenses, plus considérables peut-être, à eux seuls, que ceux de toutes les rives de la Saône réunis, en revanche, elle a d'immenses ressources à sa disposition pour y faire face: chez nous l'infortune touche de près à l'opulence; à côté de la minorité qui a souffert, il y une grande majorité qui n'a pas souffert ou n'a éprouvé que d'insignifiants dommages. Le conseil municipal vient de mettre à la disposition de l'administration une somme considérable qui doit être spécialement affectée à la réparation de nos désastres. Remarquons encore que la classe qui a souffert chez nous n'est généralement pas la plus nécessiteuse, celle des ouvriers en soie; mais la classe des marchands et commerçants, classe digne d'intérêt, classe dont il faut soulager l'infortune, mais qui n'est pas la moins fortunée de notre population. Remarquons enfin que si chez nous beaucoup ont perdu de leur avoir, aucun ou presque aucun n'en a perdu la totalité.

« A la Guillotière, à Serin et surtout à Vaise, il en est tout autrement : là des maisons, des rues presque entières se sont écroulées, des familles ont été réduites à fuir leurs habitations devenues la proie du fléau, sans pouvoir en emporter leurs effets personnels. Dans les campagnes, les dégâts sont plus lamentables encore. Des villages entiers détruits par les eaux, avec eux toutes les provisions provenant de la dernière récolte : fruits, vins, légumes, céréales; avec la récolte passée, l'espérance de la récolte prochaine; l'éloignement des villes et des fortunes opulentes qui pourraient les soulager dans cette calamité; tout se réunit pour rendre leur sort misérable et digne de compassion.

« Nous n'examinerons pas ici jusqu'à quel point il pourrait convenir d'étendre ces secours aux départements voisins, de l'Ain, de Saône-et-Loire, de la Drôme et de l'Ardèche qui ont tant souffert et qui sont dignes aussi de notre intérêt; mais nous pensons qu'en appliquant le produit des souscriptions à toutes les victimes de l'inondation dans le département du Rhône, on resterait dans les limites de l'équité et d'une sage générosité sans excéder celles de la prudence. Ce sera ensuite au gouvernement, dans la répartition des secours fournis par lui, à rétablir l'égalité entre des infortunes égales qui n'auraient pas été également secourues.

« Mais, pour arriver à une équitable répartition de secours de cette nature dans le département du Rhône, il importe que dès à présent des mesures soient prises. Il faut qu'une commission centrale soit organisée sous les auspices de nos principales autorités. Cette commission apprécierait d'une manière générale l'étendue des malheurs causés par l'inondation sur tous les différents points de notre département où elle a exercé ses ravages, et elle ferait une première répartition proportionnelle entre ces différentes localités. Dans chacune de ces dernières, une commission spéciale ou quelqu'une des autorités locales serait chargée d'une sous-répartition dans les détails de laquelle la commission centrale ne pourrait entrer.

« Telle est l'indication générale du système qui nous paraît devoir être suivi. C'est aux autorités départementale et municipale à choisir les moyens d'action qui leur paraîtront préférables pour atteindre le but des souscripteurs.

« Dans tous les cas, une chose est certaine, c'est qu'il y a un parti à prendre, une marche à adopter pour la distribution et la régularisation des secours : ce qu'il y a de certain encore, c'est que les besoins sont urgents, et qu'il n'y a pas de temps à perdre pour y faire face en temps opportun. »

MAIRIE DE LA VILLE DE LYON.

Comités d'enquête et de secours en faveur des victimes de l'inondation.

Nous MAIRE DE LA VILLE DE LYON,

Considérant que le devoir le plus pressant de l'administration est maintenant de procurer des secours aux personnes qui ont été victimes des ravages de l'inondation; que le meilleur moyen d'atteindre ce but, objet des vœux de tous, c'est d'organiser, dans chacune des paroisses de la ville, des commissions composées de citoyens qui, par leur zèle pour le bien public ou par leur position, peuvent plus aisément recueillir les éléments nécessaires à la juste et surtout à la prompte appréciation des pertes éprouvées,

Avons arrêté :

Art. I. Il est formé, dans chaque paroisse, un

comité d'enquête et de secours, dont la mission spéciale sera de recevoir directement les réclamations des personnes qui ont souffert de l'inondation.

Art. II. Les comités, à mesure que les réclamations leur parviendront, se rendront auprès des pétitionnaires, soit pour vérifier la position dans laquelle ils se trouvent, soit pour visiter les lieux ravagés par les eaux.

Le résultat de la visite sera constaté par un procès-verbal qui établira aussi la valeur approximative des dommages.

Art. III. Ces procès-verbaux seront envoyés à un comité central, formé par la réunion de douze délégués des comités de paroisse.

Le comité central, qui s'assemblera sous notre présidence aussi souvent que les circonstances l'exigeront, examinera les états qui lui auront été ainsi transmis et prononcera sur les secours à accorder, lesquels seront, autant que possible, proportionnés aux besoins des réclamants.

Art. IV. Les secours, soit qu'ils consistent en argent, en vêtements ou en instruments de travail, seront distribués ensuite par les membres des comités d'enquête.

Art. V. Si, dans leurs tournées, les comités d'enquête trouvent des personnes qui aient immédiatement besoin de secours alimentaires, ils s'empresseront de les signaler aux bureaux de bienfaisance.

Art. VI. Les comités d'enquête et de secours,

dont MM. les curés feront nécessairement partie, sont composés de la manière suivante :

Paroisse d'Ainay.

MM. Ferrand, curé d'Ainay, président;
Guerre, vice-président, rue des Célestins, 4;
Granger-Veyron aîné, négociant, rue de l'Arsenal ;
Duclot fils, architecte, rue Belle-Cordière ;
Jordan, conseiller, rue de Castries, 10 ;
Fraisse, docteur-médecin, rue Sainte-Hélène, 2 ;
Micheland, rentier, quai d'Occident ;
Goux, chaussée Perrache ;
Camel (Barthélemy), rue de la Reine, 6 ;

Paroisse Saint-François.

MM. Neyrat, curé de Saint-François, président;
Bonjour, secrétaire, place Louis-le-Grand 22 ;
Munet (Elisée), place Grôlier, 1 ;
Munet (Achille),   id.
Bouchet, contrôleur des contributions, rue de la Liberté, 9 ;
Willermoz (Ferdinand), rue du Pérat, 20 ;
Orsel, place Louis-le-Grand, 7 ;
Curis,   id.
Gabet, rue Boissac, 7 ;
Pérouze, rue Saint-Joseph, 7.

Paroisse Saint-Nizier.

MM. Guinet (François), président, rue du Bois, 7;
Duc, secrétaire, rue Grenette, 12;
Menaide, curé de Saint-Nizier;
Ranvier, rue du Bois, 17;
Pascalin, petite rue Mercière, 19;
Reveil, rue de la Préfecture, 1 *bis*;
Gros (Pierre), rue de la Gerbe, 13;
Gardien, place Confort, 17;

Paroisse de Saint-Pierre.

MM. Goiran, président, quai de Retz, 30;
Valentin fils aîné, secrétaire, rue Bât-d'Argent, 9;
Desrosier, curé de Saint-Pierre;
Chaurand père, rue Basseville, 3;
Bergier, cours Morand, 11;
Zindel, rue Lanterne, 11;
Thiers père, quai de Retz, 36;

Paroisse Saint-Polycarpe.

MM. Arquillière, président, rue de Thou;
Jame (Hippolyte), secrétaire, rue Désirée, 14;
Gourdiat, curé de Saint-Polycarpe;
Bonnardet (Louis), rue du Commerce, 16;
Brouzet (Théodore), place Saint-Clair, 7;
Thollon aîné, rue des Capucins, 22;
Thiaffait, rue Vieille-Monnaie, passage Thiaffait.

Paroisse Saint-Louis.

MM. Barrillon, membre du conseil municipal, président, quai d'Orléans, 15;
Dumortier, membre du bureau de bienfaisance, secrétaire, rue des Augustins, 13;
Deplace, curé de Saint-Louis;
Thomas Tissot, place de la Miséricorde, 10.
Pironi, agent de change, quai d'Orléans, 15;
Carron, médecin, place de la Miséricorde, 4;
Bauer, rentier, rue Saint-Marcel;
Racine (Joseph), négociant, place de la Miséricorde, 12;
Thibaud (Bruno), rue Pizay, 5, ou port Neuville;
Farge, rentier, quai Saint-Vincent;
Bourgeois (Alexis) oncle, quai Saint-Vincent, 62;
Savaresse fils, négociant, quai d'Orléans;
Mayet (Barthélemy), négociant, rue de l'Enfant-qui-Pisse;
Plassard, médecin, place de la Feuillée;
Dumont, négociant, quai des Augustins, 78.

Paroisse Saint-Paul.

MM. Cattet, curé de Saint-Paul, président;
Barrier, médecin, quai de Flandres, secrétaire;
Rainard, professeur à l'école vétérinaire;
Chapeau-Revol, quai Pierre-Scize;

Estienne, quai Bourgneuf;
Dunod (Claudius), place Saint-Laurent;
Guichard, place de la Douane;
Putinier fils, quai de Bondy;
Buffard, montée des Capucins;
Martin-Cabaret, au Greillon;
Sourd, quai Pierre-Scize.

Paroisse Saint-Jean.

MM. Chinard, conseiller municipal, président, rue du Bœuf, 31;
Boissieux, avocat, secrétaire, rue du Bœuf, 38;
Rossat, curé de Saint-Jean;
Buisson, ministre protestant, montée du Chemin-Neuf, 2;
Ducruet, notaire, quai de l'Archevêché, 28;
Parelle, avocat, rue du Bœuf, 3;
Parceint, ex-greffier à la cour royale, place Neuve-Saint-Jean, 5.

Paroisse Saint-Georges.

MM. Chartre, curé de Saint-Georges, président;
Pater, rentier, secrétaire, rue Saint-Georges, 17;
Catelin, architecte, place Montazet;
Michel (Charles), rentier, rue de la Quarantaine;
Godemard, avocat, rue Saint-Georges;

Berger, teinturier, commanderie de Saint-
   Georges;
Missol, propriétaire, rue du Rempart-d'Ai-
   nay;
Brunet, rentier, rue Saint-Georges, 63;
Rougnard, propriétaire à Choulans;
Dutour, brasseur de bière, rue Saint-Georges;
Gaillard père, montée du Gourguillon, 30.

Paroisse de Saint-Just et de Saint-Irénée.

MM. Bienvenu, président, rue des Farges;
   Billet-Michoud, serrétaire;
   Durand, curé de Saint-Irénée;
   Boué, curé de Saint-Just;
   Garcin fils aîné.

Fait à l'Hôtel-de-Ville de Lyon, le 27 novembre 1840.

Le Maire de la ville de Lyon,
             TERME.

Au milieu de l'empressement général à venir au secours des infortunes qui surgissent de toutes parts, le zèle de M. Thiaffait, président de la société pour l'instruction élémentaire du Rhône, mérite d'être signalé. Ce digne citoyen après avoir mis à la disposition de l'administration municipale toutes les salles des écoles mutuelles de la société pour servir de refuge aux inondés, témoin du dénuement dans lequel se trouvaient des familles entières et surtout les enfants qui à l'entrée d'un hiver rigoureux n'avaient que des vêtements incomplets, a conçu l'ingénieuse idée de faire envoyer de la laine filée à des dames charitables pour en confectionner des bas de femmes et d'enfants. L'administration s'est empressée de mettre ce projet en pratique, et l'exécution en est restée confiée aux bons soins de M. Thiaffait. En moins d'un mois environ deux mille paires de ce vêtement nécessaire ont été livrées aux comités de secours des communes suburbaines et de Lyon pour être distribuées aux nécessiteux. Merci pour eux à l'homme généreux qui consacre son temps, sa peine et ses soins à l'humanité qui souffre.

Nous citerons les derniers paragraphes du rapport de M. Thiaffait à M. le Maire de Lyon sur les salles de refuge et de secours ouvertes par ses soins. On y trouve la douce conviction qu'aucune infortune n'est restée sans secours.

« A travers les maux sans nombre dont vous avez eu le cruel spectacle depuis les premiers jours de ce mois funeste, il est cependant pour vous, Monsieur le Maire, une pensée consolante, c'est qu'il ne s'est pas présenté à l'administration municipale, dans ces jours néfastes, un seul individu demandant asile et secours, qui n'ait obtenu sur le champ l'un et l'autre. Car, au lieu de deux cent trente-cinq malheureux qui ont été admis et secourus, les salles mises à votre disposition auraient pu recevoir cinq cents familles si elles se fussent présentées.

« Quant à moi, M. le Maire, dévoué par principes à l'instruction et au soulagement de la classe ouvrière, loin de me plaindre de la fatigue que j'ai éprouvée pendant dix jours, je me trouve heureux d'avoir pu apporter quelque adoucissement à tant d'infortunes. Déjà une bien douce récompense m'a été accordée dans l'approbation et les remercîments que m'ont donnés mes collègues de la Commission exécutive. »

INONDATION

DES COMMUNES RIVERAINES

DU RHONE ET DE LA SAONE,

DEPUIS LEUR SOURCE JUSQU'A LEUR EMBOUCHURE.

Circulaire de l'Éditeur à MM. les Maires des communes inondées.

Lyon, 18 novembre 1840.

Monsieur,

Sur le point de publier une Histoire complète des dernières inondations du Rhône et de la Saône, depuis leur source jusqu'à leur embouchure, et ne voulant m'entourer à cet effet que de documents officiels, je vous prie de m'envoyer le recensement que vous avez fait, sans doute, des sinistres qui ont affligé votre commune.

Cette pièce consistera dans :

La hauteur des plus hautes eaux dans les principaux quartiers ;

Le nombre des maisons écroulées ;

Le total de l'évaluation des sinistres ;

Le nombre des familles froissées ou réduites à l'indigence ;

La narration des traits remarquables de courage, de charité, d'humanité, de dévouement que vous voudrez signaler à la reconnaissance publique.

Enfin, toutes les notes que vous voudrez y joindre seront accueillies avec empressement.

La population est impatiente d'avoir sous les yeux un travail de ce genre, complet et fait avec conscience. Je vous prie en conséquence de m'honorer d'une prompte réponse ; un trop long retard me mettrait dans la dure nécessité de passer sous silence votre commune dans ce recensement général.

Je suis, Monsieur le Maire, avec la plus haute considération,

Votre très-humble serviteur,

A. Baron.

SAÔNE.

DÉPARTEMENT DE LA CÔTE-D'OR

SEURRE.

Seurre, le 14 décembre 1840.

Monsieur,

Je m'empresse de répondre à votre circulaire du 18 novembre dernier, par laquelle vous me demandez des renseignements sur l'inondation récente occasionnée par le débordement effrayant et plus qu'ordinaire des eaux de la Saône, et sur les suites devenues funestes à notre localité.

Voici tout ce qu'il m'a été possible de recueillir à ce sujet :

Les pluies abondantes, qui pendant plusieurs jours et plusieurs nuits, sont tombées sans interruption, nous avaient fait redouter la venue de très-grandes eaux; mais l'inondation qu'elles ont produite a passé toutes nos prévisions, car l'eau s'est élevée à huit centimètres au-dessus du niveau qu'elle avait atteint de 1801 à 1802 ; événement dont jusqu'à cette époque les plus anciens ne se rappelaient pas avoir eu d'exemple. Cette inondation, dont nous avons subi toutes les conséquences, a produit parmi nous le plus grand effroi, car elle nous a fait craindre des suites terribles. L'eau croissait de deux pouces environ par heure, et elle s'est élevée, dans nos rues; ici à huit pieds, là à cinq, ailleurs à trois.

Seurre a été environné d'eau de toute part; ses communications avec les communes circonvoisines ont été interceptées dans toutes les directions, et un grand nombre de rues ne pouvaient plus être parcourues qu'en bateau. Le rez-de-chaussée était rempli d'eau ; les habitants, surpris par son arrivée inattendue et ne pouvant lui opposer de barrières capables de l'arrêter, ont fui leurs domiciles ou se sont relégués dans leurs chambres hautes ou dans leurs greniers. Les progrès de cette inondation allant toujours en croissant, on n'osait faire aucune conjecture sur sa retraite, puisque les pluies, sans cesse renaissantes, semblaient devoir prolonger la catastrophe.

Dans le canton de Seurre, il y a eu quatorze communes plus ou moins inondées sur l'une et l'autre rives de la Saône.

Sur la gauche :

Pagny-la-Ville, le Châtelet, Pagny-le-Château, La Bruyère, Chamblanc, Seurre, Jallanges et Trugny.

Sur la rive droite :

Bonnencontre, Auvillards, Glanon, Pouilly-sur-Saône, Labergement-les-Seurre et Chivres.

Le Châtelet est la commune qui a été la plus maltraitée. Envahie presque entièrement par les eaux, elle a eu huit petites maisons écroulées et huit autres considérablement endommagées ; elle a manqué de vivres ; plusieurs communes voisines sont venues à son secours, à l'aide d'honorables citoyens qui ont eux-mêmes conduit ce que la générosité mettait à la disposition du malheureux privé de nourriture.

Les autres communes ont été plus ou moins inondées.

J'ai l'honneur d'être avec une très-parfaite considération, Monsieur,

Votre très-humble et obéissant serviteur,

J.-P. GAUTHIER-STIRUM.

P. S. Vous savez aussi bien que moi, Monsieur, que les semences que renfermaient les terres inondées sont perdues sans ressource ; je n'entrerai dans aucun détail à cet égard. Je vous dirai seulement que des états de pertes ont été dressés par des commissions nommées à cet effet par arrêté de M. le sous-préfet de Beaune, et en présence de M. le contrôleur des contributions directes, auquel ces états doivent être remis.

Je crois devoir vous faire connaître les personnes qui ont donné asile à plusieurs malheureux inondes. Cet asile a été offert avec un empressement digne d'éloges. Voici leurs noms : Louis Bouchard, au portail de Pouilly, Maréchal-L'homme, Grosbois fils, Mousson-Chardier, Michaud, Pierre Baillet, Journaux fils, Durand-Guilleminot, Dorlot veuve Magnien, Piot veuve Peloux, Bourgogne, Griffon, membre du conseil municipal, Cornu-Blanchot, Guillemot, Chaumont, membre du conseil municipal, Cherojon-Dervier et Thibaut, pâtre.

La plupart de ces honnêtes citoyens ont chauffé et nourri les malheureux qu'ils avaient reçus sous leurs toits hospitaliers.

Les habitants de Seurre se sont généralement bien conduits.

Il a été distribué du pain aux indigents tant par les membres de l'administration locale que par d'honorables citoyens.

Des souscriptions sont encore ouvertes pour continuer cet acte de bienfaisance que la rigueur du froid rend indispensable.

Agréez de nouveau, Monsieur, l'assurance de ma considération la plus distinguée.

P.-J. Gauthier-Stirum.

DÉPARTEMENT DE SAONE-ET-LOIRE.

TOURNUS.

Arrondissement de Mâcon ; canton de Tournus. — 5311 habitants.

Tournus, le 22 novembre 1840.

Monsieur,

J'ai l'honneur de vous annoncer que j'ai reçu votre circulaire imprimée, sous la date du 18 du courant, et je m'empresse de vous adresser les détails que je puis vous fournir sur les conséquences fâcheuses et les sinistres que la ville de Tournus a éprouvés par suite d'une inondation tout-à-fait extraordinaire ; nous avons sans doute beaucoup moins de pertes à déplorer que nos malheureux voisins du Midi, néanmoins notre population a beaucoup souffert, et ce terrible fléau, qui se fera ressentir beaucoup trop vivement pour nous, qui n'avons pas des ressources suffisantes pour répondre à toutes les exigences qui surgiront de toutes parts, ne nous permettra pas de faire tout le bien que nous pourrions désirer.

L'inondation effrayante, à laquelle plusieurs départements ont été exposés, est encore telle à Tournus (Saône-et-Loire) qu'il est impossible aujourd'hui, même à l'œil le plus exercé, de se rendre compte des désastres qu'elle a occasionnés et d'évaluer les pertes que les habitants ont faites : depuis plus de trois semaines, l'eau baigne les quais, les caves, et plusieurs magasins sont inhabitables ; ce ne sera réellement qu'au moment où la rivière sera rentrée dans son lit que l'on pourra apprécier les sinistres qu'elle a causés.

La crue extraordinaire du bief du Potet, qui traverse la ville, de l'ouest à l'est, survenue dans la nuit du 27 au 28 octobre, est le premier événement fâcheux que nous ayons eu à déplorer ; elle a inondé tout un quartier et à un tel point, que si l'administration n'eût donné l'ordre de briser tous les barrages qui y étaient établis pour l'utilité des tanneurs, on eût eu à redouter la chute de plusieurs maisons qui auraient entraîné la ruine des propriétaires et probablement la mort de plusieurs individus. Cette inondation partielle fut si considérable, qu'elle contraignit tous les habitants des rez-de-chaussées à déménager promptement, malgré une pluie qui tombait par torrent.

Néanmoins ce sinistre a rendu service à plusieurs habitants de la ville, en leur rappelant les effets des inondations anciennes et en leur donnant l'éveil. La Saône croissait à vue d'œil, les habitants des quartiers peu élevés se sont empressés de placer ce qu'ils ont pu de leurs marchandises et mobiliers dans des lieux de sûreté, et nécessairement ils auraient tout perdu sans cette prévoyance.

Depuis le 28 octobre, l'eau qui avait gagné les derniers gradins des quais, a augmenté jusqu'au 7 novembre avec une telle rapidité qu'il a fallu tout le courage et le dévouement de toute la population libre pour se diriger chez les personnes inondées, les aider à sauver leurs marchandises et à pourvoir à leurs besoins.

Malgré toute l'intrépidité que l'on a montrée dans une circonstance aussi difficile, beaucoup de marchandises de toute espèce ont été ou perdues, ou avariées, et des mobiliers entièrement détériorés.

L'élévation de l'eau de la Saône a atteint trente-deux centimètres au-dessus du niveau de 1602; un mètre au-dessus de celle de 1711, et quarante centimètres au-dessus de celle de 1744. Sur le quai, à partir du sol, il y en avait plus de deux mètres quatre-vingt-cinq centimètres de hauteur.

L'administration, vivement inquiète sur les dangers que causait une semblable inondation, s'empressa de prendre toutes les mesures convenables pour les atténuer. Plusieurs commissions, composées de MM. les membres du conseil municipal, les juges du tribunal de commerce et notables de la ville, furent établies et s'empressèrent de rendre partout, de jour comme de nuit, les services que l'on avait droit d'en attendre:

tous les mariniers furent invités à se partager les bateaux pour les diriger sur la rivière et ses égarés, sur les quais, les places et les rues inondées à l'effet de porter des secours partout où il en serait besoin. Tous se sont fait admirablement remarquer et plusieurs d'entre eux ont fait des prodiges de courage. M. Henri, commissaire de police et ancien marin, n'a rien négligé et a dignement rempli la tâche pénible à laquelle il était appelé, soit comme commissaire de police, soit comme marin.

Toute la partie basse de la ville (son centre) était inondée; on circulait en bateau dans plusieurs rues et places, sur les quais et la grande route de Tournus à Mâcon; l'eau arrivait jusqu'à l'escalier de l'Hôtel-de-Ville, à celui de l'hôpital. Les communications avec Mâcon, Châlon et Louhans ont été interceptées long-temps; les routes qui ont été couvertes d'eau à plus de deux mètres de hauteur, ne sont pas encore entièrement libres; toutes ont été dégradées dans plusieurs endroits, et, pendant quelque temps, il n'a pas été permis de les parcourir sans danger. Au quart inférieur de la rampe de Pimont (grande route royale de Paris à Lyon), une fouille considérable, traversant la route placée sur roche, sur quinze à dix-huit mètres de longueur, a entravé le passage des voitures et nécessité de grands travaux pour la rendre viable; les vignes, placées sur le côté ouest, ont éprouvé dans certains endroits une baisse de trente-cinq à quarante centimètres.

La journée du 6 au 7 a été terrible; un vent impétueux accompagné d'une pluie extraordinaire a causé les plus grands désastres : plusieurs bateaux amarrés ont été poussés par les vagues contre plusieurs façades des quais et les ont assez vivement heurtées pour les ébranler et les endommager; plusieurs d'entre elles, déjà fort anciennes, exigeront leur reconstruction. Les portes, volets et croisées, battus par les vents, ont été brisés ainsi que leur fermentes qui, dans leur chute, ont cassé ou déplacé les tailles. Tous les rez-de-chaussées inondés sont tellement dégradés et malsains qu'ils ne pourront être habités sans être réparés; les marchands, placés dans ces divers quartiers, ont beaucoup souffert, leurs pertes seront d'autant plus grandes que plusieurs de ces localités leur servaient d'entrepôt. Ce jour-là, une petite maison a été renversée et tout ce qu'elle contenait a été perdu ; plusieurs murs de clôture ont été entraînés, des dégradations de toute nature ont également eu lieu dans les diverses habitations; sur la rivière, on voyait flotter bois de service, bois de chauffage, des mobiliers et d'autres marchandises.

Dans un moment aussi difficile, toute la population était consternée; mais toute, sans distinction, s'est prêtée aux exigences et avec le plus vif empressement.

L'administration, bien pénétrée de ses devoirs, n'a rien négligé, elle a constamment veillé aux intérêts de tous; des pontons ont été établis, dans presque toutes les rues, par la compagnie des pompiers, sous le commandement de M. Chambosse leur capitaine; cette compagnie s'est exposée à tous les dangers. Des services réguliers de bateaux ont été en activité de jour et de nuit; les familles inondées ont toutes reçu et à temps utile tout ce dont elles pouvaient avoir besoin. Toutes les commissions destinées à soulager l'autorité se sont acquittées avec le plus grand zèle de leurs importantes obligations.

Un grand dédommagement à nos peines et désastres, c'est que personne n'a péri; on doit accorder des éloges à toute la population qui a fait preuve d'humanité, de dévouement et de désintéressement.

L'administration ne s'est pas bornée à donner des secours dans l'intérieur de Tournus, elle a voulu en faire profiter les communes voisines Un service de bateaux conduits par de bons mariniers, a été fait très-activement; toutes les sollicitudes se dirigeaient sur la Truchère, sur les maisons détachées de Lacrot et de Labergement-les-Cuisery.

Des commissions sont nommées pour visiter toutes les habitations submergées et apprécier les pertes que chacun aura essuyées, elles seront sans doute considérables. On fera des efforts pour soulager le malheureux, et le gouvernement viendra à son secours. Déjà M. le préfet, qui fait une tournée à cet effet, a consolé les populations et leur a donné des preuves de l'intérêt qu'il leur porte en leur remettant des sommes pour subvenir aux plus pressants besoins, en attendant que la répartition des dons du gouvernement et des souscriptions particulières puisse se faire.

Tels sont, Monsieur, les renseignements que je me suis empressé de vous fournir à la hâte; veuillez ne pas oublier d'en faire une rédaction assez soignée pour pouvoir figurer dans l'ouvrage que vous vous proposez de livrer au public.

J'ai l'honneur d'être avec estime et considération, Monsieur,

Votre très-humble serviteur,

Le Maire de Tournûs,

LATAUD, docteur-médecin.

DÉPARTEMENT DU JURA.

PEZEUX-SUR-LE-DOUBS.

Pezeux, 18 décembre 1840.

Monsieur,

Vu votre lettre, en date du 15 de ce mois, au sujet des inondations, j'ai l'honneur de vous informer que, pour ma commune, les pertes sont évaluées à la somme de 6,000 fr. 1° Pour dégradation de digue, 1,000 fr.; 2° pour des maisons dégradées, 1,000 fr., et sur les fonds ensemencés en blé, 4,000 fr. Nous avons remarqué que l'eau a été élevée à dix-huit pouces de plus qu'on ne l'a jamais vue.

Agréez, Monsieur, l'assurance de ma parfaite considération,

Le maire de Pezeux,

BONNARE.

NEUBLANS.

Neublans, le 3 novembre 1840.

Monsieur,

Je m'empresse de répondre à l'invitation que vous m'avez fait l'honneur de m'envoyer sous la date du 18 novembre dernier; quoique n'habitant pas les rivages de la Saône ni du Rhône, mais les bords de la rivière du Doubs, au département du Jura, à quatre lieues au-dessus de Verdun, où cette rivière se jette dans la Saône.

Ici, Monsieur, les eaux se sont élevées à quarante centimètres au-dessus de celles qu'on a vues de mémoire d'homme; nos digues conservatrices du territoire et du village ont été rompues à deux endroits; heureusement que cela a eu lieu en aval du village. L'eau a inondé quinze maisons; aucune ne s'est écroulée, attendu qu'elles étaient bâties en bois. Personne n'a péri dans cette inondation, ni aucun bétail ; la hauteur de l'eau a été, dans les maisons les plus inondées, d'un mètre vingt centimètres. La perte, d'après l'estimation qui en a été faite, s'est élevée, pour les maisons qui ont souffert, compris le mobilier, à quatre mille francs. Il n'en est pas moins vrai que le dommage tout minime qu'il est a occasionné beaucoup de misère dans le pays, vu que plusieurs de ces maisons appartenaient à de pauvres gens qui ont perdu tout ce qu'ils avaient. Les personnes qui se sont bien montrées sont, en première ligne, M. Fagot, curé de la paroisse, M. Cointot, capitaine de la garde nationale, la famille Broissia, et plusieurs autres. Les malheureux ont été ainsi aidés, soit pour leur subsistance, soit pour réparer leurs habitations où ils sont tous rentrés. Il n'y a point de trait de courage à signaler; le village étant placé au bas d'une colline, il a été facile de se retirer, ainsi que de sauver tous les animaux; nous avons beaucoup souffert dans notre finage, la semaille des blés a été perdue dans bien des endroits. La superficie des terres au-dessus comme au-dessous des brèches a été singulièrement ravagée; dans des endroits on voit des tas immenses de graviers, dans d'autres, des creux que l'on peut appeler précipices; ailleurs ce sont des terres dont la surface est enlevée. L'estimation de ces pertes s'élève à 25,000 francs, non compris celle des dommages causés aux maisons. Tel est, monsieur, le résultat ici de ces jours de triste mémoire qui étaient les 29 et 30 octobre dernier.

Agréez, Monsieur, l'assurance du respect et de la considération distinguée de votre tout dévoué serviteur,

Le maire de Neublans,

COINTOT.

LONGWY.

Arrondissement de Dôle ; canton de Chemin. — 912 habitants.

Longwy, le 4 décembre 1840.

Monsieur,

Je viens répondre à votre lettre datée du 18 novembre, par laquelle vous me demandez des renseignements sur les ravages qu'a causés dans notre malheureuse commune l'inondation du 30 octobre. Vous pouvez compter sur l'exactitude des faits que je vous transmets, car je les extrais du rapport que j'en ai fait à l'autorité supérieure du département, rapport qui a été donné sur les lieux mêmes et au fur et mesure du progrès et de la succession des sinistres.

Depuis le dernier jour d'octobre l'eau avait atteint son plus haut degré d'ascension, et couvrait presque entièrement toutes les rues de la commune. La hauteur de l'eau, sur la place publique et sur les trois quarts de la longueur de la rue qui la traverse et qui longe le village dans sa plus grande étendue, était d'un mètre vingt centimètres, et de trente centimètres dans l'église. Plus de cent habitations on été envahies par les eaux et évacuées par ceux qui les habitaient. Vingt maisons se sont plus ou moins complètement écroulées.

Le total de l'évaluation des pertes, seulement des écroulements partiels et totaux, et des objets mobiliers s'élève à une somme de quatorze mille francs environ.

Aucun trait de dévouement bien saillant à vous écrire; néanmoins je ne passerai pas sous silence le courage, l'opiniâtreté, l'acharnement même avec lesquels les habitants de deux des hameaux de notre commune ont lutté contre les efforts et la violence des flots pour préserver leurs habitations d'une ruine certaine, et le territoire d'une dégradation complète. Pendant deux jours et trois nuits, par une pluie battante et sans relâche, au milieu d'un déluge d'eau et de boue, ces intrépides travailleurs sont restés sur leurs digues à repousser les efforts des eaux qui les débordaient de toutes parts, par des barrages qu'ils construisaient avec des planches et de la terre. Un seul de ces hameaux a vu réussir son entreprise, et ses pénibles travaux couronnés de succès; c'est celui de Jousserot, situé au nord de Longwy. Heureusement! car si les habitants eussent laissé emporter les digues, tout le territoire était ravagé, ainsi que ceux des communes situées au sud-ouest de Longwy. L'autre, (Hôtelans) n'a pas eu le même bonheur; les efforts de ses habitants, trop peu nombreux, furent impuissants pour repousser une masse énorme d'eau qui, poussée avec violence par le vent, en outre de sa rapidité ordinaire, franchit bientôt les digues qu'ils cherchaient à défendre et envahit leurs habitations, dont fort peu sont restées debout, ou du moins intactes.

Tels sont, Monsieur, dans cette commune, les résultats du terrible fléau qui vient de ravager presque tous les départements de l'est de la France et que j'ai l'honneur de vous transmettre.

Voici du reste, l'extrait de mon rapport à M. le Préfet, tel qu'il est rapporté dans le journal, *La Sentinelle du Jura* :

« Dans le village de Longwy, les eaux se sont élevées de 40 centimètres de plus qu'à l'époque de la grande inondation du 5 septembre 1831. Plus de cent habitations sont envahies par les eaux, et les vagues ont été poussées avec tant de violence, que vingt maisons se sont écroulées. Pendant la nuit du 30 au 31 octobre, les habitants de la section des Jousserots ont établi des barrages avec des planches et de la terre, et ont réussi, au moyen de cette précaution, à préserver d'une rupture certaine les digues qui protègent cette partie de territoire.

« Dans la section d'Hôtelans, les habitants ont essayé le même travail, mais leurs efforts ayant été impuissants, leurs chaumières ont été inondées.

« Nous n'avons pas de nouvelles des pays voisins ; tout ce que nous savons, c'est qu'on n'a pas cessé de sonner les cloches au Petit-Noir pendant toute la journée, et que la plaine d'Amans est couverte d'eau (1). »

J'ai l'honneur d'être, Monsieur, votre très-obéissant serviteur,

Le maire de Longwy,

DANJEAU.

ANNOIRE.

Arrondissement de Dôle ; canton de Chemin. — 982 habitants.

Annoire, le 30 novembre 1840.

Monsieur,

Au reçu de votre lettre, datée du 18 courant, je me suis empressé de répondre à votre demande.

La plus forte élévation de l'eau dans les maisons a été d'un mètre vingt-cinq centimètres.

Maisons écroulées, une, avec trois cheminées, et trois fours dans d'autres localités.

Evaluation des sinistres, plus de trente mille francs ; le nombre des familles réduites à l'indigence, environ quarante.

Quant aux traits de courage, il n'y a rien qui soit digne de la publicité.

(1) M. Danjeau, maire de Longwy, qui a déployé un zèle et un dévouement au-dessus de tout éloge, ajoute que les pompiers ont montré un courage et une abnégation à toute épreuve. (*Note du rédacteur de la Sentinelle du Jura.*

Agréez, Monsieur, je vous prie, l'assurance de ma parfaite considération,

Le maire d'Annoire,

Roufcot.

Dans le Jura, les sinistres les plus forts ont eu lieu le long du cours de la Seille: Voiteur, Arley, Rnffey, et surtout Bletterans ont été envahis par les eaux.

Dans cette dernière localité, deux maisons et un pont ont été enlevés, malgré trois coupures faites à la route et qui avaient été ordonnées par le préfet, qui s'était rendu sur les lieux. Jusqu'à présent on n'a à déplorer que la mort d'un seul individu, qui s'est noyé aux environs du village de l'Etoile.

La ville de Lons-le-Saunier a peu souffert, grâce aux précautions qui ont été prises par l'autorité municipale, dont le zèle a été parfaitement secondé par un grand nombre de citoyens et particulièrement par la compagnie des pompiers.

Le village de Loizy, près Cuizery sur la Seille, a été emporté. Les eaux s'élevaient à plus de sept pieds sur la route, où elles n'étaient jamais parvenues qu'à trois dans les grandes inondations.

Les environs de Dôle offraient l'aspect d'un lac immense, parsemé d'ilots et d'habitations éparses.

A Peseux, village avoisinant le Doubs, le curé a été noyé dans sa cure; pareil malheur est arrivé à un habitant des environs; des moulins ont disparu, emportés par la violence des eaux.

Les maisons de la ville de Louhans étaient baignées jusqu'au 1er étage; onze se sont écroulées et ont été entraînées par la rivière; les boulangers naviguaient dans les rues pour porter du pain à ceux qui étaient retenus dans les étages supérieurs.

Un négociant, M. Griffant père, a failli périr en voulant s'opposer à l'envahissement des eaux qui ont entraîné son magasin de planches.

A Montagnat, près St-Amour, un moulin a été entraîné par les eaux, et une femme a péri.

Le tocsin a sonné pendant trois jours et trois nuits dans le village au Petit-Noir, dont les malheureux habitants ont vu leurs maisons à moitié submergées, s'écrouler et écraser sous les décombres une partie de leur avoir.

Les habitants de Choisey ont été obligés de faire une percée dans le canal pour éviter d'être inondés.

A Foucherans et à Dôle, deux hommes ont été noyés.

A Eclans et à Bersaillin, deux moulins ont été entraînés par les eaux.

Une carrière très-profonde, située au faubourg des Arènes, a vomi une masse d'eau si considérable et si forte qu'elle a renversé, 160 mètres plus bas, un murs de clôture fortement construit, sur une longueur d'environ 25 mètres.

A Salins, le mercredi 28, à sept heures du soir, les eaux ont envahi les faubourgs Champtane, Galvos, St-Pierre et la rue des Barres, et sont venus surprendre dans leurs appartements du rez-de-chaussée, les habitants de ces quartiers ; à neuf heures du soir les eaux avaient baissé. On cite, entre autres désastres la destruction du pont neuf de St-Joseph, sur la route de Salins à Dôle.

DÉPARTEMENT DE SAONE-ET-LOIRE.

Le 3 novembre, à Châlon, la Saône était à 22 degrés et demi de l'échelle du pont. Tous les courriers et une très-grande quantité de voyageurs et de militaires étaient arrêtés à Châlon.

Pour porter secours aux populations voisines, M. le sous-préfet, dont on ne saurait trop louer le zèle et l'activité, n'hésite pas à assumer la responsabilité de faire essayer le passage du bateau à vapeur la gondole n. 2 sur la levée de la route royale n. 78, en tournant le pont. Ce magistrat réunit sur le bateau l'élite des mariniers de la Saône, tous gens de prudence et de cœur, et y monte lui-même pour savoir jusqu'à quel point on devait prolonger cette tentative hardie. Des saules, des peupliers sont brisés; quelques éclats se détachent des roues, mais l'obstacle est franchi.

A une heure après midi, le bateau prend sa course vers Verjux et Verdun, emportant 400 kilogrammes de pain et remorquant des barques de sauvetage. Il est monté par un équipage expérimenté et par un médecin qui a demandé comme une faveur l'autorisation de coopérer à cette dangereuse et philanthropique mission. L'autorité supérieure y est représentée par un membre du conseil municipal qui a toute l'énergie, toute la prudence nécessaires.

Le vent souffle avec violence. La pluie tombe par torrents, la Saône croît toujours et envahit la caserne. La garnison l'évacue et vient bivouaquer en ville dans des granges ou de vastes salles.

A Verdun, les pertes sont considérables; la ville a beaucoup souffert, mais personne n'a perdu la vie. Deux vieillards avaient été oubliés dans leurs lits. On les a sauvés en découvrant la toiture de la maison. Ces malheureux, surpris par les eaux, avaient cherché un refuge dans la cheminée de la chambre qu'ils habitaient.

La ville de Châlon était bouleversée, la plupart des rues inondées; la Saône présentait l'aspect d'un lac immense; elle couvrait une étendue de plus de dix lieues. Toutes les routes furent coupées, excepté celle de Paris.

A Mâcon, des vagues énormes, de 3 mètres d'élévation, se brisaient contre le pont, venaient battre contre les portes et les volets des magasins du quai et les arrachaient de leurs gonds.

On a cru devoir étayer une partie des bâtiments de l'hôtel-de-ville.

La Saône était, le samedi 31, à 5 mètres 76. On examinait déjà avec anxiété l'indication de

1640 placée sur la ligne du chiffre de 6 mètres, et l'on faisait un rapprochement avec l'époque bisséculaire où nous nous trouvions; mais l'élévation des eaux atteignit rapidement cette hauteur dans la journée de dimanche, et malgré l'immense surface que présentent les prairies, la progression ne se ralentit pas. A midi, deux maisons neuves, construites en pierre, s'écroulaient sur le côté gauche de la levée, à St-Laurent-lès-Mâcon. Les habitants de ce bourg déménageaient à la hâte.

La nuit fut affreuse. La moitié de la ville, la partie la plus commerçante, la plus populeuse, était inondée à plus de deux mètres de hauteur. Des hauts quartiers, on entendait les cris de détresse, le bruit des maisons qui s'éboulaient et le tocsin qui retentissait dans toutes les communes de la Bresse.

Le lundi, à 10 heures, l'eau affleurait, sur l'échelle du pont, 6 mètres 30 cent., où est placée l'indication de la crue de 1711, la plus haute dont on ait conservé le souvenir. M. le préfet se détermina à faire visiter le littoral de la Saône. M. Vinsac, agent-voyer d'arrondissement, fut chargé de prendre les mesures nécessaires pour cette exploration. Une gondole à vapeur, qui se refusa d'abord à marcher parce que ses appareils étaient en réparation, se mit à chauffer. D'un autre côté, l'*Hirondelle* n° 1 s'empressa de déférer à la réquisition qu'on lui fit. A 10 heures, la gondole, montée par M. Vinsac, et sur laquelle s'étaient rendus M. Lorain, juge d'instruction, M. Jordan, ingénieur en chef, M. Villars, conseiller municipal, M. Niepce, docteur en médecine, se dirigea successivement vers les communes de Vésine, d'Asnières et de Feillens. Vingt-cinq personnes furent arrachées des greniers où elles s'étaient réfugiées. Dans la dernière commune, deux hommes et une femme, qui couraient les plus grands dangers, furent, sur leur demande, portés au pied du coteau. On se ferait difficilement une idée du spectacle déchirant que l'on eut sous les yeux. Il nous suffira de dire que tous les hommes de l'équipage étaient en larmes.

Les malheureux cultivateurs ne pouvaient se décider à abandonner leurs habitations. Cependant, telle était l'imminence du péril, que, dans l'intervalle de dix minutes, trois maisons s'écroulèrent à Feillens, et les embarcations qu'avait détachées la gondole devaient prendre de grandes précautions pour parcourir les rues de ce village.

Pendant ce temps, M. Valette, agent-voyer de canton, que M. Vinsac avait signalé à M. le préfet comme un jeune homme intelligent et dévoué, fut chargé de diriger le paquebot à vapeur l'*Hirondelle*, qui partit à 11 heures. Ce bateau, pourvu comme la gondole de légères embarcations, se dirigea sur Arciat et se livra à l'exploration de toutes les maisons en vue desquelles il passait. Mais, en raison de leur proximité de la Saône et de la périodicité des inondations, tous les habitants étaient munis de barques et attendaient dans les greniers que la hauteur de l'eau les forçât d'abandonner leurs retraites. Les éboulements des maisons se succédaient sans interruption, et les chaloupes de l'*Hirondelle* en facilitèrent l'évacuation. D'Arciat, le paquebot se dirigea vers le hameau du Cornet, commune de Cormoranche. On n'y aperçut que des décombres. Trois ou quatre maisons seulement étaient debout. On n'y trouva que les hommes valides qui étaient restés pour sauver quelques provisions et quelques effets mobiliers. Les embarcations les secondèrent. Au moment de son départ, le commandant du paquebot fut averti par un homme qui s'était hasardé sur un cheval, qu'une famille allait être ensevelie sous les décombres d'une maison. On détacha la chaloupe qui, après un trajet de 1,500 mètres, parvint avec beaucoup de peine à retirer d'un grenier 4 femmes et 2 hommes exposés à une mort certaine.

En ce moment, des cris de détresse se firent entendre dans la direction de Grièges. Malgré la nuit qui s'avançait, le paquebot se hasarda à travers les passages dangereux qu'il avait à franchir. Lorsqu'il lui fut impossible de marcher, il lança ses embarcations pour explorer les habitations du hameau de Jonc, dépendant de la commune de Grièges, qui sont toutes construites en pisé. Nous ne chercherons point à décrire l'horreur du spectacle que présentaient ces lieux de désolation. Le tocsin était répété dans tous les villages. A ce lugubre glas venaient de toutes parts se mêler les cris du désespoir et le fracas des habitations qui s'écroulaient. Mais aucun des dangers qui les menaçaient ne put ralentir l'intrépidité des mariniers. Les débris de constructions, qui souvent venaient effleurer leurs frêles barques, semblaient doubler leur courage, s'ils ne purent prévenir des désastres contre lesquels tous les efforts humains étaient impuissants, ils passèrent du moins la nuit à mettre la vie des habitants à l'abri de tout danger.

Au jour, sur 56 maisons dont se composait le hameau de Jonc, trois seulement étaient debout.

Le bateau à vapeur, laissant toutes ses embarcations, revint s'approvisionner à Mâcon de charbon et de vivres. A 11 heures, il se remit en course. Plusieurs personnes s'étaient rendues à son bord, notamment M. l'abbé Taboureau, M. Vinsac et M. Niepce, docteur médecin; il se dirigea sur le hameau du Cornet, où l'on avait donné rendez-vous aux barques.

Les désastres qui étaient survenus pendant l'absence du bateau furent presque cause d'une méprise du patron. Un pavillon élevé, qui lui avait servi la veille de point de remarque, avait disparu, et toutes les maisons, à l'exception de deux grands corps de ferme, n'offraient plus qu'un monceau de décombres. Le paquebot était à peine amarré, que ces deux bâtiments s'enfoncèrent sous les yeux de l'équipage. Dans cette seconde excursion, on recueillit une dizaine d'hommes et de femmes et nne certaine quantité de bestiaux. Mais un grand nombre d'habitants furent, à leur demande, ainsi que cela avait lieu sur les autres points, portés en terre ferme, dans le voisinage de leurs propriétés.

Nous venons de retracer le triste aspect des villages du littoral de la Saône. La ville de Mâcon n'offrait pas un spectacle moins déchirant. La pluie, qui tombait avec une intensité sans égale, avait porté le niveau de la Saône à un mètre environ, au-dessus des eaux de 1711. Des bateaux chargés de 150 à 300 tonneaux avaient pu être amarrés contre les maisons du quai. Les magasins de la ville, que, dans l'imprévoyance d'un semblable sinistre, on avait laissés encombrés de marchandises, étaient envahis jusqu'à deux mètres de hauteur. Bientôt on eut des craintes d'une autre nature. On apprit qu'une maison s'était écroulée à l'extrémité de la rue Municipale. La terreur fut au comble. Les habitants qui étaient restés dans les quartiers inondés voulurent les quitter à l'instant. Pour ranimer leur courage, comme aussi pour juger du péril, M. le Préfet, accompagné de M. le maire, de M. Rolland, lieutenant de gendarmerie, de M. Jordan, ingénieur des ponts-et-chaussées, et de M. Vinsac, parcourut tous les quais et toutes les rues, en s'efforçant de consoler les malheureux habitants qui étaient aux fenêtres, et en leur donnant l'assurance que toutes les dispositions seraient faites pour satisfaire à leurs besoins, ou pour les aider à sortir sans danger de leurs habitations, si tel était leur désir. En effet, de nouvelles mesures furent prises pour activer le service des embarcations, qui était organisé depuis lundi matin.

Dans la nuit du 3 au 4, des désastres impossibles à prévenir sont venus accroître la consternation. Trente-deux maisons formant la ligne de rue qui s'étend de la place de la Pyramide à St-Clément s'écroulèrent. Dans la journée du lendemain, on vit encore tomber plusieurs habitations. Les désastres se rapprochaient du centre de la ville. Deux maisons, dont l'une de huit fenêtres de façade, à grandes ouvertures de magasin et à trois étages, s'affaissèrent dans la rue Joséphine. Beaucoup d'autres menacent ruine.

L'*Hirondelle* n° 1, montée par M. Valette, agent-voyer, et par M. Boullay, conseiller de préfecture, a fait un troisième voyage d'exploration le mercredi 14 novembre. Elle s'est dirigée sur Varennes d'abord, où 15 maisons environ se sont écroulées. La population s'était retirée au château. A Rebigny, dans une maison isolée, on a vu trois bœufs et un cheval, que leurs conducteurs avaient élevés au-dessus des eaux au moyen de poignées de chanvre qu'ils mettaient sous leurs pieds, au fur et à mesure que les eaux croissaient. On proposa aux conducteurs de les prendre à bord ; mais comme ils tenaient à ce qu'on enlevât leur bétail avec eux, on fut obligé de les laisser, après leur avoir donné des vivres et indiqué un moyen facile de sauvetage.

De là, le paquebot s'est porté sur Créches, où l'on vérifia que plusieurs maisons s'étaient écroulées ; mais les habitants n'avaient pas besoin de secours, et ils indiquèrent St-Roman comme le lieu qui avait le plus souffert.

En effet, là on reconnut que, sur une centaine de maisons dont se composait le village, trois seulement étaient encore sur pied. Le paquebot a pu franchir les digues du pont, que les eaux recouvraient à 2 ou 3 mètres de hauteur. Les habitants de St-Roman s'étaient réfugiés à St-Symphorien, dont la partie basse a également souffert.

On s'est dirigé sur Dracé-le-Panoux (Rhône), en côtoyant Thoissey pour éviter le pont. A Thoissey, toute la partie basse était submergée ; des maisons s'écroulaient.

A Dracé-le-Panoux, commune considérable, que l'on parcourut avec des embarcations légères, la désolation était au comble. On peut évaluer à 200 le nombre des maisons qui avaient été englouties. Les fourrages, les récoltes et le mobilier avaient été perdus, car de toutes parts on les voyait surnager.

Ayant reconnu que, dans ces diverses communes, il y avait beaucoup de dégâts à constater, mais point de pertes à prévenir, le commandant du paquebot a fait virer de bord pour revenir à Mâcon.

Tout le monde loue le zèle, la vigilance et l'activité déployées par M. Delmas, préfet de Saône-et-Loire, qui a présidé sans relâche à cette œuvre de courage et d'humanité.

Le procureur du roi de Mâcon n'a cessé de parcourir en bateau les parties inondées pour empêcher les déprédations.

Le nom de M. Gardon, fondeur à Mâcon, propriétaire ou actionnaire principal d'un bateau à vapeur qu'il a consacré dans ces jours de détresse à cette œuvre d'humanité, et qui a porté sur les rivages de Montmerle, Thoissey, Griéges, Pont-de-Veyle, etc., un secours actif et incessant, est aussi proclamé par la reconnaissance de tous les citoyens, dont nous empressons d'être ici l'organe: la générosité est héréditaire dans cette noble famille d'industriels.

Les habitants de Louhans consternés ne croyaient avoir à redouter que le retour de l'inondation du 6 décembre 1825, la plus forte dont ils eussent conservé le récent souvenir, lorsqu'ils la virent dépassée bientôt de plus d'un mètre et demi. Alors tout l'espace qui sépare les collines de Châteaurenaud et Bran fut submergé et devint un lac d'où l'on voyait surgir un îlot contourné à l'ouest par un massif de grands arbres surmontés par le clocher; c'était Louhans....!

Les sinistres causés par cette immense masse d'eau, dont les débouchés n'étaient plus en rapport avec l'affluence qui alla toujours croissant pendant deux jours et trois nuits, sont plus faciles à concevoir qu'à énumérer.

DÉPARTEMENT DE L'AIN.

PONT-DE-VAUX.

Arrondissement de Bourg; canton de Pont-de-Vaux.

Pont-de-Vaux, le 29 novembre 1840.

Monsieur,

J'ai l'honneur de répondre aux questions que vous m'adressez par votre lettre du 18 du courant sur les circonstances de l'inondation qui a eu lieu dans cette ville, pendant les premiers jours du mois de novembre, afin d'en faire mention dans l'histoire que vous vous proposez de faire sur l'inondation des bassins du Rhône et de la Saône.

1° La hauteur moyenne des eaux dans les rues et sur les places a été environ d'un mètre dans une rue, et sur une place elles sont parvenues à une hauteur de 2 mètres 70 centimètres.

2° Le nombre des maisons écroulées est de 21.

3° Le total de l'évaluation des sinistres fait d'après une estimation rigoureuse est de 84,650 f.

4º Soixante familles sont réduites à une indigence plus ou moins absolue.

Le bureau de bienfaisance n'est pas resté en arrière de sa noble institution; des secours en vivres furent portés chez tous les habitants qu'on en croyait dépourvus.

Vous pourriez citer la population entière pour son empressement à se porter des secours mutuels, et surtout à offrir des appartements aux ménages qui avaient été contraints d'abandonner leurs rez-de-chaussée.

Agréez, monsieur, l'assurance de ma considération distinguée.

Le maire de la ville de Pont-de-Vaux,

André.

VÉSINE.

Monsieur,

Je m'empresse de répondre à votre circulaire du 18 novembre; voici ce que j'ai pu recueillir sur les suites de l'inondation à Vésine.

Dans cette commune, l'eau s'est élevée à quatre pieds et demi et dans quelques endroits à cinq pieds; au hameau des Bressures, elle n'a pas dépassé trois pieds et demi. Tous les habitants ont été obligés de chercher un asile dans les communes voisines; les sieurs Grégoire Claude, charron, Rivat Laurent, se sont montrés très empressés de venir au secours des pauvres inondés; ils ont mis tout ce qu'ils possédaient à la disposition des malheureux.

Les habitants des communes de Saint-Jean, Sancé, Senecé, Saint-Martin et Senozan, département de Saône-et-Loire, ont offert une généreuse hospitalité à ceux de Vésine.

Vésine a éprouvé de grandes pertes en bâtiments, mobilier, fourrages, dont l'évaluation en a été faite comme il suit :

Une maison, granges, écuries et murs de clôture. 6000 fr.
Mobiliers. 12000 fr.
Fourrages. 32000 fr.
Récoltes pendantes. 1032 fr.

Je citerai parmi les personnes qui ont montré le plus de zèle le sieur Gonet Jacques, mon frère, dont le domicile a servi de refuge à plusieurs familles.

Recevez, Monsieur, l'assurance de ma parfaite considération.

Le maire de Vésine,

Gonnet.

MANZIAT.

Arrondissement de Bourg-en-Bresse ; canton de Bagé. — 1541 habitants.

Manziat, le 3 décembre 1840.

Monsieur,

En réponse à votre circulaire du 18 novembre dernier, j'ai l'honneur de vous adresser la position des hameaux de la commune qui ont souffert de l'inondation de la Saône.

1° Hameau de Chanfant. 10 maisons inondées et écroulées, 8 inondées non écroulées ; la hauteur de l'eau dans les premières est de deux mètres, la valeur du sinistre est estimée 12000 fr.

Quatre familles sont réduites à l'indigence.

2° Le hameau de Pinoux. 2 maisons écroulées et 14 inondées avec quelques pertes qui peuvent s'élever à 2000 fr.

La plus grande hauteur des eaux dans les maisons inondées et écroulées est un mètre soixante centimètres.

Il a été de suite fait une quête par M. le maire et M. le curé qui a produit 600 fr.

Tous les habitants des hameaux non inondés ont montré un grand empressement à porter des secours aux inondés et à leur fournir des logements.

J'ai l'honneur d'être avec un profond respect,
Monsieur,

Votre très humble serviteur,

Le Maire de Manziat,

BROYER.

ASNIÈRES.

Arrondissement de Bourg-en-Bresse; canton de Bagé — 230 habitants.

Asnières, le 1er décembre 1840.

Monsieur,

Conformément à votre lettre en date du 18 novembre dernier, j'ai l'honneur de vous donner un détail des sinistres que l'inondation a causés dans la commune d'Asnières, canton de Bagé-le-Châtel, département de l'Ain.

1° La hauteur dans les principaux quartiers, 6 pieds.

2° Nombre de maisons écroulées, 3.

3° Total de la perte, 22000 fr.

4° Cinq familles réduites à l'indigence.

6° Les habitants ont conduit leurs bêtes à corne dans les communes de Saint-Martin et de Sénozan (Saône-et-Loire).

L'Hirondelle et une gondole à vapeur sont venus secourir les habitants et ils en ont conduit dans la ville de Mâcon. Ces deux bateaux ont été envoyés, dit-on, par M. le Préfet du département de Saône-et-Loire.

Recevez, Monsieur, l'assurance de ma parfaite considération.

Le Maire d'Asnières,

P. M.

CROTTET.

Arrondissement de Bourg; canton de Pont-de-Veyle.

Crottet, le 3 décembre 1840.

Monsieur,

Je réponds à la demande que vous m'avez faite sur les désastres de ma commune.

L'inondation de 1840 a frappé quatre hameaux de Crottet, appelés : Chavannes, les Piquants, la Ville-Neuve et Pré-Blanchet. Mais c'est celui de Chavannes qui a le plus souffert. Il est presque entièrement détruit. Les eaux s'y sont élevées, dans les bâtiments sur les lieux les plus élevés, à la hauteur de 1 mètre 78 centimètres, et ont dépassé de 1 mètre 20 centimètres le niveau de 1711 marqué à une maison construite en pans de bois, appartenant à la veuve Chambard.

De 51 maisons que ce village comprenait :

31 sont entièrement écroulées;

12 le sont en grande partie et par conséquent inhabitables ;

7 sont habitables au moyen de quelques réparations provisoires ;

Le village des Piquants a :

2 maisons entièrement écroulées ;

3 le sont en grande partie, mais habitables avec quelques réparations.

Celui de la Ville-Neuve a :

2 maisons entièrement écroulées ;

2 sont habitables avec quelques réparations.

Celui de Pré-Blanchet a :

3 maisons fort endommagées, mais habitables avec quelques réparations.

Total : 62 maisons d'habitation ont baigné dans les eaux, dont 35 sont entièrement écroulées, 12 ne le sont pas entièrement et 15 sont habitables avec quelques réparations.

60 ménages ont été délogés par le fléau ; 68 corps de bâtiments en ont souffert, et 23 familles en sont réduites à l'indigence.

Les eaux ont couvert l'étendue d'une lieue de largeur, dans ma commune, dont demi-lieue en prairie et demi-lieue en terrain cultivé.

Les points remarquables où les eaux de cette inondation ont flotté sont : aux Piquants, jusque contre les murs de la maison à la veuve Navoret et à la Ville-Neuve jusque contre les murs de la maison à François Navoret et dans la cour du fermier de MM. Deloche et Navoret.

Les pertes des désastres de Crottet sont de

70931 fr. 10 c. en bâtiments; de 24203 fr. en mobilier; de 30488 fr. 89 cent. en denrées de toute espèce; de 8620 fr. en bétail; et de 134242 fr. 99 cent. en totalité.

Nous n'avons pas encore pu évaluer la perte de nos terres ensemencées.

J'ai l'honneur d'être, Monsieur, avec une parfaite considération,

Votre très humble serviteur;

Le Maire de Crottet,

Niargicia.

Les eaux de la Reyssouze ont coupé, sur une assez grande étendue, la route départementale n. 7, à l'extrémité de la chaussée du pont de Pont-de-Vaux; elles ont abattu des arbres, des murs et un portail solidement construit. Les communications entre Mâcon et Pont-de-Vaux se sont trouvées interrompues; mais des mesures ont été prises pour les rétablir provisoirement.

A St-Julien, l'eau a gagné la route qui en est couverte à près d'un mètre de hauteur.

Au moulin de Corcelles, à quelques kilomètres de Pont-de-Vaux, les bâtiments d'écurie ont été emportés dans la nuit du 28 au 29; mais on a pu sauver les animaux. On craignait pour la maison d'habitation, que les propriétaires ont refusé d'abandonner. Une publication a été faite à Pont-de-Vaux pour inviter les habitants à aller porter du secours sur divers points envahis. Le maire s'est empressé de donner l'exemple. Il a été secondé avec zèle.

Le faubourg de Pont-de-Veyle, au-dessous du château, a vu toutes ses maisons emportées par les eaux; mais personne n'a péri. On a pu sauver dans un moulin des farines mouillées qui ont été aussitôt converties en pain pour la population.

M. de Parceval a prodigué dans cette circonstance son zèle, son intervention, sa bourse; c'est ainsi qu'on fait un noble usage d'une grande fortune.

Griéges a disparu en quelque sorte sous les eaux; 120 ménages sont sans asile.

La belle habitation de M. Bourdon s'est écroulée, lorsque sa femme et lui venaient d'en être arrachés presque de vive force.

Cormoranche a tout autant souffert : cent vingt-sept maisons sont écroulées. La maison d'école est tombée mercredi matin. Les habitants qui ont sauvé à grand'peine leurs mobiliers, recueillis à l'église, mais qui ont perdu toutes leurs récoltes, sont entassés dans les granges et les fenils, livrés à la détresse.

A Chavannes, petit hameau dépendant de la commune de Crottet, il ne reste qu'une maison debout.

Palanchon, hameau de Replonges, n'a pas conservé une maison sur 30. Le Puits-Guimain, autre hameau, n'a conservé que son église et une maison.

En général, les habitants ont pu heureusement fuir sur les hauteurs avec leur bétail, enlevant en partie leur mobilier à la hâte; mais grains, denrées, récoltes, tout est perdu. On a pu sauver les bestiaux qu'on a mis aux champs. Les cultivateurs affligés se sont réfugiés dans les granges, les fenils, etc.

A Feuillens, trente maisons sont tombées;

La Saône s'étend jusqu'à la Magdeleine, à près de 3 kilomètres sur la route royale de Bourg à Mâcon.

Autour de l'église de la Magdeleine, il ne reste rien, si ce n'est des façades en pierres et une maison en bois.

St-Laurent n'a perdu que deux maisons. La presque totalité des habitants de cette commune a déménagé et s'est réfugiée à Mâcon.

Le village de Montmerle, si connu par sa foire du mois de septembre, a eu le tiers de ses maisons emporté. Toute la partie basse de la grande rue, le long de la rivière, s'est écroulée.

Ces constructions étaient en pisé; une maison appartenant à M. Perraud, a conservé sa façade en pierre; c'est le seul pan de mur qui reste debout. Une maison carrée, destinée à recevoir tous les étalages, bancs, planches et baraques de la foire, quoique bâtie en pierre jusqu'au premier étage, a été emportée une des premières avec un effroyable fracas.

Dans la partie supérieure de la ville, 50 maisons ont été détruites. Une autre maison Perraud, fort bien construite, a résisté long-temps; mais on s'attendait à tout instant à la voir tomber. Deux magasins de blé ont été emportés avec leurs marchandises, l'un dans le bas, l'autre dans le haut de la ville. La récolte des vins est perdue; tout est englouti.

Les malheureux qui ont perdu leurs maisons se sont réfugiés dans l'église; deux cent soixante maisons se sont écroulées, ou sont prêtes à s'écrouler. C'était un spectacle déchirant que d'entendre le bruit de la destruction, et de voir de vastes maisons ne laisser d'autres traces de leur existence qu'un léger nuage de poussière.

C'est dans de pareilles circonstances que l'on peut juger de quelle importance il est pour une commune d'avoir à sa tête un maire dont la présence d'esprit, la fermeté d'âme, et les prévisions sûres puissent surmonter et dominer les plus affreuses catastrophes.

Dans ce grand désastre, M. Clodius Perraud, assisté de quelques personnes notables de Montmerle, constamment debout sur la place publique, a su, par sa présence, par des ordres donnés à propos et avec discernement, par une fermeté de caractère qui n'a pas failli un seul instant, secourir tous les malheureux, et préserver la commune de bien plus grands malheurs.

Honneur au magistrat qui, dans des moments si terribles ne craint pas d'exposer sa personne, en se mettant en butte aux intérêts privés, et en sacrifiant tout à l'intérêt général.

Il serait injuste de passer sous silence la conduite du respectable curé de Montmerle, dont le zèle et la charité ont été constamment au niveau de ces terribles circonstances. Le précepte de la charité, la soumission aux autorités et l'exemple ont été par lui continuellement prêchés.

Les deux églises ont reçu les meubles des naufragés. L'autorité du maire ayant été quelquefois méconnue parmi une population nombreuse, ruinée et exaspérée, un détachement du 51me régiment a pris ses quartiers dans l'église (faute d'autre local), pour prêter main-forte et appui à l'autorité. Une brigade de gendarmerie est venue de Meximieux pour maintenir l'ordre dans le désordre général.

Dès les premiers jours de l'inondation, M. Bouvier-Bonnet, secrétaire-général de la préfecture de l'Ain, n'a pas craint de s'aventurer, au milieu des routes rompues, pour venir encourager les inondés, soutenir l'autorité, prendre des mesures de circonstance, et promettre des secours. Honneur à ceux qui savent comprendre leurs devoirs, et se rendre utiles à l'humanité.

Au port de Murs, une tuilerie, un four à chaux sont enlevés.

Dracé a été emporté ou dévasté.

Anse a eu plusieurs maisons abattues.

Le port de Belleville a été enlevé; on n'a rien pu saisir des marchandises qui se trouvaient dans les magasins.

A Guéreins, une quarantaine de maisons se sont écroulées.

Thoissey a payé un terrible tribu. Plus de 40 maisons de cette ville se sont écroulées. Toutes celles qui sont bâties en pisé, et tous les pans de murs en pisé dans les maisons en pierre, ont disparu dès qu'ils ont été atteints par les eaux, entre autres, toutes les maisons du port, vingt maisons environ qui s'étendent de la maison de Litta à la maison Magnin-Aubert ; cette maison, elle même, bâtie sur pilotis, a ses fondations minées. Il en est de même du quartier situé auprès de la Chalaronne et du canal, et de la maison du pépiniériste Bressand, etc.

Des façades en pierre sont encore debout ; l'intérieur a disparu sous l'effort des eaux. L'église, le collége, l'hôpital, le couvent des Ursulines sont debout ; ils n'ont perdu que des dépendances. L'aumônerie a disparu. Beaucoup de maisons minées ou crevassées inspirent de sérieuses inquiétudes.

Le 2, le 3 et le 4 novembre, les ouvriers de toute profession étaient occupés à étamper les maisons. M. le comte de Valeins a autorisé à couper pour cette destination tous les arbres de son avenue, qu'il a généreusement donnés.

En voyant les eaux croître d'une manière aussi menaçante, chacun heureusement s'était hâté de sauver son mobilier. Le brigadier de gendarmerie Tavernier est hautement signalé par les habitants à la reconnaissance publique. Il n'a cessé de courir, avec un char suisse attelé de son cheval, sur tous les points les plus en danger pour porter des secours, une aide utile et des consolations, disputant, arrachant aux eaux les personnes, les mobiliers que venaient ensuite enlever d'autres voitures. M. le maire de Thoissey, la compagnie des pompiers et d'autres personnes ont aussi parcouru jour et nuit les parties inondées, soit en bateaux, soit en radeaux. On se loue enfin beaucoup du zèle déployé par M. le curé de Thoissey, ainsi que par d'autres citoyens. Mais le mal est affreux et en partie irréparable.

Deux hameaux de la belle commune de Saint-Didier-de-Chalaronne, *la Platte* et *Bourg-Chanin* sont entièrement démolis; celui de *Merège* s'est écroulé en partie; ces trois hameaux forment le tiers de cette grande commune.

Dans la nuit du 29 au 30, une seconde inondation bien plus forte que celle de la veille a envahi tous les bas quartiers de la ville de Bourg, les rues du Gouvernement, Pêcherie, Mercière, rue Neuve, etc., et a causé dans plusieurs magasins des dommages considérables. A 10 heures du soir, les communications étaient interrompues, et l'eau se frayant un courant par les égouts ou par l'intérieur des habitations baignait complètement les bas quartiers. Dans quelques magasins, elle a atteint près d'un mètre de hauteur, malgré les précautions prises pour s'en préserver. La crue a continué jusqu'à une heure du matin, pour décroître ensuite peu à peu, et à neuf heures, les eaux étaient partout retirées de l'intérieur de la ville.

Dans le faubourg du Jura et dans les prairies du vallon de la Reyssouze, les eaux, resserrées à leur débouché par les ponts et les moulins, s'étaient frayé des courants qui traversaient le faubourg et la route royale.

Suivant un rapport de M. le maire de Feuillens, il y a dans cette commune 60 à 80 maisons écroulées. Trente familles sont réduites à la plus grande détresse, n'ayant ni asile, ni vêtements, ni pain. M. le maire ne comprend dans cette catégorie que les habitants les plus nécessiteux. Ce magistrat s'est concerté avec le desservant de la commune et les notables, pour donner les premiers secours.

Le 3, il restait 260 personnes à St-Laurent; il y a eu dans la maison du sieur Lagnier un incendie causé par le combustion spontanée de 6 à 7 mètres de chaux vive qui étaient dans ses magasins. On s'est heureusement rendu maître du feu ; mais un gendarme et plusieurs habitants ont eu les jambes brûlées en portant des secours. Les autorités ont fait porter du pain en bateau aux personnes qui en manquaient.

Au hameau des Dimes, des habitants ont été obligés de monter à leurs greniers pour éviter la crue ; une pauvre veuve et ses enfants qui, loin de tout secours et réduits à des cris impuissants, avaient excité la sollicitude des habitants du faubourg, ont été préservés par le zèle de plusieurs hommes courageux, et ramenés en ville sur des chars que le maître de poste a fournis. Un homme s'est mis à l'eau jusqu'aux épaules pour les emporter dans ses bras.

Les gendarmes ont aussi parcouru à cheval toute la vallée, pour porter ou diriger les secours, avec un empressement louable.

A Méssimy, tout un côté du hameau de la rue basse est tombé.

Le village de Rivière, en face, sur la rive droite du fleuve, qui contenait tant de richesses en bois de construction, en merrain, des pièces de vin par milliers dans ses entrepôts, est rasé; le fleuve coule sur ses décombres.

Le beau village de Beauregard n'existe plus. Une seule maison reste debout dans cette grande rue qui formait presque tout le village. Le hameau de Farems-lès-Beauregard, s'est aussi écroulé en entier; il n'y reste plus qu'une seule maison.

Trévoux par sa position a été préservé, on n'y compte que quelques maisons écroulées.

A Bourg, un mur de cour s'est écroulé dans l'hospice de St-Lazare et deux autres menacent ruine. Le préau, place sur les anciens fossés de la citadelle, a été couvert à une grande hauteur.

Ces inondations ont eu des résultats funestes aux cultures de la Dombe.

Situés dans les parties basses, les étangs semblaient former une seule masse d'eau sur le terrain inondé. Des chaussées ont été couvertes à plus d'un mètre de hauteur. L'empoissonnage a été en partie entraîné dans les rivières ; la perte sera considérable dans les étangs destinés à être pêchés cette année.

Dans les étangs en assec, le sinistre n'a guère été moindre. Les *épies* n'ont pu suffire à l'écoulement des eaux qui les submergeaient ; il a fallu sur plusieurs points faire des tranchées dans les chaussées. Dans ce sol détrempé les semences sont perdues.

Heureusement ces inondations ont trouvé le sol affermi et le gazon encore en végétation ; à une autre époque de l'année, au dégel, par exemple, une telle inondation eût été un fléau bien plus grand encore ; les chaussées eussent pu être emportées, et la rupture de l'une entrainant habituellement celle de plusieurs autres, quelques-unes de nos villes auraient pu être couvertes ou englouties par les eaux.

A Châtillon-sur-Chalaronne, quelques bâtiments et presque tous les murs de clôture en pisé, se sont écroulés.

La commune de Lapérouse a été submergée sur plus de la moitié de sa surface.

Recensement
des maisons écroulées dans les trente-cinq communes du littoral de la Saône, département
de l'Ain.

Sermoyer, 1 ; — Arbigny, 1 ; — Pont-de-Vaux, 16 ; — Gorrevod, 4 ; — St-Étienne-sur-

Reyssouze, 1 ; — Boz, 1 ; — Manziat, 14 ; — Asnières, 2 ; — Vésines, 1 ; — Feillens, 96 ; — Replonges, 41 ; — St-Laurent, 6 ; — Crottet, 57 ; — Pont-de-Veyle, 24 ; — Grièges, 106 ; — Cormoranche, 115 ; — Laiz, 6 ; — Thoissey, 97 ; et 60 fortement endommagées ; — St-Didier-de-Chalaronne, 64 ; — Mogneneins, 1 ; — Pézieux, 4 ; — Genouilleux ; 5 ; — Guéreins, 17, et 14 endommagées ; — Messimy, 14, et 7 endommagées ; — Montmerle, 260, et 5 endommagées ; — Beauregard, 36 ; — Fareins-les-Beauregard, 19 ; — Frans, 2 ; — Jassans et Riottier, 22 ; — St-Bernard, 28 ; — Trévoux, 12 ; Messieux, 1 ; — Parcieux, 5 ; — Reyrieux, 7. — Total : 1086 maisons détruites et 86 fortement endommagées.

DÉPARTEMENT DU RHONE.

DRACÉ.

Arrondissement de Villefranche; canton de Belleville. — 826 habitants.

Les routes au-delà du pont d'Anse ont été considérablement endommagées.

120 ménages sans habitations, 8 ou 10 bêtes à cornes noyées, personne n'a péri. On a sauvé à peu près la moitié de la récolte en blé. Les fourrages et les mobiliers ont été ensevelis sous les décombres. Il y a eu 100 maisons écroulées.

TAPONAS.

Arrondissement de Villefranche; canton de Belleville. — 318 habitants.

50 Maisons écroulées. L'on a sauvé le tiers du blé. Les pommes de terre sont perdues, et il n'y a pas de menu grain qui ait été préservé de l'inondation. Les mobiliers et fourrages ont subi le même sort. Les bestiaux ont été sauvés.

BELLEVILLE.

Arrondissement de Villefranche; canton de Belleville. — 2436 habitants.

200 maisons, les entrepôts de vins de MM. Lafont, Dumas, Soitel et quelques autres se sont abîmés sous les eaux. Ce sont des constructions d'une grande valeur.

St-GEORGES-DE-RENEINS.

Arrondissement de Villefranche; canton de Belleville. — 2555 habitants.

Ecroulé, 60 maisons de maîtres.
56 bâtiments d'exploitation de diverses espèces,

Total : 116 constructions toutes contenant des mobiliers, des denrées et des marchandises dont la valeur ne saurait être appréciée.

M. Canard, le propriétaire le plus aisé de Port-Rivière, a perdu, à lui seul, 11 bâtiments non compris ses vins.

ARNAS.

Arrondissement de Villefranche; canton de Villefranche. — 694 habitants.

15 ou 20 maisons perdues, éparses sur les bords de la route royale.

Perte générale . . . . 63,805 f.

3 maisons d'habitation et plusieurs bâtiments d'exploitation.

MM. Bernard (Philippe) de Chavanne. 31,355 f.
de Fleurieu 17,755
Marion (Louis) de Chavanne. . 7,300
Bernard, fermier de M. de Fleurieu 3,250
Danguin (François) 2,766
Danguin (Claude) 1,484

Total 63,805 f.

OUILLY.

MONTANT DES PERTES.

En immeubles de toute nature . . 750 f.
Marchandises, semences et effets mobiliers 1,002
TOTAL: 1,752

Nombre de perdants : 7.

VILLEFRANCHE.

Chef-lieu d'arrondissement. — 6460 habitants.

Dévastation de marchandises en magasins, dévastation à l'église, à l'hospice, à la caserne de la gendarmerie, au Palais-de-Justice, et surtout à la

Sous-Préfecture dont le rez-de-chaussée est gravement altéré, y compris le mobilier du sous-préfet.

Proclamation du Sous-Préfet de Villefranche.

Habitants de l'arrondissement de Villefranche !

D'affreux désastres viennent d'avoir lieu et se continuent encore en ce moment soit dans la ville de Lyon, soit dans les parties voisines de la Saône qui, hors de son lit depuis huit jours, a dépassé en élévation les plus hautes crues qu'ait signalées le dernier siècle. Des malheurs incalculables ont été jusqu'à présent la conséquence de cet état de choses. Des villages entiers s'écroulent. Les produits de toute nature auxquels ils servaient d'entrepôts sont détruits ou entraînés par l'inondation. Les villes de Villefranche, d'Anse, de Belleville, les communes d'Ambérieux, de Béligny, d'Arnas, de St-Georges, de Saint-Jean-d'Ardières, de Dracé, de Taponas; les ports de St-Bernard, de Frans, de Beauregard, de Rivière, n'offrent plus, dans certaines parties, que des monceaux de ruines, et à côté d'eux, la misère nue et sans pain qui appelle la société tout entière à son secours.

Vous répondrez à cette plainte déchirante, mes chers concitoyens. J'invoque vos offrandes en faveur des victimes que l'inondation réduit au désespoir. Le nombre en est grand, car, outre les habitations situées sur le littoral de la Saône, celles voisines des rivières de l'Azergues, de la Turdine, de la Vauxonne, du Morgon et de plusieurs autres affluents, ont été détruites elles-mêmes, ou ont essuyé des dégâts considérables. Il y a donc urgence à réaliser, dans le plus prompt délai, le bienfait que j'attends de vous. Dans ce but, MM. les membres du conseil-général et du conseil d'arrondissement, MM. les juges de paix, les maires, les notaires, les percepteurs, sont instamment priés de provoquer, par toutes les voies possibles, les dons de la charité publique; après quoi, réunis en conseil dans chaque commune, ils voudront bien charger l'un d'entre eux de les recueillir et de m'en faire immédiatement l'envoi, afin que la commission de secours dont je vais fonder les bases au chef-lieu et dont je me réserve la présidence, puisse en effectuer la répartition sur le vu des procès-verbaux de pertes régulièrement dressés par MM. les maires, à la sollicitude desquels je confie surtout l'exécution de cette œuvre de bienfaisance.

Les noms des souscripteurs ainsi que le chiffre des offrandes remises entre mes mains seront plus tard rendus publics, et j'aviserai à ce que toutes les garanties de sûreté et d'impartialité soient offertes aux donateurs.

Dans leurs paroisses, MM. les curés s'uniront aussi, je l'espère, aux notables et aux fonctionnaires municipaux. Ils useront de leur influence morale pour étendre partout le bienfait des souscriptions individuelles (indépendamment de celles qui déjà pourraient avoir eu lieu dans l'intérêt de certaines communes ou de certaines familles). La religion et le gouvernement réclament leur concours. Ce ne sera pas en vain que je l'aurai sollicité.

Habitants de l'arrondissement de Villefranche! aidez-moi à fermer la plaie du malheur; et que ma voix, déjà bien connue de vous, ne soit pas inutile à l'humanité souffrante en présence de l'horrible fléau qui pèse sur nos contrées.

Villefranche, le 7 novembre 1840.

Le sous-préfet de Villefranche,
SYLVAIN BLOT.

BELIGNY.

Arrondissement de Villefranche; canton de Villefranche. — 760 habitants.

Beligny, le 24 novembre 1840.

Monsieur,

La commune de Beligny, située entre la Saône et Villefranche a subi deux inondations, d'abord celle du Morgon qui la traverse, et presque immédiatement celle de la Saône. Vingt-huit maisons, six magasins de vins, autant de hangars et écuries isolés des habitations, se sont écroulés; plus de soixante ménages se trouvent sans asile, et n'ont pu sauver qu'une faible partie de leurs mobiliers, les pertes s'élèvent au moins à deux cent mille francs; elles sont d'autant plus sensibles qu'elles atteignent de petits propriétaires qui n'ont pas de quoi rétablir leurs maisons. Au milieu de ce désastre, on n'a eu à déplorer que la perte d'un seul homme.

J'ai l'honneur d'être avec une parfaite considération, Monsieur,

Votre très-humble serviteur,
REVIN.

ANSE.

Arrondissement de Villefranche; canton d'Anse. — 1179 habitants.

Je me borne à vous citer les désastres les plus considérables et les plus terribles. Les trois quarts au moins de la partie agglomérée de la ville ont été submergés. Plusieurs habitations ont eu de l'eau jusque dans les chambres du 1er étage. Il existait 2 mètres d'eau sur la nouvelle traversée de la route royale.

On compte en bâtiments écroulés 3 parties de maisons de maîtres, et une tuilerie, dans la partie agglomérée deux habitations complètes, une écurie et un fenil, dans la partie rurale; le tout bâti en pisé.

Beaucoup de denrées sont avariées dans les habitations et quantité de meules de paille ont été entrainées par les eaux.

La grande levée tendante à la Saône a été coupée en plusieurs endroits, quelques arbres arrachés.

De tous les événements survenus le même jour, le plus funeste est celui dont Mad. Mallachard et son beau-frère ont été victimes. Ils revenaient d'un village voisin de Villefranche, avec un char de côté, et avaient atteint le pont de la Claire, lorsque le cheval, en reculant, effrayé par le bruit des eaux, les a précipités dans le torrent, profond de plus de trente pieds. C'est le lendemain seulement que les eaux ont rejeté sur la prairie voisine les deux cadavres. Le conducteur du char avait pu se jeter à terre avant la chute dans le torrent.

AMBÉRIEUX.

50 à 53 bâtiments principaux détruits par l'inondation. Les pertes vérifiées avec tout le soin possible par le maire, les conseillers municipaux et M. Peyré, membre du conseil général, sont estimés y compris le mobilier à 150,050 francs.

QUINCIEUX.

Arrondissement de Lyon ; canton de Neuville. — 1050 habitants.

48 maisons écroulées.

10 ou 12 ébranlées menacent ruine.

Toutes les récoltes, les meubles, les approvisionnements sont perdus.

Total des pertes, 132,960.

Sans comprendre les pertes des terres ensemencées.

Le conseil municipal a voté des remerciments au pontonnier de Trevoux, Paul Forest, dont le dévouement et l'intrépidité ont puissamment contribué à sauver des plus grands dangers, toute une population du hameau de Varennes, et a ordonné qu'une copie de la délibération, en ce qui le concerne, lui soit adressée par le maire de la commune.

St-GERMAIN-AU-MONT-D'OR.

Arrondissement de Lyon ; canton de Neuville. — 750 habitants.

Pertes: 16 maisons.	42,600 f.
9 fabriques et magasins	23,450
Denrées	13,600
Mobiliers	2,600
Total.	82,250 f.

NEUVILLE.

Neuville-sur-Saône, 2 janvier 1841.

Monsieur,

En réponse à votre lettre du 29 décembre dernier, j'ai l'honneur de vous transmettre, ci-joint les notes suivantes.

1º La Saône s'est élevée dans notre commune à 9 mètres au-dessus de son étiage et à 2 mètres 20 centimètres au-dessus du niveau donné par les eaux en 1799. L'Hôtel-de-Ville, un des points les plus culminants de la grand'rue a eu, chose inouie, 33 centimètres d'eau, et l'église, 1 mètre 7 centimètres.

2º 113 maisons ou corps de bâtiments sont écroulés.

3º L'évaluation des pertes mobilières ou immobilières s'élève à la somme de 806,036 francs.

4º 83 familles se sont trouvées sans logement; 49 ont pu ensuite se loger à leurs frais et, 34 réduites à l'indigence par suite de l'inondation ont été logées par les soins de l'administration municipale.

5º L'autorité locale a, dans ces malheureuses circonstances, déployé tout ce que son zèle et sa vigilance pouvaient mettre en usage pour le maintien de l'ordre, la sûreté des personnes et la garde des mobiliers et des épaves, pour prévenir les malheurs et pourvoir au secours des inondés. Elle a en outre entretenu une correspondance très-active avec la préfecture, tant pour prendre ses instructions, que pour la mettre au courant des progrès de l'inondation et de la suite des événements si abondants en ces jours infortunés. A son énergique opposition, on doit la conservation du pont suspendu.

Vous parler du dévouement de tous les habitants en général, est un devoir ; mais surtout de celui des patrons et mariniers, des sapeurs-pompiers et de la garde nationale. Dirigés par l'autorité municipale tous ont rivalisé de zèle et d'intrépidité, et nous n'avons eu à déplorer la perte de personne.

Ce serait commettre une injustice que de ne point signaler à la reconnaissance publique les frères Ampaires, patrons, les sieurs Décraud Joseph, Lamothe, Bolezat Laurent, et Fanton Jean-Baptiste, pompiers, et Lambert Jean-Baptiste, cafetier. Ils ont presque tous abandonné leurs propres affaires pour sauver et les personnes et les mobiliers les plus en danger. Les frères Delaigne méritent aussi une mention honorable et beaucoup d'autres qu'il serait trop long de nommer ou qui sont moins connus.

Je ne m'attacherai point à vous peindre l'horreur que nous éprouvions en entendant autour de nous, et le jour et la nuit, crouler les maisons avec un bruit si sinistre et si épouvantable. Je ne vous parlerai point de ces cris déchirants qui partaient de tous les coins de la ville, du désespoir de tant de malheureux qui étaient éplorés et sans pouvoir rien sauver des dernières ressources de leur fortune inondée. C'était un spectacle bien affligeant de voir des familles entières obligées de quitter leur toit hospitalier par des routes inaccoutumées. On a vu même des hommes avec le simple habit que la décence ne permet pas de quitter, courir dans les rues et au milieu des flots pour sauver quelques débris de leur fortune. En un mot, des tableaux dignes de la fin du monde ou du déluge universel se sont présentés sous mille formes.

Je suis bien long, monsieur, je me hâte de terminer la présente dont vous ferez tel usage que vous jugerez convenable et, je vous prie en même temps d'agréer l'assurance de ma parfaite considération.

Le maire de Neuville,
TRAMOY.

CURIS.

MONTANT DES PERTES.

En immeubles de toute nature . . 8,000 f.
Marchandises, semences et effets mobiliers 2,000
TOTAL : 10,000

Nombre de perdants : 1

ALBIGNY.

Arrondissement de Lyon; canton de Neuville. — 400 habitants.

Monsieur,

J'ai reçu avant-hier seulement votre circulaire du 18 de ce mois que vous m'avez fait l'honneur de m'adresser, pour me demander des renseignements sur les pertes causées à la commune par la terrible inondation qui vient de dévaster nos malheureuses contrées.

Je ne pourrai qu'imparfaitement satisfaire à cette demande, parce qu'il ne nous a pas encore été possible de faire un recensement exact de la nature et par conséquent du montant de toutes les pertes; cependant je m'éloignerai peu de la vérité dans les documents que je vais vous fournir, recueillis par moi avec une scrupuleuse recherche, et dont j'ai déjà adressé le résultat à M. le Préfet et à l'administration des contributions directes.

Les voici:

Dès le lundi 2 novembre, la Saône croissant depuis plusieurs jours avec une étonnante rapidité, atteignit le sol des maisons de Villevert, hameau considérable de la commune, au débouché du Pont-de-Neuville, situées sur le rivage du fleuve; bientôt elles furent envahies par les eaux, au point de ne plus permettre à leurs malheureux habitants épouvantés de ne sauver ni meubles, ni effets, ni denrées.

Le mardi 3, la crue des eaux continuant avec une plus grande rapidité encore, tout le sol que couvre ce malheureux hameau fut submergé, et plusieurs maisons, dont la base seulement était construite en maçonnerie à une plus ou moins grande élévation, une fois atteintes au pisé, écroulèrent en ensevelissant sous les décombres tout ce qu'elles renfermaient.

Le mercredi 4, l'élévation effrayante des eaux atteignit bientôt une hauteur telle qu'il ne restait aucune maison qui ne fût menacée; la moitié au moins de celles qui existaient encore au hameau de Villevert céda à la fureur de cette espèce de déluge, la mienne fut du nombre.

Au bourg d'Albigny situé sur un point plus élevé, les maisons les plus près du rivage, furent également atteintes, et deux écroulèrent ce jour-là.

Le jeudi 5, les eaux atteignirent le plus haut période de leur élévation, et achevèrent l'œuvre de destruction qu'elles opéraient depuis quatre jours.

On porte cette épouvantable élévation à quatre mètres environ au-dessus des plus fortes crues connues par la génération actuelle.

L'affligeant résultat de cette fatale catastrophe, pour notre malheureuse commune, et particulièrement pour le beau et considérable hameau de Villevert, qui en formait près de la moitié, ne peut se retracer sans déchirer l'âme. Ce hameau qui contenait cinquante-quatre maisons d'habitation grandes ou petites ne présente plus qu'un monceau de ruines.

Trente-huit de ces maisons sont entièrement détruites, dix sont gravement endommagées par des éboulements partiels qu'elles ont éprouvés, et six seulement ont résisté à la fureur des eaux, dont deux maisons bourgeoises; une d'elles est l'unique dans cette localité que les eaux n'aient pas atteinte.

Au bourg d'Albigny, trois maisons ont été renversées, deux fortement endommagées, et deux autres un peu moins.

Quelques-unes des maisons détruites n'étaient pas habitées; mais par la destruction de celles qui étaient occupées trente-deux familles sans asile ont été recueillies en partie par les habitants de la partie de la commune qui a été à l'abri du fléau, et le reste, les plus malheureux notamment, dans la commune voisine de Curis, dont la bienfaisance envers les malheureuses victimes s'est manifestée d'une manière exemplaire.

Douze de ces familles se trouvent plongées dans la misère la plus complète.

L'évaluation des sinistres, très-rapprochée du chiffre réel qui ne pourra être fixé que lorsque les eaux étant retirées, la commission nommée à cet effet aura constaté définitivement leur montant, est présentée de la manière suivante:

Maisons, bâtiments ruraux et murs de clôture

détruits ou endommagés . . . . 205,000 »

Ateliers, magasins, outils ou métiers de fabrique et marchandises . 18,000 »

Denrées, vivres, vins, bois de chauffage, charbons, fourrage, paille, ... 12,000 »

Meubles, linge, habillements et autres effets, ... 15,000 »

Bestiaux perdus. . . . . . 300 »

A quoi il faut ajouter les récoltes pendantes dans les terres inondées qui sont entièrement perdues; plus, la corrosion de ces terres. Ce qu'on ne peut encore évaluer.

Une grande partie des habitants de la commune qui n'étaient pas menacés par le fléau, se sont empressés d'accourir au secours de leurs malheureux concitoyens.

Le maire, l'une des principales victimes du désastre, ne doit pas parler de lui; mais en signalant le zèle et l'empressement du plus grand nombre de ses administrés, pour prêter assistance aux infortunés, il est de son devoir de distinguer particulièrement M. Jacques Roullet, son adjoint, qui s'est montré infatigable jour et nuit pendant les quatre terribles journées des 2, 3, 4 et 5.

Vous excuserez l'incohérence des détails que je viens de vous donner; pressé d'occupations de tout genre, c'est à la hâte que j'ai jeté cette relation sur le papier, afin de vous la faire parvenir sans retard. A travers le désordre avec lequel elle est tracée, je ne doute pas cependant que votre discernement ne vous y fasse connaître l'énormité des maux que nous avons soufferts et ceux qui pèsent encore sur nous.

J'ai l'honneur d'être, Monsieur, avec considération votre dévoué serviteur,

Le maire d'Albigny,
VERNÈRE.

P. S. Nous n'avons heureusement à déplorer la perte d'aucune victime.

FLEURIEUX-SUR-SAONE.

Arrondissement de Lyon ; canton de Neuville. — 376 habitants.

Monsieur,

J'ai l'honneur de répondre à votre lettre en date du 18 novembre dernier, par laquelle vous me demandez de vous envoyer le résultat du recensement des sinistres qui ont affligé notre commune.

Les voici :

1º La hauteur des plus hautes eaux dans notre commune a été de quatre mètres.

2º Une maison écroulée évaluée à cinq mille francs.

3º Un hangar écroulé évalué à trois cents francs.

4° Aucune famille froissée ni réduite à l'indigence.

Daignez agréer, Monsieur, mes salutations très sincères; je suis avec la considération la plus distinguée votre très-humble serviteur,

Le maire de Fleurieux-sur-Saône,
Antoine VENDZUERS.

FONTAINES.

Arrondissement de Lyon ; canton de Neuville. — 1480 habitants.

MONTANT DES PERTES.

En immeubles de toute nature . .	279,010 f.
Marchandises, semences et effets mobiliers.	39,150
TOTAL :	318,160

Nombre de perdants : 74.

COUZON.

MONTANT DES PERTES.

En immeubles de toute nature . . .	17,224 f.
Marchandises, semences et effets mobiliers	22,984
TOTAL :	40,205

Nombre de perdants : 94.

ROCHETAILLÉE.

Arrondissement de Lyon ; canton de Neuville. — 519 habitants.

Pertes immeubles ou constructions
détruites ou endommagées . . . 83,455 f.
Mobiliers 18,700
Fourrages, marchandises . . . 18,970

121,124 f.

Nombre de perdants : 47.

Rochetaillée, le 25 novembre 180.

Monsieur,

Je réponds à votre circulaire du 18 qui ne m'est parvenue qu'aujourd'hui.

La Saône dans ma commune s'est élevée à dix mètres au-dessus de ses basses eaux; elle a envahi d'un mètre et demi les premiers étages des maisons du quai; dans l'église, elle est montée au-dessus de la porte et jusqu'à l'inscription qui y est placée, et quelques centimètres encore de plus elle allait renverser un groupe de vingt-cinq maisons environ qui forment le quartier dit du Trève. Le nombre des bâtiments écroulés, sans comprendre bon nombre de murs de clôture, arrive à trente, et une estimation consciencieuse faite par des hommes éclairés porte le chiffre des sinistres à un peu plus de 124,000 f.

C'est là une cruelle leçon pour les habitants de nos belles rives ; ils savent maintenant qu'il n'y a pas sympathies entre l'eau et les murs bâtis en terre, et dorénavant les constructeurs ne seront plus tentés d'employer autre chose que de la bonne pierre.

Grâce à l'empressement des habitants des maisons à l'abri de l'inondation, tous les naufragés ont été recueillis, et au moyen des secours qui ne se sont pas fait attendre, soit de M. le préfet, soit de l'archevêché, soit de la bienfaisance publique, les nécessiteux ont été secourus; puissent ces secours se continuer pour l'hiver qui approche !

Je désire que ces renseignements vous soient utiles pour la rédaction de l'ouvrage que vous entreprenez, ouvrage qui, entr'autres mérites, aura celui d'éclairer nos descendants sur leurs véritables intérêts; si d'autres à ma disposition pouvaient vous être nécessaires je m'empresserai de de vous les fournir.

Je vous offre, monsieur, l'hommage de mes sentiments distingués.

Le maire de Rochetaillé,

P. A. HENRY.

COLLONGE.

Arrondissement de Lyon ; canton de Limonest. — 904 habitants.

Monsieur,

J'ai l'honneur de vous adresser ci-inclus le détail des événements qui se sont passés dans ma commune lors de l'inondation des 1, 2, 3, 4 et 5 novembre 1840, tel que vous me le demandez.

Le 1er novembre au soir, la rivière abordait à peine la hauteur qu'elle atteignit en 1799; quelques habitants voyant la rapidité de son accroissement jugèrent à propos, malgré la pluie qui tombait par torrent, de quitter leurs maisons et mettre leur mobilier en sécurité, d'autres firent étayer leurs maisons, vaines précautions : car le lundi, 2, elles s'écroulent; six maisons disparaissent sous les eaux, tandis qu'elles envahissent les autres maisons du littoral, dont les habitants sont dans la plus complète désolation, car la rivière devient de plus en plus menaçante : chacun cherche des moyens pour sauver son mobilier, ses bestiaux et fuir de sa maison emportant ce qu'il peut sauver; mais la rivière croît avec une telle rapidité qu'elle ne leur laisse pas assez de temps, car dans l'espace de douze heures elle a cru de 85 cent.

Voyant cela, je me résolus de rester en permanence chez moi nuit et jour pour recevoir les rapports qui me seraient faits, et ordonner les mesures à prendre; j'envoyai donc le sieur Pierre Genevay, garde-champêtre, parcourir le littoral pour s'assurer si les moyens de sauvetage étaient suffisants, mais partout le zèle des habitants avait secondé mes intentions, et tous ou presque tous s'y sont portés avec spontanéité; mais le temps était trop court, car le 3 et le 4 novembre, jours à jamais néfastes pour notre malheureuse commune, vingt-quatre autres maisons écroulent avec fracas, nous laissant cependant la consolation de n'avoir à déplorer la perte d'aucun individu.

Tous les habitants de la commune ont fait tout ce qu'on pouvait attendre d'hommes humains et bienfaisants, et ils ont tous été frères en cette circonstance.

Le mercredi 4, ayant été averti par le garde-champêtre que des barques parcouraient les bords de la rivière, et rôdaient autour des propriétés écroulées, cherchant à exploiter à leur profit les décombres, seules ressources de quelques inondés, je convoquai à l'instant le conseil municipal pour délibérer et former une garde qui pût faire nuit et jour des patrouilles pour garder les propriétés. Ma proposition fut reçue avec joie non-seulement par le conseil municipal mais par tous les habitants qui s'y rendirent avec un zèle digne d'éloges, et à l'instant les barques disparurent.

Malgré tous les moyens employés, malgré le dévouement des habitants, la perte de notre commune est immense, car elle s'élève à la somme de 348,265 f., suivant la vérification faite par le contrôleur des contributions directes et quatre commissaires que j'ai nommés à cet effet, et qui ont constaté trente maisons écroulées, d'autres fortement endommagées, sans compter les murs de clôtures renversés, les arbres arrachés, les récoltes perdues, et nombre de familles ruinées.

Il est à constater, en outre, que ma malheureuse commune a perdu cette année la moitié de sa récolte par la grêle et que, malgré tous ces maux une quête faite à domicile par M. le curé et moi a produit . . . . 848 82 f.

Et celle faite à l'église et versée à l'archevêché a produit. . . . . 182 30 f.

Total 1,001 12 f.

Ce résultat peut donner une juste idée et faire apprécier la bienfaisance des habitants de ma commune, ces faits parlent plus haut que tous les récits qu'on peut faire.

Le maire de Collonges,
ARNAUDET.

SAINT-RAMBERT.

MONTANT DES PERTES.

En immeubles de toute nature . : 240,250 f.
Marchandises, semences et effets mobiliers 41,295
Total : 281,545

Nombre de perdants : 56.

CALUIRE.

MONTANT DES PERTES.

En immeubles de toute nature . . 305,400 f.
Marchandises, semences et effets
mobiliers 82,360
TOTAL : 387,670

Nombre de perdants : 72.

COMMUNES INONDÉES

PAR LES AFFLUENTS DE LA SAONE.

INONDATION DE L'AZERGUE, LA TURDINE, LA MAUVAISE, ET AUTRES AFFLUENTS DE LA SAONE.

LUCENAY.

MONTANT DES PERTES.

En immeubles de toute nature . . 8,340 f.
Marchandises, semences et effets mobiliers 3,840
Total : 12,150

Nombre de perdants : 56.

CIVRIEUX.

MONTANT DES PERTES.

En immeubles de toute nature . . . 48,150 f.
Marchandises, semences et effets mobiliers 943
Total : 49,093

Nombre de perdants : 37.

LES CHÈRES.

MONTANT DES PERTES.

En immeubles de toute nature . . . 15,500 f.
Nombre de perdants 7

BESSENAY.

MONTANT DES PERTES.

En immeubles de toute nature . . 6,000
Nombre de perdants : 6.

MARCILLY.

MONTANT DES PERTES.

En immeubles de toute nature . . . 5,695
Marchandises, semences et effets mobiliers 274
                  TOTAL : 5,996
Nombre de perdants : 23.

NUELLES.

MONTANT DES PERTES.

En immeubles de toute nature . . . 3.700
Nombre de perdants : 10,

EVEUX.

MONTANT DES PERTES.

En immeubles de toute nature . . . 2,000 f.
Nombre de perdants : 7.

CRAPONNE.

MONTANT DES PERTES.

En immeubles de toute nature . . . 1,106
Nombre de perdants : 12.

ORLIÉNAS.

MONTANT DES PERTES.

En immeubles de toute nat ue . . . 5,000
Nombre de perdants : 1.

MESSIMY.

MONTANT DES PERTES.

En immeubles de toute nature . . 12,770
Nombre des perdants : 134.

CENVES.

MONTANT DES PERTES.

En immeubles de toute nature . . 10,111 f.
Marchandises, semences et effets mobiliers 2,209
Total : 12,320

Nombre de perdants : 69

St-LOUP.

MONTANT DES PERTES.

En immeubles de toute nature . . 12,063
Marchandises, semences et effets mobiliers. 510
Total. 12,573

Nombre de perdants : 67.

JOUX.

MONTANT DES PERTES.

En immeubles de toute nature . . . 13,950
Marchandises, semences et objets mobiliers. 2,785
Total : 16,735

Nombre de perdants : 40.

TARARE.

MONTANT DES PERTES.

En immeubles de toute nature . . . 23,750 f.
Marchandises, semences et effets mobiliers 6,093
Total : 29,663

Nombre de perdants : 26.

LOZANNE.

Perte en propriétés communales et particulières . . . . 14,460 f.
Le pont a été emporté.

AFFOUX.

MONTANT DES PERTES.

En immeubles de toute nature . . . 6,130 f.
Marchandises, semences et effets mobiliers 1,495
Total : 7,625

Nombre de perdants : 31.

CHAZAY.

Le pont en fil de fer, appartenant aux sieurs Dégoutte et Lassalle . . , . 15,000 f.
Un pré riverain de l'Azergue, entièrement ruiné . . . . 12,000 f.
Le pont entre Chazay et Marcilly a été emporté.

CHATILLON.

Pertes par suite de corrosion de terreins 42,000 f.
Destruction de murs de clôture . . . 3,000 f.

St-NIZIER-D'AZERGUES.

Dégats considérables. L'Azergue a emporté dix usines.

VILLE-SUR-JARNIOUX.

Eboulements considérables de terre végétale.

Il résulte du rapport du Voyer spécial envoyé sur les lieux par l'administration, que des ravins profonds se sont formés dans la partie supérieure d'un pré appartenant à M. Berthier, percepteur, et que par un effet singulier, le terrein qui s'en est détaché a glissé dans la partie inférieure, en y formant plusieurs monticules où les arbres transportés en même temps, sont demeurés debout.

CHESSY.

Le pont en bois, dit des Gravières, a été entraîné.

CUBLIZE.

Cublize a essuyé de notables dégats, quant à ses fonds limitrophes du Rhône. Plusieurs maisons ont été abattues par les avalanches de terreins descendues des montagnes.

ALLIÈRES.

Son pont est abattu sur l'ancienne route de Villefranche à Thizy, ainsi que celui qui conduit à la route départementale.

St-BONNET-DES-BRUYÈRES.

Dans une forêt de sapins de peu d'étendue, 300 pieds d'arbres ont été déracinés ou brisés par les eaux et par les vents..
Une maison écroulée.

JULIÉNAS.

Trois ponts et trois passerelles, emportés par la rivière la Mauvaise, Perte . . . . . 15,00 f.

CHAMBOST-ALLIÈRES.

Ponts et passerelles entrainés.

St-MARCEL.

MONTANT DES PERTES.

En immeubles de toute nature . . 11,650 f.
Marchandises, semences et effets
   mobiliers 2,013
                 TOTAL: 13,643

Nombre de perdants : 49.

St-ROMAIN-EN-GIER.

MONTANT DES PERTES.

En immeubles de toute nature . . 86,340
Marchandises, semences et effets
   mobiliers 2,450
                 TOTAL : 88,790

Nombre de perdants : 84.

ECHALADE.

MONTANT DES PERTES.

En immeubles de toute nature . . 19,080
Marchandises, semences et effets
   mobiliers 2,450
                 TOTAL : 20,300

Nombre de perdants : 37.

St-Martin-de-Cornas.

MONTANT DES PERTES.

En immeubles de toute espèce . .	8,730
Marchandises, semences et effets mobiliers	4,670
Total :	10,400

Nombre de perdants : 26.

HAUT-RHONE.

DÉPARTEMENT DE L'AIN.

INJOUX.

Injoux, le 25 novembre 1840.

Monsieur,

Votre lettre du 18 courant relative à la crue extraordinaire du Rhône, ces temps passés, nous est parvenue dans le cours de ce jour, j'y réponds le plus catégoriquement et le plus succinctement qu'il m'est possible.

Le Rhône qui sépare cette commune du territoire sarde s'est tellement élevé au-dessus de ses grandes eaux que les anciens ne l'ont jamais vu semblables, il se trouve borné par des rocs qui s'élèvent perpendiculairement à une hauteur prodigieuse, c'est ce qui rend son lit étroit et a causé l'élévation des eaux, mais cependant nous n'avons pas à regretter l'écroulement d'aucune maison, parce que le village de Genissia et autres habitations en sont éloignés d'environ un quart d'heure de marche; les habitants ont vu passer beaucoup de bois et de débris de bâtiments écroulés du côté de Genève; où, d'ailleurs et pour singularité unique, une pierre, soit un gros bloc de rocher, assis depuis peut-être un siècle de siècles sur une pente de terrain, en Savoie, ayant aspect à l'occident, glissa par cette pente, et tomba dans le fleuve avec un fracas, épouvantable, dans la nuit du 8 au 9 de ce mois; la détonation fut beaucoup plus bruyante que dix coups des plus fortes pièces d'artillerie. Ce ne fut qu'au jour que l'on vit cette masse assise dans le fleuve dont elle détourne les eaux.

Voilà en deux mots ce qui nous a paru digne de remarque; les terres ont beaucoup souffert par le lavage des eaux pluviales qui ont emmené les terres végétales, les pertes sont considérables. Dieu veuille faire cesser ce fléau, nous rendre le beau temps afin que ce qui n'a pas été détruit puisse profiter, c'est ce que désirent tous les braves gens; veuille la divine providence exaucer leurs vœux.

Et vous, Monsieur, daignez agréer mes hommages et mes respects,

Pour M. le maire absent en ce moment.

L'adjoint d'Injoux,

GARAVET.

A Montluel, les habitants ont coupé le pont établi sur la route royale, n. 83.

La nouvelle route qui s'ouvre actuellement au bas du coteau de Mollon, a été inondée sur une assez grande étendue; les eaux sont arrivées jusqu'à deux mètres au-dessus du sol. Les travaux de remblai déjà exécutés ont éprouvé de grands dommages.

L'arc extérieur du pont qui traverse la route royale, n. 84, à Priay, est tombé.

Le pont en fil de fer, de Châteauvieu sur le Suran, a été emporté.

La route royale de Lyon à Genève a été coupée à la montée de Cerdon.

La route du pont de Chazey, du côté du Bugey, a été fortement endommagée.

La route départementale n. 5, de Pierre-Châtel à Dortan, a éprouvé de grands ravages au bas de la forêt royale de Meyriat; des murs et des enrochements ont été entraînés, et la route couverte de remblais sur plusieurs points. Entre le Martinat et Martignat, il y a eu beaucoup de dégâts. Les travaux de la descente de Truche-Benate, près Dortan, ont subi de fortes avaries.

Le pont sur l'Oignin, au bas de Matafelon, route de Nantua à Thoirette, a été presque détruit en entier; mais toutes les dispositions ont été prises pour le rétablir sans aucun retard.

La route départementale n. 12, de Seyssel à Bellegarde, a aussi éprouvé beaucoup de dégâts sur plusieurs points.

La route n. 4, d'Ambérieux à Belley, a été inondée sur plusieurs parties par les eaux de l'Albarine; les affouillements ont été considérables.

Le pont d'Artemare sur le Sérans a été endommagé. On espère pouvoir le réparer sans être obligé à une entière reconstruction.

L'administration et les entrepreneurs ont éprouvé de fortes pertes sur presque toutes les routes, par suite de l'entraînement des matériaux qui étaient approvisionnés, et dont l'emploi devait avoir lieu incessamment.

DÉPARTEMENT DE L'ISÈRE.

JONS.

Jons, le 23 novembre 1840.

Monsieur,

Je m'empresse de répondre à votre lettre du 18 courant, relativement aux inondations du Rhône et aux désastres qui les ont suivis; j'éprouve une vive satisfaction à vous apprendre que notre commune se trouvant située sur une élévation n'a point été dévastée par ce fleuve; comme il n'y a pas eu de danger à courir, ni d'infortunés à sauver, aucun trait remarquable n'a pu être connu ni signalé; les seules pertes causées dans la commune sont occasionnées par les pluies abondantes qui couvrent une partie des terrains ensemencés, ce qui occasionnera des pertes pour beaucoup de propriétaires-cultivateurs et fermiers, mais ces pertes sont bien faibles en comparaison de celles qu'éprouvent un grand nombre d'habitants dont les maisons, les terres et en un mot tout ce qu'ils possédaient a été emporté par les eaux. Je pense que ces faits ne grossiront pas le volume que vous allez publier

Je vous sais bon gré de votre empressement à recueillir tous les traits remarquables de courage, de charité et d'humanité, afin de les signaler à la reconnaissance publique qui est si bien méritée; j'espère et je souhaite que le plus heureux succès couronnera vos travaux; dans cette attente, j'ai l'honneur d'être, Monsieur, votre très-humble serviteur,

Le maire de Jons,
ANNEQUIN.

VAUX-EN-VELIN.

Vaulx-en-Vélin, 27 novembre 1840.

Monsieur,

J'ai l'honneur de répondre aux renseignements que vous me demandez par votre circulaire du 18 courant, en vous faisant connaître le résultat des dommages occasionnés par les eaux aux habitants de Vaulx-en-Velin. Ces détails ne seront point pour vous d'une grande importance, attendu que cette commune n'a pas autant souffert qu'on aurait pu le présumer à cause de ses rapports avec le Rhône, et qu'en outre aucune occasion n'a donné prise à des traits remarquables. Voici simplement les faits :

Cette commune a subi deux inondations. La première, occasionnée par le Rhône, a été affaiblie par les barrages en terre faits par les habitants dans les parties basses et a envahi une trentaine de maisons. Aucune n'a écroulée; une seule a été ébranlée, mais on l'a maintenue au moyen d'étampes. Les maisons qui ont le plus souffert, au nombre de neuf, sont placées en aval de la commune, près du grand Camp où l'eau s'est élevée à la même hauteur qu'en 1812, tandis qu'en amont du village elle est restée à 20 centimètres plus bas.

La deuxième inondation a été plus funeste et plus sinistre que la première en ce qu'on l'a moins pu prévoir. Elle est provenue par infiltration et s'est répandue la nuit, où les habitants fatigués par les veilles que leur avait occasionnées la première, étaient à réparer leurs forces. Ils furent bien terrifiés à leur réveil de se voir plus inondés que précédemment. Cinquante maisons ont été envahies, et dans quelques points l'eau s'élevait à 1 mètre 50 centimètres.

Nous n'avons eu dans cette seconde lutte encore aucun accident à déplorer. Nos dommages au total ne sont précisément que dans nos récoltes. Un tiers des semences est perdu, et les 9 dixièmes des pommes de terre non récoltées également. N'ayant aucune famille réduite à l'indigence par suite de ces désastres, nous venons, au lieu de demander des secours, de faire pour nos frères plus malheureux une quête de la petite somme de 522 fr. 40 c,

Voilà, Monsieur, le récit historique de notre position passée, auquel je regrette de n'avoir eu à ajouter rien de bien intéressant ni de digne de citer.

Agréez, je vous prie, l'expression de la considération distinguée de votre très-humble serviteur,

Le maire de Vaulx-en-Velin,

F. MILLIAT.

LYON.

MONTANT DES PERTES.

En immeubles de toute nature . .	945,385 f.
Marchandises et effets mobiliers	1,847,477
TOTAL :	2,792,862

Nombre de perdants : 1,319.

VAISE.

MONTANT DES PERTES.

En immeubles de toute nature . .	2,986,081
Marchandises, semences et effets mobiliers	1,936,283
TOTAL :	4,922,364

Nombre de perdants : 1,337.

LA GUILLOTIÈRE.

MONTANT DES PERTES.

En immeubles de toute nature . .	573,268 f.
Marchandises, semences et effets mobiliers	437,466
TOTAL :	1,010,734

Nombre des perdants : 879.

LA CROIX-ROUSSE.

MONTANT DES PERTES.

En immeubles de toute nature . .	382,750
Marchandises, semences et effets mobiliers	492,827
TOTAL :	875,577

Nombre de perdants : 523.

BAS-RHONE.

DÉPARTEMENT DE L'ISÈRE.

SEYSSUEL ET CHASSE.

Seyssuel et Châsse, le 10 décembre 1840.

Monsieur,

En réponse à votre lettre du 18 du mois dernier, j'ai l'honneur de vous envoyer une note des sinistres arrivés dans notre commune par l'inondation de 1840 : Les eaux sont venues de 60 à 70 centimètres plus hautes qu'elles n'avaient été il y a 129 ans.

Le quartier dit du Grand-Châsse et deux du village, avaient d'un à deux mètres d'eau dans les maisons qui sont bâties au pied de la montagne, et cela pendant près d'un mois. La maison Jobert, qui est assez élevée et près de l'église, s'est écroulée; il y avait de deux à quatre mètres d'eau dans notre plaine; il passait environ soixante centimètres d'eau pardessus la digue de Flévieux ou du Charnevoz qui a été emportée, et le fleuve s'était creusé plusieurs lits dans notre plaine, et a détruit en partie nos belles plantations en mûriers et en noyers.

Quarante-trois maisons sont écroulées et vingt fours ou fabriques à tuiles. Les sinistres sont évalués à près d'un million.

Le nombre des familles froissées et celles réduites à l'indigence arrive à plus de cent.

Parmi ceux qui ont montré le plus de générosité, je vous citerai Parrat, Pierre, tuilier, qui a laissé périr son mobilier pour prêter son bateau et travailler lui-même à la délivrance des gens et des bestiaux; François-Louis Langlois a agi à peu près de même; les fils Montant ont montré aussi beaucoup de courage.

Généralement tous les habitants de Châsse ont montré beaucoup d'humanité; car chacun s'empressait d'accueillir les pauvres inondés, qui arrivaient pêle-mêle, femmes, enfants et vieillards, sur des petits radeaux composés de quelques légères planches; et beaucoup d'individus ont fait jusqu'à ce que leur maison ait été emportée plusieurs voyages par jour sur ces frêles embarcations, en traversant la plaine d'un kilomètre de largeur, sur un fleuve impétueux, avec un morceau de planche à la main pour aviron, pour aller chercher un matelas, un sac de farine ou de blé, un quartier de pain; enfin, tout ce qu'ils pouvaient sauver de leurs maisons chancelantes et près d'être emportées; et pendant ce temps une foule de compatriotes était au bord de l'eau, tremblant pour les jours de ces pauvres marins improvisés, attendait avec angoisse leur retour, et à leur arrivée déchargeait et emportait, les larmes aux yeux, les quelques hardes arrachées à une perte certaine.

Enfin, chacun à l'envi, recevait, et emmenait ces pauvres inondés pour les nourrir et les loger, eux et leurs bestiaux, sans faire aucune distinction, même pour ceux entre qui pouvait exister quelque zizanie ou inimitié auparavant.

On a vu des enfants de 4 à 12 ans sauver leurs jours sur une planche ou deux, et n'ayant pour armure que leurs faibles mains.

On a vu des poules restées sur des débris de maisons écroulées et n'ayant aucune nourriture, et se manger entr'elles.

Enfin, on a vu une vache à fruit qui était dans la grange d'un boucher de Givors, et qui, auparavant, ne pouvait pas sentir son maître sans devenir furieuse, venir s'embarquer dans un petit batelet dans lequel était son maître, et se tenir paisiblement à côté de lui; et ce, au milieu de la plaine, dans un courant très-rapide.

Agréez, Monsieur, l'assurance de ma considération très-distinguée,

Le maire de Seyssuel et de Chasse,

MOUSSILLET.

SABLONS.

Sablons, le 23 novembre 1840.

Monsieur,

Par votre lettre du 18 de ce mois, vous me demandez les résultats des sinistres occasionnés par le débordement du Rhône sur la commune de Sablons : en conséquence, je vais vous les donner aussi véridiques que j'ai pu les recueillir jusqu'à ce jour.

1° Le nombre des maisons qui existaient avant l'inondation était de 226.

2° Le nombre de celles qui ont été entièrement écroulées est de 80

3° Le nombre de celles qui ont été fortement endommagées est de 40

Total 120

Les mobiliers, les récoltes de toute nature, tout a été perdu, fracassé et fortement avarié. Le tiers des habitants de notre commune est dans la misère la plus affreuse, le restant s'en ressentira pendant long-temps. Heureusement, dans notre malheur, il n'a péri personne.

Les eaux comparées à la crue de 1711 ont été de douze centimètres plus basses.

Les pertes occasionnées à la commune, d'après l'estimation qui en a été faite approximativement sont de cinq cent mille francs; sur cette somme n'est pas comptée la détérioration des terres et des récoltes qui sont dedans, attendu qu'il a été impossible de les visiter. Voilà tous les détails que je puis vous donner jusqu'à ce jour.

Agréez, Monsieur, l'expression de ma considération très-distinguée,

Le maire de Sablons,

MESTRAL.

VIENNE.

Le 30 octobre, à huit heures du soir, les eaux grossies de la Gère sont sorties de leur lit, emportant dans leur cours trois ponts en bois du côté de Septéne. L'établissement de cardes de M. Levrat, qui est bâti sur pilotis, a été entraîné par le courant. M. Levrat, contre-maître, sa femme et deux de ses enfants ont péri sans qu'on ait pu leur porter secours. Le 31 octobre, au matin, les eaux étaient moins grosses, mais les pluies n'ayant pas cessé de tomber, il s'en est suivi le désastre le plus grand qui puisse arriver. La maison de M. Dubertin, limonadier, située à St-Marcel, n'ayant pu résister au torrent, s'est écroulée, et tous ces matériaux sont venus boucher la sortie principale près l'église de St-Maurice, à Vienne. Les rues sont interceptées; le maire, le sous-préfet et le colonel qui a mis trois cents chasseurs à l'œuvre, travaillent à arrêter les progrès de cette irruption.

Mercredi, à cinq heures du matin, en présence de M. Dode, sous-préfet, de M. Berthier, ingénieur, de M. Favrot, entrepreneur du quai, et de plusieurs autres, la pile du milieu s'est affaissée en amont du fleuve, les fils de fer de suspension se sont brisés au point d'annexe, et, cédant simultanément à la force du courant, les deux ailes du pont se sont rangées chacune en ligne horizontale à côté de leur tête de pont respective. Un bateau de douves, d'une valeur de 8,000 f. environ, dont on commençait à faire le sauvetage, s'étant ouvert quelques heures après, a été englouti.

Deux individus, les nommés Antoine Galamant, âgé de 34 ans, natif de Villeneuve-de-Marc (Isère), et Jean Labbe, manœuvre, employé chez M. Frèrejean, ont été retirés, le premier, écrasé par la chute d'un mur bordant la propriété de M. Odou fils, aux Guillemottes, et le second horriblement mutilé. Ce mur qui depuis quelques temps menaçait ruine, et était détrempé de plus par la pluie, est tombé sur ces deux malheureux au moment qu'ils rentraient paisiblement chez eux.

La verrerie de M. Boissat a été aussi le théâtre d'un accident de même nature. Un jeune homme, Pierre Banier, natif de la commune de Jardin, domestique chez M. Condamin. voiturier, se trouvant à la verrerie, sur les deux heures du matin, dans un état complet d'ivresse, s'est trompé d'issue lorsqu'il a voulu sortir, et s'est laissé choir dans le Rhône, d'où on n'a pu le retirer.

Le village de Chasse, près Vienne, ne compte pas moins de trente-huit habitations écroulées, consistant en granges, écuries et tuileries. Cinq cents hectares de terre envahies par le Rhône, seront cette année sans rapport. A Givors, l'eau court dans les rues, les caves sont remplies, et l'on compte jusqu'à un mètre d'eau dans un grand nombre de rez-de-chaussée; l'on ne communique qu'en bateau.

Le pont de Crest a été emporté; celui de l'Isère a été ébranlé, et subira peut-être le même sort.

DÉPARTEMENT DU RHONE.

OULLINS.

MONTANT DES PERTES.

En immeubles de toute nature . .   55,345 f.
Marchandises, semences et effets
   mobiliers.   2,880
               TOTAL :   58,225

Nombre de perdants : 73.

IRIGNY.

Irigny, le 27 novembre 1840.

Monsieur,

J'ai l'honneur de vous transmettre ci-joint, pour répondre à la demande que vous m'avez adressée le 18 du présent, deux états composant les renseignements qui ont fait l'objet de votre demande.

Dans la nuit du 30 au 31 octobre dernier, les eaux du Rhône montèrent à une hauteur telle que tous les brotteaux de la commune de Fézin, la plaine de bas de ce village et les habitations si tuées en ce dernier lieu furent envahies.

Les propriétaires de ces maisons commencèrent à craindre pour leurs bestiaux et bientôt pour eux-mêmes, qui, du rez-de-chaussée, se réfugièrent au premier étage où ils furent bientôt atteints. Le lendemain ces malheureux étaient sur leurs toits, hommes, femmes, enfants, tous criaient : Au secours! quelques-uns tiraient des coups de fusil, d'autres avaient des sonnettes qu'ils agitaient fortement en signe d'alarme. Ces bruits confus que, dans toute autre circonstance, on aurait pris pour un charivari, se mêlaient à celui du tocsin de Faizin, offraient la scène la plus épouvantable. De suite, quelques habitants dévoués d'Irigny et de Vernaison démarrant le petit nombre de bateaux et batelets qu'il y avait à Irigny partirent, et depuis le matin jusqu'au soir, par une pluie battante, luttèrent contre la fureur des flots, exposèrent leur vie; et grâce à leur zèle, à leur désintéressement, à leur dévouement, tous ce malheureux ont été sauvés ainsi que les objets les plus précieux de leur mobilier, sauf un enfant qui a péri probablement avant que les secours fussent donnés à la famille.

Quant aux propriétaires qui ont éprouvé des pertes, il n'y a que le sieur Crozat, Joseph, qui ait été réellement inondé par le Rhône et dont la maison située au bord se soit écroulée, et l'ait réduit à un état voisin de la misère; les autres n'ont éprouvé que des enlèvements de terrain, des murs de clôture détruits par suite d'avalaisons, mais ils sont tous riches ou aisés et peuvent en supporter la perte.

Toute imparfaite qu'est l'esquisse que je viens de vous faire, j'ai l'espoir qu'elle vous fournira tous les renseignements que vous en attendez.

Si vous avez demandé des renseignements semblables à MM. les maires de Faizin et Vernaison, je vous prie de veiller à ce qu'il n'y ait pas double emploi dans la citation des noms des hommes qui ont secouru les inondés.

Agréez, Monsieur, l'assurance de ma considération très-distinguée.

Le maire d'Irigny,

GRANGER.

VERNAISON.

Vernaison, 15 janvier 1841.

Monsieur,

J'ai l'honneur de vous donner ci-joint un état sommaire des sinistres éprouvés dans ma commune par suite de l'inondation.

3 Maisons écroulées.

Divers murs de clôture.

Pertes de récoltes.

Corrosions de terrains.

Dégradations dans les chemins vicinaux.

Ces diverses pertes sont évaluées à la somme de 7,200 fr.

Recevez, Monsieur, l'assurance de ma considération très-distinguée.

Le maire de Vernaison,
M. ABEL.

GRIGNY.

MONTANT DES PERTES.

En immeubles de toute nature . . . 30,195 f.
Marchandises, semences et effets mobiliers 10,615
TOTAL : 40,810

Nombre de perdants : 112.

GIVORS.

A Monsieur le rédacteur du Courrier de Lyon.

Monsieur,

Je prends la liberté de vous adresser les renseignements suivants pour être insérés dans votre plus prochain numéro si vous les en trouvez dignes.

Les pertes occasionnées à Givors par l'inondation, quoique divisées s'élèvent à un chiffre considérable. On les évalue à 300,000 fr. Mais grâce au zèle courageux et à l'activité qu'a déployée M. Rey, notre commissaire de police, nous n'avons à déplorer la mort de personne.

Cet officier public, pendant les quinze jours qu'a duré l'inondation, se faisait conduire, du matin au soir, vers les maisons qui menaçaient ruine et vers celles qui renfermaient de pauvres familles manquant de tout. Il faisait évacuer les unes et distribuait aux autres du pain, de la viande et du charbon. A tous les instants du jour, avec le vent et la pluie, on le voyait passer dans nos rues allant lui-même faire la distribution des secours ou s'enquérir des nouveaux besoins.

La population entière a été témoin de cette belle conduite dont l'exemple a été d'un très-bon effet pour nos mariniers qui, sans exiger aucune rétribution, se sont mis eux et leurs bateaux à la disposition du public.

A l'heure où j'écris, une nouvelle crue depuis hier dix heures du matin, vient de nous apporter trois pieds d'eau dans nos rues à peine débarrassées de la précédente. Mais celle-ci ne peut plus faire aucun mal, elle ne peut rien ajouter aux désastres causés par l'autre.

Agréez, etc.

BANS.

Perte totale : dix maisons et quelques murs de clôture . . . . 13,030 f.

LOIR.

MONTANT DES PERTES.

En immeubles de toute nature . . . 28,330 f.
Marchandises, semences et objets mobiliers. 18,481
Total : 46,811

Nombre de perdants : 115.

AMPUIS.

MONTANT DES PERTES.

En immeubles de toute nature . . 65,300
Marchandises, semences et effets mobiliers 52,115
Total : 117,415

Nombre de perdants : 228.

S͏t-ROMAIN-EN-GIER.

MONTANT DES PERTES.

En immeubles de toute nature . . . 86,340
Marchandises, semences et effets mobiliers 2,450
Total : 88,790

Nombre de perdants : 81.

TUPINS.

MONTANT DES PERTES.

En immeubles de toute nature . . 18,222 f.
Marchandises, semences et effets
   mobiliers 12,380
                Total : 30,602

Nombre de perdants : 31.

CONDRIEU.

MONTANT DES PERTES.

En immeubles de toute nature . . 98,976
Marchandises, semences et effets
   mobiliers 44,710
                Total. 143,686

Nombre de perdants : 380.

DÉPARTEMENT DE LA LOIRE.

CHAVANAY.

Chavanay, le 27 novembre 1840.

Monsieur,

Votre lettre du 18 novembre ne m'est parvenue que le 25. Je m'empresse d'y répondre.

Je ne saurais fixer la hauteur qu'ont eue les eaux dans cette commune. Seulement, je puis vous certifier que de mémoire d'homme on ne les avait jamais vues aussi fortes; on assure cependant qu'elles ont été plus élevées de deux pieds que les marques que les aïeux de nos anciens avaient faites en divers endroits.

Une douzaine de maisons se sont écroulées; mobiliers, bestiaux, tout a péri dans ce déluge.

La plus grande perte que la commune de Chavanay a éprouvée, consiste dans les belles terres qu'elle cultivait entre Chavanay et St-Pierre-de-Bœuf. Cultivées en céréales, chanvre et légumes, et divisées par vingt, quarante, soixante ares, tous les habitants de la commune y trouvaient leur nourriture annuelle; on y cultivait en bonne quantité le mûrier, qui facilitait le paiement des impôts. Aujourd'hui, cette belle plaine est perdue :

dans une grande partie, le fleuve s'y est fait un nouveau lit. Ce qui reste a été coupé en divers endroits, et ce sont tout autant de brassières. Que va devenir cette population! Dieu seul est grand! Dieu seul le sait.

Chavanay a eu un autre fléau à combattre. La rivière la Valenaise traverse cette commune près du bourg. Devenue torrent terrible, elle a entraîné la belle usine de M. Boucharat, bon nombre de barrades, enfin beaucoup de murs de clôture, des terres, des prés et beaucoup d'arbres. C'est une désolation. Une première évaluation des pertes causées soit par le fleuve, soit par la rivière les porte à huit cent trente-deux mille francs. Il y en aura une seconde, et je ne doute pas que la perte ne dépasse un million.

Soixante familles attendent et ont besoin d'un secours; les autres pourront non supporter le fardeau, mais se passer pendant quelques mois de tous secours pour les laisser aux plus indigents.

Voilà, Monsieur, l'état en raccourci de notre affreuse position.

Chacun s'est empressé de voler au secours des familles qui, au milieu des eaux, les réclamaient nuit et jour; ils ont tous fait leur devoir et se sont portés sur les lieux qui les demandaient, mais il n'y a pas eu de particularités extraordinaires.

Je suis, Monsieur, avec la plus parfaite considération votre bien humble serviteur,

Le maire de Chavanay,
LIONE.

DÉPARTEMENT DE L'ARDÈCHE.

ANDANCE.

Andance, le 1er décembre 1840.

Monsieur,

A la réception de votre lettre sous la date du 18 novembre, qui ne m'est parvenue que le 25, mes yeux s'étant portés tout d'abord sur votre prospectus, je la mis de côté pour m'occuper d'affaires plus pressantes, dans l'exil où m'avait relégué, au milieu du sans dessus dessous d'un demi-déménagement provisoire, le fléau dont vous entreprenez l'histoire des désastres. Ce n'est que d'hier que je l'ai retrouvée en classant mes papiers à ma rentrée au domicile habituel, et que j'en ai apprécié le véritable objet, que je m'empresse de remplir en ce qui me concerne.

La plus forte crue a été ici dans la nuit du 2 au 3 novembre. Elle a été continue et graduelle depuis le 29 octobre, et n'a pas atteint, à 40 centimètres près, la hauteur de 1711. On en attribue la cause au creusement du lit du Rhône, réputée depuis déjà fort long-temps, entre Andance et Andancette (Drôme), car elle a été plus forte en plusieurs autres points en aval de notre voisinage. Il est vrai que ces points, à Tournon et à Valence entr'autres, ont en sus les eaux de la Cance, d'Ay, de Galoure, du Doux et de plusieurs autres petits cours qui ont débordé à la fois d'une manière terrible.

Audance en général, à part quelques denrées pour lesquelles le défaut de prévoyance d'une crue qui n'est de mémoire d'aucun contemporain, avait rendu les précautions insuffisantes, a eu fort peu de sinistres à déplorer. Cela tient à la solidité des constructions dans les quartiers bas, et que baigne presque habituellement le Rhône, où les maisons, surtout du côté du Rhône, sont bâties en murs de remparts et de citadelle plutôt qu'en murs de maisons d'habitations. Je loge dans un de ces quartiers que je n'ai quitté que par mauvais exemple, et plutôt pour commodité de libre circulation que par crainte de danger.

Nous n'avons eu d'écroulées que deux maisons de très-modique valeur, dont les murs, quoique en maçonnerie, étaient déjà éprouvés par le temps; un hangar, en maçonnerie aussi, murs construits sur mauvaises fondations de murs de clôture; et un magasin en pizé, dont la maçonnerie qui le soutenait ne s'est pas trouvée assez élevée. Ajoutez à cela une trentaine de murs de clôtures de jardins tant en pierres qu'en pizé, et vous aurez le total des écroulements dans la commune. Les dégradations dans les champs par fouillement et érosion, perte de denrées ou semences ne seront que d'une importance peu majeure.

25 à 30,000 fr. doivent couvrir les pertes de toute nature survenues dans cette commune.

Le nombre des familles qui ont été froissées sont nombreuses du plus au moins, mais on n'en peut compter qu'une vingtaine d'une manière un peu grave, et une seule réduite au voisinage de l'indigence.

Je n'ai point de trait de courage et de dévouement à vous signaler, par la raison que l'occasion d'en montrer ne s'est heureusement pas présentée.

Andance est pourvu d'un pont suspendu dont je suis modique actionnaire. On croit à un affouillement qui pourrait, si le temps ne permettait pas d'y faire de prochaines réparations, avoir des suites fâcheuses. C'est vers la pile du milieu. Ce pont a été le seul de la ligne du Rhône où l'on ait pu constamment circuler, sans avoir recours aux batelets pour y aborder. Une digue de hallage, qui était récemment faite, passant dessous, du côté de la rive gauche, était crue emportée; mais il n'y a qu'un affouillement d'environ 25 mètres de longueur sur 17 de largeur, et à peu près douze mètres environ de bahut pierre Crussol entraînés ou déplacés du parapet en face de la pile du pont. D'autres communes voisines sont beaucoup plus endommagées, entr'autres celle limitrophe de Serrière où la rivière de la Cance, arrêtée par l'élévation du Rhône, s'est frayé à une seconde crue du 5 novembre son lit au travers d'une prairie divisée par la route royale n° 86, qu'elle a franchie, et portant ses ravages entre le pont de Cance et le hameau de Silon, a fait du tout, où la route n'est plus reconnaissable et sur une étendue d'environ un kilomètre en longueur, une plage complètement aride. Elle a laissé un dépôt en plusieurs endroits au-dessus de la naissance des branches de saule, à une hauteur de plus de deux mètres. Là, 200,000 fr. auront de la peine à payer les dommages. Ils sont causés par la rivière, mais uniquement parce que son cours naturel a été intercepté par le Rhône.

Voilà, Monsieur, les documents que je puis porter à votre connaissance. Vous verrez le parti que vous croirez pouvoir en tirer.

J'ai l'honneur de vous saluer,

Le maire d'Andance,

JOBERT.

TOURNON.

Tournon, le 16 novembre 1840.

Monsieur,

Notre pauvre ville, notre plaine surtout en amont et en aval de Tournon, sont ravagées, ruinées, perdues. Les eaux se sont élevées à plus d'un mètre au-dessus de l'inondation fameuse de 1711. Sur le quai, le Rhône montait au premier étage et couvrait la route depuis la Baume jusques chez Giraudet et plus loin. Un courant énorme partant du pont de la Muette se jetait sur les Capucins, et là, bifurquant, se reportait en moutonnant dans le chemin qui mène à Chapote et dans celui de la Valentine. C'était affreux; mais il y avait encore du mal à faire : il se fit. Le Doux, énormément grossi par des pluies continuelles, se déborda en mugissant et vint prendre Tournon par la porte qui porte son nom. Là, il renversa toutes les murailles de Dambergaut, força les portes des habitants de ce quartier qui fuyaient éperdus dans des bateaux qui souvent chaviraient, entraîne les marchandises, les meubles, les vins, et catapulte immense, vint heurter contre Rivoire où il renversa les réparations, abattit la maison de Maurice, lui enleva cent pièces de vins, fondit sur l'habitation d'un nommé Jean Monnet, qu'il démolit, et courut dans la plaine qu'il creusa, sillonna, revira en tous sens, emportant dans sa course toutes les murailles, tous les arbres. Le tablier du pont se couvrait; si malheureusement une barque perdue fût venue se jeter en travers de la travée, notre pont sautait comme ceux de Lyon. Heureusement nous n'avons pas eu ce malheur à déplorer. Tain s'est trouvé dans la position la plus critique. Un courant parti de Pierre-Aiguille vint s'établir sur les derrières de la ville qui, plus basse que Tournon, était presque submergée. Les habitants de la partie qui avoisine le Rhône avaient abandonné leurs maisons pour se réfugier sur l'hermitage.

Tout-à-coup la digue s'abaisse, l'eau se jette furieuse sur Tain. Le tocsin, la générale, les cris, tout annonçait un effroyable malheur. En ce moment, les réparations de Tournon partirent, la maison de Maurice fut renversée ; une large brèche donna passage au Rhône qui, laissant Tain, vint rugir et se précipiter dans notre plaine. A ce moment, il fallait ouïr ces voix lamentables qui criaient au secours. Il fallait voir nos pauvres compatriotes juchés sur le toit de leurs maisons que secouait le torrent, tendre les bras vers des libérateurs qui ne venaient pas. Un service de bateaux s'organisa sur-le-champ. On lutta de zèle, et grâce au ciel, nous n'avons perdu qu'un enfant de dix ans.

Voilà, Monsieur, les détails de nos désastres. Il nous faudra plus de trente ans pour remettre notre plaine dans l'état où elle était avant cette cruelle inondation. Ces trente années suffiront à peine ; peut-être aurons-nous une brassière du Rhône qui traversera notre territerritoire.

R.....

3 novembre.

Ce que nous craignions est arrivé. La pluie n'a pas cessé, et le Rhône, gonflé encore de la crue de la Saône et de l'Isère, s'élève plus haut et plus menaçant que jamais. Ni en 1802, ni en 1812 il n'avait atteint cette effroyable hauteur. — Au bas du coteau sur lequel est bâtie notre ville, les eaux inondent et couvrent toute la vallée. Champs et habitations ne forment qu'un lac immense sur lequel çà et là on voit les toits rouges de quelques maisons et le sommet des peupliers les plus hauts. En haut, le ciel presque partout noir, est surchargé de sombres nuages que traversent effrayés des nuées de canards et d'oies sauvages, et d'où s'échappent à la fois des torrents de pluie et de lointains coups de tonnerre. En même temps, ce sont partout dans la basse ville des cris et des plaintes qui font mal et pitié. Le préfet s'est rendu dès le matin sur les lieux, et, accompagné de l'ingénieur en chef, du maréchal de camp commandant le département, du colonel du 14e et de quelques autres fonctionnaires, il a dirigé les travaux et indiqué les premiers secours à porter. Alors se sont passées des scènes touchantes et pathétiques qui ont mouillé tous les yeux. Nous avons vu de braves mariniers traverser le Rhône et aller arracher à un danger certain, à la mort peut-être, des femmes et des enfants que les eaux poursuivaient jusque sur les toits. Tout le monde a rivalisé de zèle porr secourir les inondés et diminuer les pertes autant que possible. Une scène des plus touchantes s'est passée à la Basse-Ville : un homme dont nous regrettons d'ignorer le nom, est allé chercher dans une chambre déjà inondée, un pauvre enfant et sa mère accouchée dès le matin.

Onze heures du matin.

Toute la basse ville déménage. Les fourgons de l'artillerie sont sur les lieux, aidant au transport des femmes, des enfants et des meubles ; d'autres artilleurs viennent entasser des fascines, des saucissons, des arbres, des rochers contre la jetée de la rive droite, qui est ébranlée et entamée par la violence des eaux. Le pont de Tournon, couvert en partie par les eaux, fait craindre d'être emporté. Le Doux, énormément grossi, a inondé la ville. On a sonné le tocsin. Le collége a été abandonné par les élèves, et on s'occupe activement à donner les secours les plus pressants. La population presque entière de Tain a déménagé et s'est réfugiée dans les environs, sur les hauteurs qui dominent la ville. Sur toute la route de Paris et de Lyon, en amont et en aval de notre ville, une multitude de maisons se sont écroulées, les unes par l'action continuelle de la pluie qui fouette contre leurs murs, les autres par la violence des eaux débordées du fleuve.

VIVIERS.

Viviers, le 30 novembre 1840.

Monsieur,

L'inondation du Rhône a eu les phases suivantes: les 29 et 30 octobre le fleuve avait cru beaucoup et le 31 au matin il était monté à une hauteur qu'il n'atteint guères que tous les dix ans.

Déjà tous les habitants des îles étaient en mouvement pour déloger et enlever leurs objets les plus précieux, lorsque survint une baisse de 15 à 20 centimètres. Cette circonstance ramena malheureusement la sécurité, et pour beaucoup de personnes il devint impossible de soustraire, bestiaux, meubles et denrées, sur la nouvelle crue qui reprit le 31 au soir, et continua les 1, 2 et 3 novembre courant. La plus grande hauteur des eaux a été le 3 à deux heures du matin et avec des intermittences, jusques à 10 heures; alors la baisse a commencé et n'a cessé de continuer quoique très-lentement. De mémoire d'homme on n'avait vu une pareille inondation; les eaux ont atteint la hauteur où elles étaient venues en 1755. Je trouve dans un vieux recueil de M. Flaugergues, père du célèbre astronome qui est si avantageusement connu dans le monde savant, une note ainsi conçue :

« Le 30 novembre 1755, il y eut une inondation
« du Rhône, la plus forte dont on ait conservé la
« mémoire. Ce fleuve entrait plus de vingt pas dans
« la ville par la porte de la Roubine et couvrait plus
« de vingt pas de la rue qui y aboutit; je m'em-
« barquai dans la ville et parcourus tous les jardins
« de la Roubine dont les murailles avaient été
« renversées. »

De même on s'embarquait dans les rues de Viviers, où l'inondation que nous venous de subir, s'est élevée à peu-près au même point.

Il est essentiel de préciser le jour et l'heure de la hauteur des eaux dans chaque pays, afin de faire ressortir l'influence des diverses rivières qui alimentent le Rhône dans les inondations; ainsi je remarque que la plus grande hauteur des eaux à Arles, a eu lieu du 1 au 2 novembre, tandis qu'ici c'était le 3: il faut donc que les rivières de l'Ardèche, du Gardon, de la Durance et autres en aval de Viviers, contribuâssent à élever beaucoup les eaux; sans cela, et même en faisant la part de la baisse produite par l'éboulement de plusieurs chaussées, la plus grande crue à Arles aurait dû être postérieure aux lieux qui sont en amont.

Dans la commune de Viviers nous n'avons à déplorer la perte de personne, mais les propriétés ont considérablement souffert.

Je vais esquisser cet horrible tableau.

Au château de Lafarge il y avait dans toutes les pièces du rez-de-chaussée, 1 m. 50 c. d'eau; toutes les grosses provisions et denrées ont trempé; heureusement la disposition des lieux permit de faire évacuer, sans danger, tous les cabaux et bestiaux.

Dans la grange du sieur Gamet, qui a pour fermier le nommé Favier, l'eau allait jusqu'au plancher du premier étage. Tout ce qu'on put faire là, ce fut de hisser un cheval et un mulet dans une chambre, et le troupeau de mouton dans une autre; tout vivait pêle et mêle, hommes et bêtes, lorsque un pan de mur vint à crouler. Dès lors on se mit en mesure, au risque de périr dans le trajet, de partir, d'emmener ce qui pouvait être transporté, dans un petit batelet. Les difficultés du trajet ne permirent que de sortir et de transporter, ce jour là, les personnes et les moutons, et dans la nuit qui suivit, l'édifice fut abattu par la violence des eaux, moins la chambre où se trouvaient le cheval et le mulet.

Pendant les huit jours qui ont suivi, ce malheureux Favier, père de six à sept enfants en bas âge, faisait chaque jour le trajet de la terre ferme à la chambre restante d'une grange enfouie sous les flots, pour porter à ses bêtes un peu de foin qu'il leur jetait par une fenêtre, et il jouait ainsi sa vie à chaque voyage, au milieu des vagues et du remou qui entouraient ces ruines.

A la grange du sieur Croze, il s'était trouvé un terrein très-élevé où on put faire camper les bestiaux, mais les personnes avaient dû quitter l'habitation, dans la crainte qu'elle ne subît le sort de celle du sieur Gamet. Cependant le père Croze, vieillard de soixante-quinze ans, seul de sa famille ne voulut point quitter. Il avait toute sa vie travaillé à former sa propriété et y était très-attaché. « Si ma grange croule, disait-il, j'aime mieux être « noyé dans ses ruines que de survivre à mon mal- « heur ! » Ce malheur n'est pas arrivé.

Chez M. Fourrey, juge de paix, il y avait même danger de voir à chaque instant disparaître sous les flots son habitation de maître, ses vastes magnaneries et le bâtiment granger. Toutes les personnes avaient pu quitter ces lieux le lundi 2 novembre, au moyen d'un batelet qui fit plusieurs fois le trajet, au milieu de dangers sans nombre; mais denrées, meubles, cabeaux, soie, argenterie, voitures, étaient restés; les chevaux étaient montés, au moyen d'un pont volant, au premier, dans une magnanerie; les cochons placés dans une salle, au même étage. Le 3, M. Fournery et trois hommes dévoués s'embarquèrent pour tâcher d'aller retirer ce qu'il y avait de plus précieux; on atteignit la maison. De dedans le bateau on enfonça une fenêtre au premier, et la soie et l'argenterie furent ramenés à terre ferme. Le 4, on fit un second voyage pour rapporter d'autres effets; mais ayant vu s'écrouler un pan de mur qui donna entrée aux eaux dans la cave d'où bouteilles et tonneaux furent aussitôt enlevés, M. Fournery dut renoncer à risquer sa vie et celle des hommes qui l'accompagnaient pour continuer le sauvetage de son mobilier.

Les jardins au nord de Viviers, au quartier dit les Ramières, au nombre de vingt-deux, ont eu tous leurs murs de clôture emportés. D'un point très-élevé, appelé le Rocher de Châteauvieux, on domine cette partie du territoire. Presque toute la population s'était portée là pour voir cet affreux spectacle; on ne saurait se faire une idée, sans l'avoir vu, de la promptitude avec laquelle ces murs ont été renversés. Sur une file de sept murs transversaux, lorsque le premier eut cédé, les six autres cédèrent aussi instantanément.

Au milieu de ces circonstances qui attristaient tout le monde, on a dû remarquer le dévouement avec lequel une foule de personnes se portaient sur de frêles embarcations dans tous les lieux où elles croyaient pouvoir être utiles, en donnant des vivres à ceux qui étaient cernés, en mettant à terre ferme hommes et bestiaux, partout où la chose était possible. Tout cela a eu lieu spontanément.

En résumé la hauteur des eaux à partir du plus bas étiage a été de 6 m. 20 cent.

Enfin les états de pertes que j'ai fait dresser sommairement donnent une somme de 500,000 francs.

Trois ou quatre familles seulement seront réduites à la misère; le surplus des pertes est réparti sur beaucoup de personnes. Plusieurs d'entre elles éprouveront sans doute de la gêne et devront se soumettre à des privations; mais il faut espérer que le temps et l'économie cicatriseront leurs plaies.

Agréez, Monsieur, l'assurance de ma considération très-distinguée.

Le maire de Viviers.

DÉPARTEMENT DE LA DROME.

A Valence, la culée de la rive droite du pont suspendu, prise à revers et menacée par des affouillements, a été consolidée et sauvée par les efforts d'un détachement d'artillerie qui a travaillé sous les yeux de M. le préfet, de M. le maire et du général commandant le département.

A Bellegarde, toute la nuit du 2 au 3, le Rhône qui avait déjà rompu ses digues du côté de la rive gauche, les a aussi rompues sur la rive droite et est parvenu, avec une furieuse rapidité, jusqu'à environ deux mètres des habitations de la ville. Deux bergers qui gardaient leurs troupeaux dans les marais des concessionnaires des canaux, surpris dans la nuit par cette subite inondation, se firent un radeau avec des pièces de bois que le hasard leur fournit. A l'aide de cette embarcation, bien frêle sans doute, et après avoir parcouru un espace d'environ une lieue et demie, ils sont parvenus aux abords de Bellegarde où les ont recueillis quelques hommes dévoués.

On avait cru entendre, du côté du pont d'Arles

des cris de détresse, mais l'autorité n'avait nul moyen à sa disposition pour y envoyer du secours. Le maire essaya de faire construire un radeau. Malheureusement il ne put lutter contre la violence des vagues. Se souvenant alors qu'il y avait un bateau dans une campagne voisine, M. Lablache s'empressa de l'envoyer chercher. Deux hommes aussi courageux que noblement zélés, les nommés Henri Jérôme, ancien militaire, habitant de la commune, et Pierre Parody, matelot, se rendant à Toulon, et retenu à Bellegarde par la violence du débordement, entrèrent dans cette misérable barque, et se dirigèrent vers le lieu d'où l'on pensait que des cris étaient partis.

On ne s'était point trompé : Henri Jérôme et Parody trouvèrent, en delà du pont d'Arles, deux hommes réfugiés sur un arbre. Ils les recueillirent dans leur embarcation; mais ne pouvant les conduire à Bellegarde sans danger, ils les déposèrent dans une barque du Rhône dont les mariniers s'empressèrent de leur donner tous les soins que leur triste état réclamait. Ces malheureux avaient vu périr leurs deux autres camarades qui, ne pouvant parvenir au haut de l'arbre, furent entraînés et engloutis par les eaux. Les deux hommes sauvés sont de Bellegarde; un de ceux qui ont péri était aussi de cette commune; l'autre était de St-Gilles. — Jérôme et Parody, après avoir fait radouber leur bateau, allèrent à de nouvelles recherches, qui n'amenèrent aucun résultat.

DÉPARTEMENT DU GARD.

MONTFAUCON.

Montfaucon, le 30 novembre 1840.

Monsieur,

Par votre lettre du 18 de ce mois et que je n'ai reçue qu'hier seulement par rapport aux communications interceptées, vous me demandez le recensement des sinistres qui ont affligé et affligeront pendant longtemps notre commune; les voici:

La hauteur des plus hautes eaux a été le lundi 2 novembre, à sept heures du matin; le niveau des eaux arrivait à 54 centimètres au-dessus de l'escalier supérieur de la croix plantée sur la place à l'entrée du village; il allait à 29 centimètres au-dessus de la margelle du puits communal, au quartier de la place de la Croix et aboutissait au bas du premier escalier de la maison de M. Queyrane, sise sur la même place; les patrons ont attaché pendant trois jours leurs bateaux à la grande porte de fer de cette maison.

L'eau a été plus élevée de 54 centimètres qu'en 1827, de 60 qu'en 1801, et de 90 qu'en 1755.

L'eau a occupé 20 maisons dans les bas quartiers, a renversé deux granges dans le territoire et six fours à tuiles remplis de marchandises, avec sept ou huit remises de tuiliers.

La grande digue communale servant de chemin de communication aux habitants pour aller du village aux quartiers de St-Martin, de Montlezon et de Joannas, a été emportée par les eaux; cette chaussée avait résisté aux inondations de 1801 et de 1827.

Le territoire offre un aspect effrayant, on ne voit que des terres corrodées, des vignes arrachées, les oliviers et mûriers renversés ou coupés, des excavations énormes dans beaucoup d'endroits toutes les terres couvertes de gravier et de sable. Les sinistres ont été évalués par M. le contrôleur, à trois cents quatre-vingt-seize mille francs.

Le nombre des familles froissées est de 42, celui de celles réduites à l'indigence est de 10 à 11, sur 130 chefs de famille formant une population de 652 habitants.

Quatre patrons se sont fait remarquer par leur courage, par leur zèle et leur humanité; ils n'ont pas craint d'exposer leur vie pour aller donner secours aux grangers, sauver les gens et les animaux, en passant dans des courants d'eau périlleux à travers les bois et les arbres, et affrontant la mort à tout instant. Ces patrons sont Etienne et François Robert frères, et leurs cousins Jean Robert dit Gabien, avec son fils aîné.

En outre, ces patrons commandés par moi ont fait le service de toute la commune pendant trois semaines, en portant le blé des habitants, à St-Geniez-de-Comalas et de là à St-Laurent-des-Arbres, pour faire faire la farine; heureusement personne n'a manqué de pain, grâce au courage et à l'humanité de ces hommes intrépides.

La commune étant privée de communication avec Roquemaure, Orange et Bagnols dont les bouchers et revendeurs vont faire leurs approvisionnements aux marchés, la viande et le sel furent un instant augmentés de prix; mais le lendemain j'ordonnai d'aller acheter des moutons et des brebis, chez les propriétaires de troupeaux, et la viande revint au même prix. Quant au sel, les revendeurs ne consentirent à le remettre au prix courant, que sur la menace d'une réquisition.

Voilà, Monsieur, toutes les notes que je puis vous donner, je vous prie d'en faire mention dans votre ouvrage; ils ne sont malheureusement que trop certains.

Je suis, Monsieur, votre très-humble et très-obéissant serviteur,

Le maire de Montfaucon,

QUEYRANE

BEAUCAIRE.

M. le préfet de Nimes, recevant de toutes parts les rapports les plus alarmants, allait à toute hâte, le 3 novembre, dans la matinée, partir pour Beaucaire, point horriblement traité par les débordements du Rhône, quand il apprit que les malheureux habitants de Comps, dont le village et tous ses alentours étaient envahis, faisaient entendre du haut de leurs maisons, que les terribles efforts de l'eau pouvaient ruiner et où ils s'étaient réfugiés, des cris de détresse et de désespoir. A leurs angoisses se joignaient les tortures de la faim ; depuis près de trois jours ces malheureux paysans étaient privés de nourriture. Les dispositions d'abord les plus urgentes furent prises aussitôt par M. le préfet ; à midi, une voiture attelée de deux forts chevaux et portant 500 kilogrammes de pain, partit pour le lieu désigné. M. de Jessaint et M. le procureur général Gonet, qui étaient venus s'adjoindre à lui, eurent bientôt atteint la ville de Beaucaire qu'ils trouvèrent dans la plus grande désolation.

Après avoir lutté pendant deux jours contre les eaux du Rhône montées à une hauteur prodigieuse, les habitants de Beaucaire les virent, avec un inexprimable désespoir, crever les digues, obstacle trop faible à leur force impétueuse, et se répandre en peu d'instants dans toute la plaine. Cette population terrifiée n'eut bientôt devant les yeux qu'une mer effroyable. Tous les maux n'étaient pas là : il fallut s'occuper de porter des secours à un grand nombre de familles qui avaient eu l'imprudence de rester dans la campagne.

A la date du jour que nous venons de citer (mardi 3), des coups de fusil, signaux détresse, se faisaient entendre. L'autorité locale craignit d'abord que la pluie battante et continue ne ralentît le zèle des mariniers; de telles craintes ne se réalisèrent point, et cette partie de la population beaucairoise, écoutant la voix encourageante de ses magistrats, a, dans sa si utile spécialité, secondé leurs louables efforts. Beaucoup de personnes en détresse ont été recueillies sur des embarcations.

Le 4 et le 5, des bateaux à vapeur ont parcouru dans le même but de sauvetage, le littoral autant qu'ils l'ont pu, et ont ramené à Beaucaire un grand nombre d'individus qu'ils avaient aussi recueillis.

L'eau, dans les rues basses de la ville et à l'embarcadère du chemin de fer, a atteint une hauteur d'environ deux mètres. Heureusement, au milieu de ce désastre, que la porte de Beau-Regard, soigneusement fermée, a pu résister à la force du débordement.

Le pont d'Avignon est endommagé, et toute la partie basse de la ville inondée. La campagne est entièrement couverte.

Toute la ville se rend à Beaucaire pour admirer cet imposant et effroyable spectacle.

Aussi loin que la vue peut s'étendre, on voit une immense nappe d'eau, d'où surgissent le faîte des arbres et les toits sur lesquels on aperçoit les habitants désolés.

A Vallabrègue, île sur le Rhône, à une lieue de Beaucaire, les habitants ont arboré le drapeau noir, et se tiennent dans le cimetière placé sur une élévation; on compte environ deux mille personnes dans cette triste position. On ne sait comment leur faire passer 3,000 pains, puisque les bateaux à vapeur, qui se trouvent en deçà du pont en fil de fer, ne peuvent passer, étant montés à la hauteur du tablier, pour ainsi dire.

Cependant les capitaines de ces bateaux se sont dévoués au soulagement des villages situés en aval, et le préfet leur a garanti une indemnité pour les dommages que recevraient leurs bateaux.

Ce qui, dans cette pressante occurrence, avait été fait à Nîmes, fut immédiatement fait à Beaucaire; et 500 autres kilogrammes de pain prirent la route de Vallabrègue, avec les moyens de faire parvenir ces secours aux pauvres inondés.

St-GILLES.

La ville de St-Gilles a, pour sa part, considérablement souffert; les eaux ont détruit son pont de bateaux. L'inondation n'a épargné que cette partie de la ville qui occupe le haut monticule du nord. Les boulangers de ce quartier ont pu subvenir à la consommation générale.— Plus de 15,000 hectolitres de vin sont perdus; l'eau recouvre entièrement les toits des magasins situés au bout du canal; les barriques pleines en sont arrachées et se répandent dans la campagne. Un grand nombre de bêtes à laine, de mules, de chevaux, etc., ont péri.

Le territoire d'Aigues-Mortes subit la cruauté de l'inondation. La ville, où sont venus se réfugier les habitants des faubourgs et des campagnes environnantes, a pu s'en garantir en fermant les portes et en les terrassant, et jusqu'à présent, la solidité de ces ouvrages a résisté aux efforts de l'eau qui mouille les remparts jusqu'à la hauteur de deux mètres; mais les marais salans sont tous abîmés sous l'eau, et c'est à peine si l'on aperçoit dans cette vaste plaine les toitures des habitations qui restent encore debout; car, à peu d'exceptions près, toutes celles riveraines des canaux ont été entraînées par l'impétueuse violence de l'immense torrent. Le sel de cette année sera probablement perdu, et celui des années précédentes est déjà considérablement endommagé. Peccais a perdu trois millions de quintaux de sel, ce qui représente près de deux millions de francs. La consternation est générale.

Nous éprouvons une satisfaction on ne peut plus grande en signalant les actes suivants d'un généreux patriotisme, d'un noble désintéressement.

Nous citerons d'abord M. Brochier, notre receveur-général, qui, sur la relation des malheurs immenses qui viennent de tomber sur la localité, offre de mettre à la disposition de l'administration départementale, en faveur des malheureux inondés, tous les secours en argent que leur situation peut réclamer.

Puis M. Gautier, riche négociant de Lyon et propriétaire du *mas* de la Rey-Langlade, situé près de Bellegarde, qui fait ouvrir chez son banquier d'Arles un crédit illimité pour le maire de Fourques, et chez son banquier de Nîmes un crédit pareil pour le maire de Bellegarde.

Les faits que nous constatons portent avec eux leur éloge.

VAUVERT.

Dans la soirée (mercredi 4), le maire de cette commune ayant appris que, par suite de la rupture de la chaussée du Rhône, les marais de St-Gilles et de Vauvert n'offraient plus qu'un courant d'une épouvantable étendue, charriant toute sorte d'objets, et le plus fréquemment des tonneaux vides et d'autres pleins, parvint à faire amener et amarrer à terre quelques-uns de ces derniers. On présume qu'ils proviennent d'un magasin de St-Gilles qui sans doute a été détruit par les eaux. Le maire de Vauvert s'est rendu sur les lieux submergés et a travaillé à l'organisation d'un sauvetage. Selon les rapports qui lui ont été faits, l'eau, dans les marais, a atteint la hauteur de 3 mètres; dans l'état normal, en hiver, et même après les fortes pluies, elle n'arrive guère qu'à 0 m. 75 c., ou à 1 mètre. Selon les mêmes rapports, tout le pays jusqu'à Aigues-Mortes est submergé à une hauteur considérable.

M. le préfet est parti avant-hier à midi pour St-Gilles; de là il s'est transporté à Bellegarde, il a été de retour à Nîmes hier à 4 heures du matin.

Par ses ordres, des voitures chargées de pain continuent, presque sans relâche, à être dirigées sur Comps, Vallabrègues et les autres localités nécessiteuses.

DOMAZAN.

Domazan, 5 novembre.

Une maison neuve de cette commune s'est écroulée. Personne n'a péri; elle n'était pas encore habitée.

Aramon est dans la désolation. Le Rhône furieux a emporté les deux bâtardeaux construits aux deux extrémités du quai. Le sol se trouvant beaucoup plus bas que le niveau du fleuve, les flots se sont précipités avec une violence extraordinaire, et sillonnent ce bourg dans presque tous les sens. Les deux tiers des maisons sont entourées d'eau. Dans certains endroits, le courant est si rapide que les jeunes gens accoutumés à manier la rame, n'osent affronter la fureur des vagues.

On perce les murailles, on place des échelles sur les toits pour communiquer avec des maisons où l'on porte des comestibles. C'est un spectacle qui vous arrache les larmes, que de voir des pères, des mères emportant sur leur dos, sous leur bras, leurs enfants, les descendre par des échelles dans les bateaux.

Quelques maisons, dont les fondations étaient peu solides, et beaucoup de clôtures de jardins ont été renversées par la violence des eaux.

DÉPARTEMENT DE VAUCLUSE.

MORNAS.

Mornas, le 27 novembre 1840.

Monsieur,

Mornas a éprouvé une inondation du Rhône et du Lès telle que de mémoire d'homme on n'en avait jamais vu.

L'intérieur de la commune a été inondé d'un bout à l'autre jusqu'à la hauteur de trois mètres. La partie élevée a servi de refuge à la partie basse qui forme la moitié de la commune. Il a fallu tout déménager.

Nous n'avons point de maisons écroulées, si ce n'est quelques hangars et écuries, mais tous les murs de nos nombreux jardins sont démolis.

Mornas, dont les terres sont limitées au couchant par le Rhône, a 3,000 mètres de digues communales en pavés qui ont été toutes emportées; les divers propriétaires en ont autant. Notre plaine contient 1,200 hectares, et le dommage est évalué un million. Cinquante familles sont réduites à l'indigence ou sans asile.

Les habitants qui sont à l'abri des eaux ont donné des preuves d'humanité et de dévouement; la moitié a secouru l'autre moitié. Personne n'a péri, et aucun malheureux n'a manqué de rien;

les habitants des campagnes ont été secourus par le moyen de bateaux, et transportés eux et leurs meubles sur les hauteurs de la commune.

Je signalerai la conduite de M. Monnet, mon adjoint, et celle de M. Raynaud, brigadier de la gendarmerie, qui ont constamment occupé les postes que je leur ai assignés, ou ont été avec moi dans les endroits les plus périlleux, au moment où les digues furent emportées.

J'ai été assez heureux pour avoir une maison vaste sur la hauteur et sur la grande route; elle était remplie de monde, et mes écuries recevaient les chevaux de poste et les chevaux des diligences.

Agréez, etc.

Le maire de Mornas.
Pourchet.

AVIGNON.

3 novembre 1840.

L'extrémité désolante à laquelle Avignon est réduit, par l'effet de l'immense inondation, a forcé l'administration municipale de cette ville, de diriger immédiatement sur le département du Gard une grande partie de sa population pauvre, qui se trouve sans asile et sans nourriture.

Antérieurement à cette mesure forcée, M. le préfet de Vaucluse avait demandé à M. de Jessaint, par voie télégraphique, et au compte de la ville d'Avignon, l'envoi d'une douzaine de bœufs. — Cette ville est dans une situation désespérée, les sept huitièmes en sont inondés.

DÉPARTEMENT DES BOUCHES-DU-RHONE.

BARBENTANNE.

Barbentanne, le 19 décembre 1840.

Monsieur,

Chargé, par M. le maire, de répondre à votre lettre du 18 novembre, qui ne nous arrive qu'aujourd'hui, je viens vous donner une légère peinture de nos malheurs. Ne craignez pas, Monsieur, de charger le tableau, d'en assombrir les couleurs; malgré tout ce que vous pourrez dire vous serez toujours en dessous de la réalité. Nos sinistres sont si grands que ma plume frémit et se trouve impuissante à vous les raconter. Mais puisque vous voulez les faire figurer dans votre intéressant ouvrage, vous saurez mieux que moi, Monsieur, donner la forme qui convient à une si grande catastrophe.

Je viens me borner, pour ma part, à être l'historien fidèle des faits.

La petite ville de Barbentanne est située entre Avignon et Tarascon : sa position élevée, sur le penchant d'une colline, l'a garanti de toute inondation; mais malheureusement il n'en a pas été de même de son riche et fertile territoire, qui, par sa position fâcheuse au confluent du Rhône et de la Durance, a été submergé des premiers dans notre arrondissement, et a souffert horriblement de cette inondation de 1840 qui a été telle que de mémoire d'homme on n'en avait vu de semblable dans ces contrées.

Nos chaussées mutilées et emportées sur vingt-neuf points différents déversèrent rapidement les eaux sur notre territoire. Les fermes et maisons de campagne, qui résistèrent à ce choc violent, furent envahies et cernées de toutes parts par les flots réunis du Rhône et de la Durance. Hommes, femmes, enfants, vieillards, bestiaux de toute espèce, furent obligés de gagner, à la hâte, les hauts étages et de s'y enfermer sans provisions. Depuis le 30 octobre jusqu'au 20 novembre, nous n'avons cessé d'être dans l'eau, qui fut croissant pendant cinq jours et cinq nuits. Les malheureux au nombre de 1265, dispersés çà-et-là dans 287 maisons de campagne, ne cessèrent de pousser des cris et des hurlements pour signaler leur détresse ; les plus éloignés, impuissants à se faire entendre, arborèrent des signaux, ou tirèrent des coups de fusil.

Combien de personnes auraient perdu la vie, si en présence de cette terrible catastrophe, l'autorité sage et prévoyante ne se fût empressée de leur envoyer des vivres ! Mais la place n'était plus tenable : alors des bateaux ne cessèrent nuit et jour de transporter toute cette population en lieu de sûreté, au milieu des plus grands périls et de la plus grande consternation.

Cependant les eaux atteignirent bientôt une hauteur de 5 mètres 25 centimètres au-dessus du cours du fleuve. Cette crue qui s'opéra dans la nuit du mardi 3 novembre, bouleversa tout ce qui avait été épargné encore. L'effroi et le désespoir furent à leur comble. Les eaux s'élevèrent à 80 centimètres de plus qu'en 1755.

Le péril devenait de plus en plus grand. Déjà depuis le 1 novembre nos communications étaient coupées de partout ; et malgré les plaintes réitérées de M. le maire auprès de l'administration des postes de Tarascon, pendant 5 jours, à plusieurs reprises différentes, nous fûmes privés de toute correspondance. Le canon d'alarme tirait à Avignon : le tocsin sonnait à Tarascon, et nous étions sans nouvelles, abandonnés à nous mêmes sans espoir de secours. Pour alimenter une population de 3,000 âmes agglomérée alors dans nos murs, nous n'avions que 32 balles de farine. Les légumes s'épuisèrent bientôt, le sel manqua. Ceux qui craignaient une disette prochaine s'empressèrent d'accaparer les vivres. Mais l'autorité, dont la conduite a été si noble, si digne d'éloges, fit cesser cet abus.

Le 4 novembre vers 6 heures du soir, un détachement de soldats du 24ᵉ de ligne, composé de 17 hommes qui travaillait aux chaussées de Tarascon, surpris par les eaux, se réfugia à Barbentanne où il fut installé dans quatre auberges différentes au frais de la commune. Ils ont été traités comme des frères, malgré notre pénurie. Notre pays, toujours protecteur et hospitalier envers les étrangers, les vit partir avec regret. Si j'insiste sur ce point, ce n'est que pour faire voir qu'on ne refusa point de pain à ces malheureux militaires, ainsi qu'un journal l'a publié à cette époque.

Pendant tout ce temps de calamité publique M. Fontaine, notre maire, fut d'un zèle et d'une activité admirables malgré son âge avancé; M. Glenat, adjoint, ne craignit point nuit et jour d'être à la tête des bateliers et de partager leurs périls. Plusieurs conseillers municipaux ne cessèrent de prodiguer leurs avis, de voler aux secours des submergés, et de se porter sur les points menacés de nos chaussées. Plusieurs personnes se sont distinguées par une conduite noble et désintéressée. Des familles entières dont les habitations venaient de s'écrouler, doivent leur vie aux deux frères Sébastien et Guillaume Crouzet, qui, avec un frêle bateau volaient partout où il y avait une victime à sauver. Nous pouvons citer aussi la belle conduite de Reboul Pierre, ancien batelier, Hunein Pierre, Monier Vincent, propriétaire, Ollier dit Cascaya, Michel Boudoy, Raoul Jean dit Larie, M. Piélat, entrepreneur des travaux aux bords de la Durance, et une infinité d'autres dont on se souviendra toujours avec reconnaissance.

Au milieu de tous nos sinistres nous n'avons

point de victimes à déplorer. La Providence a veillé sur nous. Il faut dire aussi que pas une personne n'est restée oisive en face des événements ; tous ont rivalisé d'empressement et de courage.

Notre plaine, ordinairement si riante, si riche de végétation, présente l'aspect le plus désolant. Du haut de la montagne sur laquelle est situé Barbentanne, l'œil attristé ne découvre ça-et-là que des fermes, des maisons de campagne, des murs d'enceinte écroulés, des arbres abattus, des ravins profonds, des monceaux de sable, des tas de graviers ; et dans le limon gissent des bestiaux, des meubles, des denrées de toute espèce. Le bouleversement a été général et la dévastation complette.

D'après un travail où s'occupent MM. Michel Alexandre, Piélat Jean Baptiste et Bruyère Jean Baptiste, propriétaires et membres du conseil municipal, experts nommés par M. le sous-préfet, pour constater les pertes, on croit pouvoir les porter sans exagération à un million deux cent dix huit mille francs.

(Les déclarations des dommages se font en ce moment à la mairie ; un peu plus tard nous aurons le chiffre juste.)

TABLEAU ET NATURE DES PERTES ÉPROUVÉES.

Chaussées à reconstruire.	50,000 f.
Dégats aux réparations du Rhône et de la Durance.	20,000
Roubines et fossés à déblayer	10,000
Chemins vicinaux et communaux à réparer	30,000
Céréales pourries et étouffées	150,000
Garances étouffées et emportées	200,000
Luzerne	120,000
Jardinages et haies	90,000
Bestiaux noyés	8,000
Arbres arrachés	12,000
Maisons de campagne écroulées	100,000
Murs d'enceinte démolis	15,000
Pailles et fenassiers pourris ou emportés	50,000
Bois de feu et de construction	8,000
Meubles et linge perdus	15,000
Huile et vin	5,000
Avaries aux denrées et marchandises	5,000
Terrains emportés	130,000
Terrains ensablés, devenus stériles	200,000
Total	1,218,000

L'inondation a cessé ; mais l'on doute qu'au milieu de cette confusion de terrain, les propriétaires et les fermiers puissent connaître leurs limites. En certains endroits la Durance, grossie par les eaux du Rhône, ayant fait irruption, par mille crevasses aux chaussées, a vomi des cailloux, et a recouvert une grande partie du territoire d'une couche de sable, qui n'a pas moins d'un mètre d'épaisseur ; ces terres, ainsi ensevelies sont à jamais stériles. Il est encore à craindre que ce sable déversé sur nos terres, ne soit soulevé par les vents couroucés du nord et ne brûle le quelque peu de végétation que le printemps peut produire. Pareille chose est arrivée pendant trois ans de suite après l'inondation de 1755. Aussi appréhende-t-on un manque de récoltes pendant plusieurs années ; ce qui, dans notre population toute agricole, est le plus grand des malheurs.

Pendant ce temps de désolation, le jour on pouvait se voir, se comprendre, se consoler ; mais quand arrivait la nuit sombre avec la pluie battante, et que les cris des malheureux retentissaient dans la plaine inondée, on se demandait les larmes aux yeux : Demain n'aurons-nous pas des victimes à déplorer ? une telle campagne existera-t-elle ? Les bateliers intrépides, qui s'avanturent la nuit avec des fanaux, ne heurteront-ils pas contre les écueils sans nombre cachés sous les eaux de cette mer improvisée ?

Nos réparations si onéreuses, mais si indispensables sur les bords du Rhône et de la Durance, auront sans doute reçu de grands dommages. Peut-être les ouvrages défensifs seront-ils à recommencer. L'écoulement complet des eaux laissera à découvert ces nouvelles plaies.

Aujourd'hui le thermomètre est descendu à 8 degrés audessous de zéro; la neige tombe à gros flocons; les eaux du Rhône et de la Durance entrent de de nouveau sur nos terres ; le désespoir et la misère sont à leur comble. Notre espérance est toute en Dieu, lui seul peut nous sauver.

En présence des reconstructions de nos chaussées, du recurage des roubines, des réparations des chemins vicinaux et communaux ; en face des secours à distribuer aux infortunés ruinés par l'inondation ; à l'entrée d'un hiver peut-être long et rigoureux qui va nous trouver sans provisions, sans travail, avec des avaries et des pertes de toute nature, comment notre commune si pauvre, si maltraitée, pourra-t-elle supporter le fardeau si lourd de tant de dépenses ?

Ce tableau de nos misères nous fait frémir. Rassurons-nous pourtant avec la consolation de voir l'état disposé à nous prêter son appui. Honneur et remercîment aux personnes charitables qui viennent jeter un baume sur nos plaies, en ouvrant des souscriptions dont le produit donne du pain, des vêtements et un asile à l'indigent.

Notre conseil municipal, dans sa séance du 10 décembre, a voté à l'unanimité un crédit de

1,000 fr. pour payer les bateliers qui ont sauvé les 1264 personnes répandues dans les maisons de campagne. Il a fallu aussi distribuer des aumônes aux infortunés qui n'avaient plus de pain, plus d'asile.

D'après une commission où ont assisté MM. le maire, le curé et les administrateurs de l'hospice, présidée par M. Roux, inspecteur délégué de Marseille par M. le préfet, le nombre des chefs de famille réduits à la misère est de 217, non compris bien des familles qui, par la cessation des affaires et le manque de travail, se trouvent dépourvues, honteuses, souffrantes, sans oser tendre la main.

Déjà M. le président de la chambre de commerce de Marseille nous a adressé un premier secours de 1000 fr. qui a été distribué en pain et en argent aux infortunés. Les habitants de Barbentanne se font un plaisir de remercier ici publiquement cette Banque philanthropique qui, dans cette circonstance critique, a répandu des sommes énormes sur les communes inondées.

M. le sous-préfet d'Arles s'est empressé de nous adresser aussi un secours de 828 fr. qui a été immédiatement distribué aux malheureux.

Nos plaies sont toujours ouvertes et saignent abondamment; aussi attendons-nous encore des sommes plus fortes que celles déjà reçues, et l'on s'occupe dans ce moment de dresser une liste de toutes les personnes indigentes ou ruinées par l'inondation, qui restent à soulager.

J'ai l'honneur d'être, Monsieur, avec le plus profond respect, votre très-humble et très-dévoué serviteur,

MICHEL,
Membre du conseil municipal et expert délégué.

Vu et approuvé par nous maire de Barbentanne,

FONTAINE.

ARLES.

Arles, 31 octobre.

Hier, à huit heures un quart du matin, un radeau de quatre à cinq mille pieds cubes de sapin est venu heurter violemment la troisième barque du pont du côté d'Arles. L'immense rapidité du fleuve qui, avait alors 4 mètres 50 c. au-dessus de l'étiage, ayant imprimé à cet immense corps flottant une force prodigieuse, cette barque s'est enfoncée d'un mètre dans l'eau, a fait échapper les liens qui la retenaient au pont, a glissé sous le tablier qui, privé d'appui, s'est affaissé dans le Rhône et a bientôt été brisé. Les câbles d'amarrage qui restaient ont été successivement rompus, et la presque totalité du pont a été entraînée par le fleuve. Quelques ouvriers et quelques personnes zélées sont restées sur ses débris, et à force de manœuvre et de travail sont parvenus à l'amarrer à quatre ou cinq mille mètres d'ici, vis-à-vis un domaine en Camargue nommée la Rognouse. La barque atteinte par le radeau a été également sauvée ; on l'a arrêtée à trois mille mètres de la ville sur la rive gauche du Rhône, au lieu appelé Baréol. On ne peut encore apprécier le dommage, mais il est considérable.

Cette nuit, le Rhône a emporté la digue du plan du Bourg, à quatre mille mètres d'Arles, un peu au-dessous de Moncalde. La portion du plan du Bourg comprise entre la rive droite du canal, jusqu'à Molegés et le Rhône, est entièrement sous l'eau ; la brèche a environ trente mètres de largeur, on ne peut la réparer, et tant que le Rhône ne baissera pas, l'inondation continuera sans interruption, jusqu'à ce qu'elle ait atteint le niveau du fleuve.

3 novembre.

A minuit, des avis étant parvenus que la chaussée du grand Trébon donnait des craintes sur deux points qui étaient encore intacts, M. le maire d'Arles, pour sauver ce vaste territoire préservé jusqu'à cette heure, appela toute la population au secours de la chaussée en faisant sonner le tocsin dans toutes les paroisses. Grâce aux soins de quelques zélés travailleurs, on se rendit bientôt maître du fleuve sur les points attaqués. Au premier coup de tocsin, M. de Sigoyer, sous-préfet d'Arles, qui, dans toutes ces douloureuses circonstances a donné les preuves d'un dévouement absolu à ses devoirs, s'est rendu sur les lieux pour exciter l'activité de le population.

Sur les deux heures du matin, le Rhône qui, à neuf heures du soir, avait atteint près de cinq mètres au-dessus de zéro de l'échelle du Rhonomètre, et qui était resté stationnaire depuis minuit, a commencé à décroître tout-à-coup. La baisse était tellement rapide que l'on dut présumer que des ruptures considérables avaient eu lieu en amont du pont d'Arles, soit de notre côté, soit du côté du département du Gard.

Ces conjectures se sont malheureusement réalisées; la malle-poste de Marseille à Toulouse, qui avait traversé la ville à cinq heures du matin, a rencontré les eaux de l'inondation à mi-chemin d'Arles à Tarascon. Le postillon a tourné bride immédiatement pour fuir devent elles, et il était de retour à six heures.

A neuf heures, les eaux qui suivaient la pente de toute la plaine du Trébon, se sont présentées à l'extrémité de l'avenue plantée qui est en tête de la route départementale n. 15, et demi-heure après elles étaient à la porte de la Cavalerie.

Un batardeau très-fort a été construit immédiatement pour les refouler et les empêcher d'entrer.

Des mesures sont prises pour fermer les égouts et l'on organise activement des moyens de sauvetage et de secours à expédier sur tous les points.

Le maire a pris aussi des mesures pour prévenir l'encombrement et l'obstruction des cascades du Pas-de-Crau, et empêcher ainsi le renversement de cet ouvrage si important, comme il le fut en 1755.

Notre maire est parfaitement secondé par M. le commissaire de marine, qui dirige lui-même le sauvetage.

L'inondation couvre, au surplus, le pavé de la route en face du Pas. C'est en ce moment notre seule communication. Les routes de Nîmes et d'Avignon nous sont interdites. Nous sommes sans journaux et sans correspondance de Paris, depuis trois jours.

Tout le canton de Château-Renard est submergé. Celui de Tarascon l'est également ; cependant on pense, dans cette dernière commune, que la présence d'une grande quantité d'eau, qui couvre le territoire, et qui arrive du côté de Graveson, ne provient que des averses accidentelles et locales qui se renouvellent si fréquemment depuis trois jours.

ILE DE LA CAMARGUE.

Dans la Camargue, les digues se sont rompues ; les dégâts s'élèvent, dit-on, à un million.

Le Rhône a continué de faire des brèches au canal de navigation sur la partie droite. Leur longueur est d'environ douze mètres; l'une d'elles cependant, a plus de quarante mètres. Les ouvertures, au nombre de cinq, existent toutes entre la Montcalde et la tour de Mollegès.

On a pu hier résister à la violence des eaux, tant qu'a duré le jour; mais l'obscurité, la pluie incessante, la fatigue des hommes, le manque de tous matériaux, les vagues que le vent soulevait dans la plaine inondée comme sur une mer, et qui sapaient les digues, tout s'est réuni pour amener un affreux désastre. L'ingénieur en chef du département, M. Poulle, s'est surpassé; il était partout. Comme on appréhendait que les eaux qui arrivaient de Tarascon, ne vinssent, après avoir ravagé les marais, renverser aussi les berges de la rive gauche et s'introduire ensuite dans le canal, M. l'ingénieur en chef s'est hâté de prendre des dispositions pour repousser ou du moins combattre ce nouvel ennemi. C'est un radeau arraché à ses amarres et poussé par le courant avec force qui a culbuté le déversoir de l'écluse de l'Étourneau. La martellière du Mas-Thibet est tombée aussi. Au demeurant, le mal ne s'est pas aggravé depuis hier, mais le canal est assailli; il va être attaqué dans tous les sens, et il ne peut sortir d'une lutte aussi prolongée et aussi terrible que dans l'état le plus déplorable.

St-Remy.

St-Remy, 4 novembre.

Dès le premier de ce mois, une partie de la plaine entre St-Remy et Tarascon était inondée; mais dans la nuit du 2 au 3 novembre, le Rhône a franchi ses bords et même emporté les digues qui le contenaient. Depuis hier, l'eau couvre toute la plaine jusques à l'auberge de la Rode, à une lieue de St-Remy.

MARSEILLE.

Un orage que de mémoire d'homme Marseille n'en avait pas vu, a éclaté sur la ville, vers quatre heures du soir, avec une fureur inouïe. Des trombes d'eau, accompagnées de grêle, d'éclairs et de tonnerres, ont en quelques minutes inondé les rues et les places et obstrué tout passage aux piétons et même aux chevaux. De toutes les rues adjacentes au port descendaient de véritables fleuves, impétueux comme le Rhône; les vagues s'élançant par-dessus les trottoirs, sillonnaient les rez-de-chaussées des maisons, pénétrant dans les caves, entraînant tout sur leur passage.

La cuvette de la fontaine de la place Royale, du côté de la rue Vacon, a été long-temps envahie par les eaux courantes ; cette cuvette a deux pieds et demi d'élévation.

Une voiture, dont le cocher s'obstinait à vouloir entrer dans la rue Paradis, a failli être renversée, et ce n'est qu'avec peine qu'elle a pu rétrograder. Les chevaux avaient de l'eau jusqu'au poitrail.

Ce déluge a duré deux heures.

CHAPITRE ANECDOTIQUE.*

LYON.

Pendant tout le cours de l'inondation, un batelier qui s'était établi dans la rue Tête-de-Mort, a transporté les passagers sans vouloir accepter de rétribution. Il n'a reçu quelque argent que de la part des personnes que la seule curiosité conduisit à son bateau. Nous aimons à signaler ce brave citoyen qui se nomme Chamart.

— A la Mort-qui-Trompe et sur les quais Saint-Antoine et Villeroy, le sieur Buisson, syndic de la seconde compagnie des crocheteurs du port du Temple, a fait preuve du plus grand zèle et du plus généreux dévouement, pour secourir les personnes qui se trouvaient exposées, pour procurer des moyens de communication à celles qui voulaient aller d'un lieu dans un autre, et pour porter des subsistances à ceux qui en manquaient. Ce n'est pas seulement à l'aide d'un batelet qu'il a rendu de si nombreux services, c'est aussi en se mettant dans l'eau jusqu'à la ceinture.

---

* Il nous serait impossible de signaler à la reconnaissance publique tous les traits de courage et de dévouement qu'a fait naître, dans l'ame de nos concitoyens, sur tous les points de l'inondation de 1840, le péril de leurs frères. Nous nous bornons à rappeler les suivants.

— Le 8 novembre, deux jeunes gens montés sur un radeau se rendaient à leur domicile sur le quai des Célestins, leur légère embarcation heurte contre un mur, ils sont renversés par le choc ; les sieurs Mazalon, limonadier, et Sérail, crocheteur, volent à leur secours et les retirent sains et saufs du courant qui les entraînait déjà.

— Le sieur Pierre Davignon, âgé de 25 ans, commissionnaire, demeurant rue des Prêtres, n. 7, est resté dans l'eau pendant cinquante-deux heures pour sauver les marchandises provenant du bazar parisien, quai Saint-Antoine. Jeudi, 5 novembre, il s'est jeté à la nage dans la rue Belle-Cordière pour sauver un maçon qui était entraîné par le courant, et qu'il a retiré sain et sauf. Enfin, dimanche, 8 novembre, une femme, tombée d'une voiture chargée de dix personnes, était prise entre la roue et le brancard, et allait être infailliblement noyée ; Davignon entendit ses cris, courut à son secours en se jetant à la nage, et parvint encore à la sauver. C'est, dit-on, la onzième victime qu'il arrache à la mort. Annoncer ce trait, c'est le plus bel éloge que l'on puisse faire de ce brave et généreux citoyen.

— Dans la soirée du jeudi 5, vers neuf heures un vieillard qui s'était hazardé dans l'eau, sur le quai d'Occident, se sentait entraîner par le courant et appelait au secours lorsque, malgré l'obscurité, le sieur Dervieux, tonnelier, se jeta à la nage, et eut le bonheur d'arracher à la mort ce malheureux vieillard. Le lendemain, il a encore sauvé dans la rue des Colonies un jeune homme qui s'était imprudemment aventuré sur un radeau, et qui étant tombé dans l'eau, très-rapide en cet endroit, se serait infailliblement noyé.

— Au moment où le pont du Palais-de-Justice venait de s'abîmer sous les eaux, et que ses débris entraînaient tout ce qui se trouvait sur leur passage, les sieurs Richardy, adjoint au syndic; et Villard aîné, crocheteur de la seconde compagnie du Port-du-Temple, sont parvenus, au mépris du plus grand danger, à préserver, en les attachant très-fortement, deux bateaux de charbon, amarrés au port des Célestins, appartenant aux sieurs Richard et Montalan, et dont, sans cette périlleuse précaution, la perte était inévitable.

Ces deux courageux citoyens ont aussi puissamment contribué au sauvetage des marchandises de MM. Gillet et Plasson, commissionnaires; de M. Savy, libraire, et de plusieurs autres habitants. Ajoutons que déjà, dans d'autres circonstances, Richardy s'était acquis des droits à la reconnaissance publique, en sauvant, soit plusieurs personnes en danger de se noyer, soit plusieurs bateaux qui souraient des risques.

Ce brave homme a malheureusement succombé aux fatigues qu'il a essuyées pendant cette affreuse catastrophe.

— Le sieur Benoît Delrieux, modère, qui conduisait avec un rare désintéressement les passagers dans son batelet, a, dans la cour des bains de la rue d'Egypte, sauvé une femme qui se noyait.

— Deux habitants de la Guillotière, les sieurs Vézier, voiturier, et Marchand, charpentier en bateaux, ont, dans la soirée du 4, sauvé un gendarme expédié en ordonnance à M. le préfet, et qui était sur le point de périr sur la charrette dans laquelle un voiturier le conduisait depuis le Pont Tilsitt.

VILLEFRANCHE.

Le 29 octobre, le torrent du Morgon avait déjà franchi ses limites et porté l'épouvante dans Villefranche et les environs. Un homme et une femme avaient péri au lieu dit de la Claire, et leurs cadavres meurtris n'avaient été retrouvés que le lendemain.

Mais dans la nuit du 1er au 2 novembre, le torrent déborda plus terrible. A sept heures du matin, après avoir envahi l'hôtel de la sous-préfecture, il battait en brèche, près de la tour dite de Liergues, les anciens remparts de la ville et en faisait écrouler une partie. Il avait coupé la ville en deux, de manière à fermer toute communication entre la partie du nord et la partie du midi. Les portes et les fenêtres du rez-de-chaussée ne suffisaient pas pour donner passage aux eaux qui remplissaient les maisons. Dans l'église, les chaises sortaient par les portes, et les autels changeaient de place; des pierres sépulchrales avaient été remuées. Toute la ville était sur pied et la consternation peinte sur toutes les figures.

De plus grands malheurs menaçaient surtout la commune de Belligny, tout près de Villefranche, et dont une partie, appelée la Quarantaine, était bâtie en pisé. Déjà plusieurs maisons s'étaient écroulées lorsque, sur les sept heures du matin, M. Gonnet, avocat à Villefranche, rentrant chez lui pour changer de vêtements et prendre quelque nourriture, et voyant beaucoup de personnes qui parlaient avec force, comprit qu'elles parlaient d'un grand malheur qui venait d'arriver, ou qui était sur le point d'arriver. Il s'approche et il apprend qu'à la Quarantaine, une troupe d'individus, hommes, femmes, enfants, vieillards, fuyant leurs maisons qui s'abattaient, n'avaient pu trouver un refuge que sur un petit mur de clôture dont une partie était en pisé. Leurs cris, ajoute un des interlocuteurs, annoncent leurs périls ; les eaux les entourent de toutes parts et atteignent presque le haut du mur qu'elles vont entraîner avec ces malheureux. « Courons, s'écria M. Gonnet, et appelons à nous tous ceux que nous trouverons sur notre route. » Il achète aussitôt une grande corde et entraîne avec lui toutes les personnes qu'il rencontre. Arrivé à la Quarantaine, au chemin des Jardiniers, il trouva bien du monde déjà attiré par les cris des réfugiés, mais cette foule, consternée, silencieuse, ne prenait aucune résolution. M. Cambonnet, commissaire de police, avait accompagné M. Gonnet, et M. Durieu-Milliet, maire de Villefranche, arriva aussitôt, ainsi que M. Revin, maire de Belligny. Le maire de Villefranche consulta M. Dupont, pompier, qui répondit par ces paroles qui furent entendues de M. Gonnet et de bien d'autres personnes : « *Quiconque passera, périra,* » paroles qu'il répéta plusieurs fois en élevant la voix, et qui fut cause que l'impossibilité de tout salut fut reconnue un moment. M. Boiron, avoué, qui était accouru sur les lieux avec M. Gonnet, dit au pompier : « Taisez-vous donc, M. Gonnet pense qu'on peut sauver ces malheureux, et il veut les sauver à tout prix. » Le pompier lui répondit : « Si M. Gonnet veut les sauver, qu'il les sauve lui-même, mais qu'il ne fasse pas périr ces braves gens en leur faisant traverser le torrent. »

Cependant les cris des réfugiés devenaient plus rares, et de temps en temps on entendait des écroulements. Cette rareté de cris provenait-elle de l'épuisement des réfugiés qui depuis quatre heures étaient sur leur mur, ou une partie d'entre eux avait-elle déjà été ensevelie sous les eaux? triste question que l'on se faisait à soi-même sans oser la faire à personne.

C'est au milieu de cette consternation générale que M. Gonnet prend la noble résolution de sauver tant de victimes sur lesquelles tout le monde gémit, mais dont personne n'entreprend le salut. Il parcourt les rangs du peuple, appelle à lui les hommes courageux; il exhorte, il implore, il supplie, personne ne vient à lui. Les paroles du pompier ont produit leur effet : « Quiconque passera, périra. » M. Gonnet, apercevant un jeune ouvrier, et lui montrant sa corde : « Tiens, Pinchinna, cent écus si tu portes l'un des bouts de cette corde de l'autre côté du torrent. Nous t'attacherons à la corde, et nous te sauverons si ta vie est en danger. » Pinchinna fixe le torrent, puis baisse les yeux, reste immobile et ne répond pas. M. Gonnet traverse de nouveau la foule en faisant inutilement un second appel. Il revient au jeune ouvrier qu'il a enfin le bonheur de décider. Ce premier succès qu'il obtient le remplit de joie, parce qu'il sait que, le premier élan une fois donné, les hommes sont capables de faire ce qui d'abord leur paraît impossible.

Pinchinna et le commissaire de police traversent le bief qui longe le chemin des Jardiniers, puis une partie du pré couvert par les eaux, et arrivent vers la partie la moins élevée des bâtiments d'un meunier. M. Gonnet les fait suivre aussitôt par quelques autres ouvriers chez qui il trouve alors moins de résistance. On monte sur le toit du moulin afin de bien savoir où sont les réfugiés qu'on n'avait pu apercevoir du chemin des Jardiniers. Cela fait, on passe sur l'écluse le long du moulin, et on arrive sur le bord du torrent qui mugit avec fureur et qu'il s'agit d'affronter. Pinchinna se dépouille d'une partie de ses vêtements, on le lie avec la corde, et il se met dans les flots. Il n'a pas atteint le milieu du torrent, qu'il est emporté avec violence vers le mur du moulin. On le sauve au moyen de la corde qui le lie. Cette tentative hardie, mais malheureuse, semble faire perdre toute espérance.

Malade depuis long-temps, M. Gonnet avait craint de traverser le bief et la prairie couverte par les eaux, et il était resté dans le chemin des Jardiniers avec le peuple. Mais voyant Pinchinna retiré des flots, et pensant que son noble exemple ne serait pas imité par les ouvriers qu'il avait fait suivre, il accourt au milieu d'eux pour faire naître un second dévouement. Il n'était pas encore arrivé que déjà M. Cambonnat avait pris au collet François Gouron, domestique, et lui avait dit : « Allons, du courage, vous êtes plus fort que Pinchinna, essayez; vous avez entendu la promesse de M. Gonnet. » Gouron se met à l'eau, atteint péniblement le milieu du torrent où il lutte, lutte long-temps, conservant toute sa tête, et puis, rassemblant toute ses forces, il gagne la rive tant désirée, où il fixe le bout de la corde à un portail. De l'autre côté, on la fixe à un hangar, et voilà enfin la corde de communication établie.

Pinchinna, étourdi un moment, mais comme irrité de ce qu'un autre a fait ce que lui-même a tenté avec tant de courage, saisit la corde de communication, et veut au moins arriver le second. Mais plus audacieux qu'heureux, il est soulevé par une vague avec tant de fureur, que l'on voit un instant ses pieds bien au dessus des eaux. M. Gonnet lui crie: « Tiens bien la corde. » Il redouble de courage, et arrive vers Gouron. Jean Lapierre, aussi domestique, passe le troisième.

Pendant que ces deux derniers traversent le torrent, d'autres ouvriers, dirigés par M. Cambonnat, construisent un radeau avec une grosse échelle de meunier, des portes et des volets. On lie le tout avec des cloux-crosses qu'on arrache des poutres. Ce fut l'affaire de quelques minutes. On fixe à ce radeau une corde qui va communiquer avec la corde de communication elle-même, au moyen d'un nœud coulant qui doit servir de *traille*. On en fixe une seconde que l'on jette aux ouvriers qui étaient passés, afin qu'ils tirent le radeau à eux. M. Cambonnet demande un homme courageux pour monter sur le radeau. M. Larose, marchand de charbons, se présente, et M. Gonnet lui dit : « Si le radeau est entraîné, gardez-vous bien d'abandonner la corde qui correspond à la grande, et vous vous sauverez par là. » Le radeau est lancé à l'eau, mais il est si effroyablement tourmenté que l'on craint pour la vie de Larose, et que les ouvriers à qui on a jeté la seconde corde, font d'inutiles efforts pour l'amener à eux. Alors M. Gonnet crie à M. Larose : « Coupez près du radeau la corde que vous tenez, et sauvez-vous par cette corde. » Il la coupe, le radeau est emporté comme une plume, et Larose rejoint péniblement, mais avec courage, les ouvriers déjà passés.

Cependant on entend avec effroi le bruit de l'écroulement d'une maison, puis de grands cris de détresse. La maison qui était liée au petit mur des réfugiés, vient de s'abattre, et l'un de ses murs, en tombant, frappe les eaux avec tant de force, qu'il produit une vague qui entraîne et engloutit l'infortuné Montrat, l'un des réfugiés. Il était à quelque distance de sa femme, de ses enfants et des autres malheureux qui le voient disparaître sous leurs yeux, et qui, à chaque instant, craignent le même sort pour eux mêmes.

On redouble de courage pour arriver à eux; mais il faut traverser un jardin parcouru par quatre à cinq pieds d'eau qui a pu, dans une terre travaillée et mobile, creuser quelque précipice. L'un des ouvriers, ne pouvant enfoncer la porte du jardin soutenue par le poids des eaux, avait saisi un gros morceau de bois que les flots entraînaient, et s'en était vigoureusement servi pour faire un trou au buisson.

Les ouvriers lient, avec une corde dont ils gardent une extrémité, un de leurs camarades qui pénètre dans le jardin d'où on le voit bientôt revenir tenant un jeune enfant élevé sur sa tête. A la vue de cet enfant, première victime sauvée, M. Gonnet bat des mains pour témoigner sa joie et pour encourager. C'était l'enfant Chabert que sa mère, entendant sa maison craquer de toutes parts, avait jeté dans les eaux où elle l'avait suivi elle-même. L'un des réfugiés s'était mis tout nu sur son mur pour être prêt à sauver la mère et l'enfant; ce qu'il a fait en les plaçant sur le mur de refuge.

Deux ouvriers, l'un tenant l'enfant, et soutenu

lui-même par son camarade, traversent heureusement le torrent avec le petit Moïse.

Plusieurs enfants viennent après celui-ci. Mais le passage des grandes personnes réfugiées offre aux ouvriers de nouvelles difficultés et de nouveaux périls. Ces malheureux, depuis long-temps sur leur mur, et qui, à la disparition de l'un d'eux, ont poussé leur dernier cri possible, sont plus morts qu'en vie, et il faut que deux ou trois ouvriers sauvegardent celui qui porte la personne. Alors le torrent, trouvant une barrière formée par quatre ou cinq corps serrés les uns contre les autres, reçoit plus de force de cet obstacle à son passage, et l'on dirait que, furieux de se sentir braver, lui qui en jouant déracine et entraîne les arbres, abat les maisons, il veut joindre de nouvelles victimes aux victimes qu'on a l'audace de lui enlever. Dans cette lutte, les ouvriers sont plus qu'admirables, et la victoire finit par leur rester.

Des ouvriers, autres que ceux mentionnés, ont puissamment contribué pour le passage.

Pendant qu'il s'effectuait, beaucoup de citoyens étaient accourus par curiosité, quelques-uns pour prendre part à cette belle action. Du nombre de ces derniers est la gendarmerie de Villefranche, qui arrive lorsqu'une partie des réfugiés était déjà sauvée. L'officier resta entre la prairie et l'écluse du moulin, ses gendarmes vinrent vers le torrent, et M. Bretin, maréchal-des-logis, voulut le traverser. Voyant qu'il négligeait de prendre la corde de communication, M. Gonnet lui cria plusieurs fois : « Prenez la corde. » Il n'en fit rien ; et sans les braves ouvriers, il aurait payé trop cher son inutile imprudence. Il allait périr avant d'atteindre le milieu du torrent, et sa tête se renversait déjà en arrière, lorsque les ouvriers formant une chaine, l'un d'eux tenant la corde, le sauvèrent. Il ne faut être imprudemment courageux qu'autant qu'on ne peut pas l'être avec prudence. On peut juger des périls qu'ont courus les ouvriers par celui qu'a couru le maréchal-des-logis lui-même. Une fois sauvé par ces braves gens auxquels il doit sa juste reconnaissance, il traversa le torrent et aida courageusement à sauver ceux qui restaient. Ils étaient vingt-deux en tout.

Sur le théâtre même de l'événement, M. Gonnet pria les ouvriers de venir déjeûner avec lui, et il les réchauffa avec du vieux Thorins. Quelques temps après il les réunit encore tous autour de sa table pour réaliser, à la fin du diner, les promesses qu'il leur avait faites, et leur annoncer que jusqu'à sa mort, ils l'obligeraient en venant dîner avec lui le 2 novembre de chaque année. « Mes bons amis, leur dit-il, avant de les quitter, et en leur serrant affectueusement la main, je prie Dieu qu'il vous conserve long-temps ; mais lorsque l'un de vous mourra, je le remplacerai le 2 novembre par un de ses enfants auquel je raconterai le dévouement de son père. Vous avez écouté ma voix dans une grande et malheureuse circonstance. Écoutez-la toujours, si l'occasion se présente. Je ne vous demanderai jamais que des actions belles et honorables, de ces actions que vous savez si bien faire. Vous avez sauvé vingt-deux personnes le 2 novembre : c'est une journée bien glorieuse pour vous; c'est pour cela que je veux que, chaque année, nous la célébrions ensemble. Vous êtes du peuple, et moi aussi, mes amis; je lui appertiens par ma naissance, et je lui suis resté attaché par mes affections. »

Il y a de bien belles actions au fond du cœur du peuple; le tout est de les en faire sortir. Il parait que M. Gonnet a cette science, et pour être juste à son égard, on doit ajouter qu'il défendit au commissaire de police de le mentionner dans le rapport qu'il devait adresser sur cet événement à M. le sous-préfet de Villefranche et à M. le procureur du roi. Mais cette mesure fut inutile, puisque l'action de M. Gonnet ayant eu lieu sous les yeux d'un grand nombre de personnes, elle fut connue le jour même, non-seulement à Villefranche, mais dans tous les environs. C'est une des plus belles que les inondations aient produites. M. Gonnet a reçu les félicitations de tout le monde, et il n'a pas dû être peu étonné en voyant dans le *Moniteur* du 4 janvier que l'action qui lui appartenait, avait été donnée à d'autres que M. le ministre de la guerre signalait dans son rapport au roi.

Le même jour que M. Gonnet fit sauver ces vingt-deux personnes, une fille restée sur un mur écroulé, de l'autre côté de la Quarantaine, fut sauvée par d'autres personnes au moyen d'une corde qu'on lui jeta. Elle l'attacha comme elle put, et au moyen de cette communication, trois jeunes gens traversèrent les eaux et sauvèrent cette femme.

Sur la même commune, au lieu dit de Bordelaud, douze personnes s'étaient réfugiées sur des toits, et les nommés Cornier et Raynard allèrent sur un bateau les chercher à la chute du jour, et et ils ne furent de retour qu'à onze heures du soir, amenant avec eux ces douze personnes pour lesquelles ils avaient fait un périlleux voyage. La gendarmerie assista à l'embarquement des deux mariniers, et attendit leur retour.

— Dans la commune de Quincieux, le hameau de Varenne, placé sur une petite éminence qui semblait le mettre au-dessus des inondations, se trouva tout-à-coup entouré d'eau à la hauteur de plus de trois mètres. Les habitants qui n'avaient pris aucune mesure de prévoyance, se virent dans l'impossibilité d'échapper au danger qui les menaçait. Dans ce moment où tout espoir semblait perdu pour ces malheureux, Paul Forest, pontonnier de Trévoux, arriva avec le plus grand de ses bateaux. 120 personnes furent transportées en lieu de sûreté par cet homme courageux. Pendant trois heures il ne cessa de faire le trajet de Quincieux à Varenne et de Varenne à Quincieux, et grâce à son zèle et à son intrépidité qui ne se ralentirent pas un seul instant, les habitants de ce hameau, qui se croyaient perdus, purent sauver une partie de leur mobilier. Pendant que Forest se dévouait pour les autres, sa propre maison s'écroulait; il a perdu toute sa petite fortune.

M. le préfet du département de l'Ain, témoin de cet acte de courage qui excitait l'admiration de toute la commune, ému au dernier point, ôta la décoration qui ornait sa boutonnière, la plaça sur la poitrine du brave Forest, et lui dit en versant des larmes d'attendrissement : « Quand j'aurai reçu celle qui vous revient de droit, vous me rendrez la mienne. »

— Dans cette même commune et au même instant, comme pour faire opposition au courageux dévouement de Paul Forest, un habitant du pays, après avoir dérobé un bateau appartenant à ce même pontonnier, se hâta de transporter sa famille et son mobilier à l'abri de l'inondation. A chacun de ses voyages, un individu qui s'était réfugié sur un arbre, le suppliait de le prendre dans son bateau et de le ramener à terre. A ses prières, à ses larmes, Chatelain (son nom m'était échappé) est resté constamment sourd. La dernière fois qu'il revint, son bateau était chargé d'une énorme quantité de légumes divers; nouvelle supplique du pauvre homme grimpé sur l'arbre, qui voit l'eau croître à chaque instant, et la mort approcher de plus en plus. Chatelain passe tout près de lui en contemplant avec bonheur les choux qu'il vient de sauver du naufrage. Depuis cet événement, Chatelain n'a pas reparu dans la commune.

— A Ambérieux, sur la grande route, auprès du pont d'Anse, le courrier allant de Lyon à Paris n'osait s'engager à travers les eaux de l'Azergue qui couvraient la route royale aux abords du pont d'Anse. Le courant était très-rapide. Personne n'osait le franchir, et chacun déménageait des maisons voisines. Un habitant de cette localité, le sieur Chanay, occupé comme les autres à enlever son mobilier, abandonne ce travail pour venir à l'aide de la malle, qu'il conduit, une lanterne à la main, au milieu du courant, en évitant les coupures que le torrent avait faites sur la route. Après avoir mis la malle en sûreté, il veut rentrer chez lui ; il n'était plus temps, sa maison s'était abîmée, tout son mobilier était perdu. Il lui restait deux autres maisons à Ambérieux, elles ont toutes les deux été englouties comme la première.

Ce n'est pas tout, quelques instants après, la voiture de Beaujeu allant à Lyon passe ; Chanay se met à la tête des chevaux et les dirige au milieu des dangers, au grand péril de ses jours.

Le 2 novembre, à sept heures du matin, un détachement d'environ 200 soldats du 44e de ligne se rendait à Perpignan par Lyon pour former le 25e léger. C'est encore Chanay qui se met à la tête de ce convoi, et tous les soldats passent en se tenant par la main.

Chanay n'a reçu d'autre récompense qu'une somme de 1 franc qu'il a sur-le-champ donnée à un plus malheureux que lui. Cet homme a tout perdu, absolument tout, et il a des enfants.

— A Neuville-sur-Saône, le sieur Devignolle, François, garde-champêtre, était en observation sur la route départementale, non loin du quai envahi par les eaux; il entend crier au secours. Deux hommes déjà au courant de l'eau, sont sur le point de se noyer. Mesurer la distance qui les sépare, se jeter à l'eau, et, à l'aide de deux autres personnes qui formaient chaîne, en sauver un, ne fut que l'affaire d'un moment. Mais le sieur Vicard, de Genay, plus éloigné, ne pouvait être sauvé que par un dévouement héroïque. Le courant était rapide; Devignolle, aussi prompt que l'éclair, se dépouille de ses vêtements, et se trouve bientôt près de Vicard qu'il a le bonheur de ramener sain et sauf sur la rive. Cet acte est d'autant plus recommandable que Devignolle est boiteux et peu dispos par suite de blessures reçues à l'ancienne armée.

Poésie.

Sur les bords écumants des fleuves
Qui roulent des flots et des cris,
Les vieillards, les enfants, les veuves
Pleurent leur asile en débris ;
La cime d'arbre est le refuge
Que l'homme dispute aux oiseaux,
Et la voix morne du déluge
S'éteint par degrés sous les eaux.

L'ange des détresses humaines
Recueille ces vagissements,
Ces sanglots, ces chutes soudaines
Des villes sur leurs fondements.
Aux sourds craquements des collines
Mêlant ses lamentations,
Il souffle aux oreilles divines
Le chant de deuil des nations,

Mais bientôt la terre s'essuie ;
D'autres bruits changent son accent
C'est l'arbre courbé sous la pluie
Qui frémit au jour renaissant.
C'est le marteau, c'est la truelle
Qui rebâtit le nid humain ;
C'est l'or abondant qui révèle
L'aumône, en sonnant dans la main !

L'ange de la céleste joie
Passe emportant au créateur
Ces bruits que le bienfait renvoie
A l'oreille du bienfaiteur ;
Il en forme un concert de grâces
Qui dit au Seigneur irrité :
« Ton déluge n'a plus de traces
« Sur un globe de charité !....

LAMARTINE.

INONDATION DE 1840. *

Avez-vous écouté la sombre prophétie
Qu'un Daniel jetait à l'écho des cités ;
Oracle qu'ont flétri du nom de facétie
Les Balthazars d'un siècle ivre de voluptés ?

Sur des rocs à fleur d'eau fixant votre paupière,
Avez-vous visité, pélerin curieux,
La Sibylle du Rhône assise sur la pierre
Qu'un batelier montrait d'un doigt mystérieux ?

Eh bien ! ces temps prédits par une voix biblique,
Ces maux futurs gravés sur le roc symbolique,
Ils sont venus ! l'oracle enfin s'est accompli ;
L'énigme avait un mot dont le sens est rempli,
Et mil huit cent quarante, année aux jours néfastes,
De ses pages de deuil attristera nos fastes.

Novembre, enveloppé d'un manteau de brouillards,
A peine au coin de l'âtre exilait nos vieillards,
Et l'automne étalant ses graves harmonies,
Dépouillait les coteaux de leurs feuilles jaunies,
Quand tout-à-coup le ciel, vaste nue aux flancs noirs,
Comme une cataracte ouvre ses réservoirs,
Sillonne l'horizon de son immense trombe,
De nos monts sur la plaine avec fracas retombe,
Et de l'humble ruisseau, qu'il transforme en torrent,
Grossit le fleuve altier qui marche en conquérant.

* Cette pièce dont la couleur est aussi belle que les sentiments en sont honorables et généreux, nous vient d'un poète que M. de Lamartine a signalé dans son dernier volume.

Tout conspire à la fois : un malfaisant génie
Semble de la nature insulter l'agonie.
Pour irriter encor l'élément orageux,
Un vent chaud du Jura fond les sommets neigeux ;
Le Doubs impétueux déborde ses rivages,
La Reyssouse en fureur promène ses ravages,
Et la Seille et la Veyle aux paisibles roseaux,
Tous servent de cortége au colosse des eaux.

Chacun reste accablé sous l'effroi qui l'oppresse.
Adieu la politique ! adieu la jeune presse,
Rêvant une croisade aux cèdres du Liban,
Où Selve par la gloire ennoblit le turban !
Adieu l'hymne de guerre au refrein électrique !

Sur l'échelle du pont, nilomètre historique,
On court, l'œil inquiet, consulter le niveau
Le fleuve monte encore, il monte de nouveau,
Dépasse la hauteur des plus anciennes crues,
Franchit nos parapets, s'élance dans nos rues,
Envahit l'humble échoppe et le splendide hôtel,
Et baigne de ses flots les marbres de l'autel.

Fléau dévastateur, que la mort accompagne,
Il s'étend dans les prés, il couvre la campagne.

Sur ces fertiles bords, des touristes aimés,
Où sont-ils ces hameaux comme des fleurs semés,
Ces sites enchanteurs, ces gracieux villages
Que le saule argenté voilait de ses feuillages ?
Cormoranche, Thoissey, Vésine, Saint-Romain,
Fleurville dans les airs suspendant un chemin,
Montmerle au vieux clocher, Farges aux maisons blanches,
L'onde a tout balayé : ses jaunes avalanches
Entraînent pêle-mêle arbres, chaumes, lambris,
Récoltes de l'année ; et parmi ces débris,
L'œil, avec épouvante interrogeant l'espace,
Croit distinguer parfois un cadavre qui passe,
Et contempler au loin, dans sa morne terreur,
Le tableau du déluge et ses scènes d'horreur.

Oh! comment dérouler cette affreuse peinture ?
Ces champs dont j'admirais l'opulente culture
N'offrent à mes pinceaux que de ternes couleurs.
Partout le désespoir et partout les douleurs !

Le tocsin frappe l'air de ses sons lamentables ;
D'affreux mugissements s'échappent des étables.
Le curé du hameau, bon prêtre aux cheveux blancs,
Nuit et jour au milieu des villageois tremblants,
Seul montre un front serein à la foule égarée.
Les uns, prêtant l'oreille à sa voix vénérée,
Se courbent sur la rame, et guidant leurs bateaux,
Déposent leurs trésors au penchant des côteaux ;
Les autres s'écriant que c'est leur dernière heure,
Que l'Ange de la mort frappe à chaque demeure,
Sous l'ivresse du vin étouffent leur raison,
Tandis que récitant la pieuse oraison,
Les femmes, sur leur sein pressant un scapulaire,
Invoquent à genoux la vierge tutélaire
Dont le bras étendu soudain calme les flots
Et dont l'étoile est chère aux pauvres matelots.
Ici quelques vieillards étendus sur la paille,
Quand l'eau, comme un bélier, crevasse la muraille,
Immobiles, muets et glacés de stupeur,
Repoussent les secours qu'apporte la vapeur.
Là, sur un toit qui craque, une famille en larmes,
Dont la nuit va bientôt redoubler les alarmes,
Cherche un refuge et voit s'écrouler tour-à-tour
Les villages lointains et les toits d'alentour.

Retracerai-je aussi ma ville consternée,
Dans ses quartiers déserts la Saône déchainée,
Les barques se croisant dans ces nombreux canaux
Où scintillent parfois de nocturnes fanaux ?
Bourgneuf* dont le pisé s'affaisse et tombe en poudre
Avec un bruit semblable aux éclats de la foudre ?
Citerai-je, parmi ces citoyens zélés,
Phares consolateurs de ces lieux désolés,

* Faubourg de Mâcon entièrement détruit.

Cet élu du pouvoir; providence attentive,
Imprimant aux secours sa vigilance active?
Cet homme généreux ouvrant ses ateliers
Au malheur qui bénit leurs murs hospitaliers ?
Ce jeune magistrat que nul péril n'étonne,
Qui rassure, encourage, exhorte, presse, tonne,
Tendant aux uns du pain, aux autres de l'argent ?
Et ce peuple aux bras forts, au cœur intelligent,
Admirable foyer de dévoûments sublimes,
De courages obscurs, de vertus anonymes?
Ces mâles portefaix sous la blouse en lambeaux,
Ces hardis mariniers dans le danger si beaux,
Je les ai vus, luttant sur les vagues grondantes,
A travers les débris, sous les poutres pendantes,
Sauver du malheureux les meubles vermoulus,
La femme bientôt mère et le vieillard perclus,
Et j'ai lu dans leurs yeux presque de la colère
Quand dans leur main calleuse on glissait un salaire ;
Et ces soldats du feu, qui, braves par devoir,
Comme la Salamandre au fabuleux pouvoir,
Eteignent l'incendie en traversant la flamme;
Ils volent où la voix de leurs chefs les réclame,
Par la pluie inondés, chargés de lourds fardeaux,
Improvisant des ponts, des barques, des radeaux,
Sur des murs lézardés montant à l'escalade,
A leur robuste épaule attachant le malade
Ou certaine plaideuse au fol entêtement,
Sous son toit ruineux clouée imprudemment.

Honneur à tous ! honneur à leur noble courage !
Quand du démon des eaux s'apaisera la rage,
De ces héros du jour qu'un immortel burin
Lègue à nos fils les noms sur le marbre ou l'airain !
Honneur à la cité qui leur donna naissance !
Que leurs fronts couronnés par la reconnaissance
Brillent d'un saint orgueil, et que ce souvenir
D'un reflet glorieux dore notre avenir !

C'est assez ; déposons la lyre du poète :
Jamais pour la souffrance elle ne fut muette.

Consoler le malheur et lui tendre la main,
Panser ses pieds meurtris aux cailloux du chemin,
Dans son casque jeter l'obole à Bélisaire,
Au fond d'un bouge infect visiter la misère,
Arracher l'infortune à son obscurité
Et quêter sous l'habit des Sœurs de charité ;
Voilà la mission que la Muse demande,
Où s'inspire son ame et que Dieu lui commande,
Lorsque sur l'Océan des humaines douleurs
S'élève la colombe ou l'arc aux trois couleurs.
Sa voix qui prêche au seuil de l'égoïsme immonde,
Crie à l'heureux du siècle, à la femme du monde :
« Riche, ouvre tes greniers qui regorgent de grains !
« Femme, de leurs joyaux dépouille tes écrins !
« Châtelain, possesseur de la forêt prochaine,
« Permets à l'indigent d'ébrancher le vieux chêne,
« Car plus d'un malheureux, dont le besoin s'accroît,
« Dit aujourd'hui : J'ai faim ! dira demain : J'ai froid !
« Et toi, charmante enfant, papillon des quadrilles,
« Va, quitte sans regrets ces fêtes où tu brilles ;
« Sur ces tristes chevets mouillés de tant de pleurs,
« De ton bouquet de bal laisse pleuvoir les fleurs !
« Pitié pour l'orphelin et pitié pour la veuve !
« Mesurez votre offrande à la hauteur du fleuve.
« Attachez un bienfait à chacun de vos jours !
« Donnez, donnez encor ! donnez, donnez toujours ! »

F. BOUCHARD (de Mâcon).

Les temps sont-ils finis? les crimes de la terre
Ont-ils donc éveillé la céleste colère?
De tout côté des pleurs, des cris de désespoir
Et des scènes de deuil qui font horreur à voir :
Ici des malheureux sur les toits qui s'affaissent,
Et leurs lits chauds encor qui sur les flots se pressent;
Là de pauvres enfants à demi nus, transis
De froid, de peur, errant sur de frêles débris !
Des femmes, des vieillards, sur un étroit espace,
Ne sachant plus où fuir la mort qui les menace,
Et voyant autour d'eux et monter et grossir
Le flot impétueux qui va les engloutir !.....
Ils lèvent vers le ciel leurs yeux mouillés de larmes,
Un homme généreux entend leurs cris d'alarmes ;
Ils sont sauvés, reçus avec empressement,
Le pain de la pitié les ranime un moment ;
Mais ils ont tout perdu ; ce qu'une longue vie
De peines, de travail, de dure économie
Leur a fait épargner pour les jours de repos,
Tout vient d'être englouti dans le gouffre des eaux :
Hier, hier encore une modeste aisance
Semblait leur assurer une douce existence,
Mais aujourd'hui plus rien, que les tristes secours
Que la charité donne, hélas ! pour quelques jours !....
Ainsi donc s'attachant à nous comme un vampire,
Le mal nous suit partout et partout nous déchire,
Et la misère va sur nos haillons en deuil
Montrer l'égalité, rêve de notre orgueil,
O France, voilà donc les belles destinées
Que tu reçus pour prix de tes grandes journées !

Avec tout ton courage, avec tous tes exploits
Tu n'as su qu'expulser la race de tes rois ;
Pendant que leurs aïeux tressaillaient dans leur tombe
De cet affront sanglant qui sur leur front retombe,
On inclinait le tien humilié, soumis,
Devant les étrangers qu'ils ont vaincus jadis ;
Pour t'obtenir la paix ; mais les guerres civiles
Sont venues dépeupler tes principales villes,
Et le noir choléra, cet horrible vautour,
Ne t'a point épargnée en son terrible tour.
Enfin il s'éloigna ; les beaux arts, l'industrie
Semblaient te redonner une nouvelle vie ;
Mais l'or, ton nouveau dieu, te gardait d'autres maux,
Et les puissants du jour ont tendu leurs réseaux,
Profitant de l'ardeur qu'en ton sein il excite
Ils ont organisé le vol en commandite,
Ils se sont emparés de ce repaire impur
Où le riche impuni joue et gagne à coup sûr.
Oh ! lorsque l'on voit notre justice humaine,
Vainement implorée, être aveugle, incertaine ;
C'est preuve que le ciel en son juste courroux,
Doit bientôt au grand jour se révéler à nous ;
Mais s'il nous frappe ainsi, quelle peine effroyable
Te réserve-t-il donc à toi, ville coupable,
Source d'iniquités, d'où la corruption
Menace d'envahir toute la nation
Et déborde à plein bord ? où la fraude, le crime,
Le vice, à chaque instant, font nouvelle victime ?
Où le bon au méchant toujours sacrifié
Est comme en un tripot dépouillé sans pitié ?
Où le traître demande effrontément sa paie
Sans cacher de son cœur l'épouvantable plaie ?
Où l'on met à l'enchère et l'on vend sans pudeur,
Conscience, bonté, vertu, justice, honneur ?....
Hâte-toi de jouir, nouvelle Babylone,
Gorge-toi des plaisirs que ton argent te donne,
En attendant ta chute, et tes jours de malheur ;
Allons, au plus offrant, vends bien cher tes faveurs ;
Sur ton sein épuisé de fêtes et de veilles
Étale avec orgueil tes splendides merveilles ;

Use, use avec ardeur tes terrestres appas,
Car toutes leurs beautés ne te sauveront pas :
Où pourras-tu trouver un abri tutélaire ?
Le Dieu fort t'a marquée au sceau de sa colère,
Las de ton insolence et de ton impudeur
Il étendra bientôt sur toi son bras vengeur !...
Vous dont le cœur est bon et la vie estimée,
Qui n'êtes point gâtés par la prostituée,
Qui dans la Providence avez mis votre espoir
Sans jamais dévier du sentier du devoir,
Qui vous êtes gardés de honteuse souillure,
Or mêlé par malheur à cette fange impure,
Éloignez-vous, fuyez tous les hommes perdus,
De peur d'être au grand jour avec eux confondus !....

12 novembre 1840.

Toussaint CABUCHET.

Le montant des dons et les souscriptions en faveurs des inondés versées entre les mains de M. de la Hante, receveur-général du département du Rhône, s'élèvent au 31 mars 1841 à 1715,000 francs.

FIN.

TABLE.

Description géographique et statistique du Rhône et de la Saône.	1
Le Rhône..	*ibid*
La Saône	9
Inondations du Rhône et de la Saône à diverses époques.	15
Journal des inondations du Rhône et de la Saône dans Lyon et ses faubourgs en 1840.	83
Élévation des eaux de la Saône dans la nuit du 4 au 5 novembre 1840, mesurée par MM. les architectes de la ville	172
Hauteur la plus grande à laquelle sont parvenues les eaux au-dessus de l'étiage.	175
Hauteur des eaux de la Saône à différentes heures de la journée, prise à l'échelle du pont Tilsitt, du 30 octobre au 24 novembre 1840	174
Actes administratifs	177
Préfecture du Rhône	*ibid*
Mairie de la ville de Lyon	196
Mairie de Vaise	202
Mairie de la Croix-Rousse.	209
Mairie de la Guillotière	218
Lettre de Mgr l'archevêque de Lyon et de Vienne à MM. les curés	219

Mandement de Mgr l'archevêque de Lyon. . . . 221
Mandement de Mgr l'archevêque de Bordeaux . . 235
Comités d'enquêtes et de secours 239
Inondation des communes riveraines du Rhône et de la Saône, depuis leur source jusqu'à leur embouchure 255
Circulaire de l'éditeur à MM. les maires des communes inondées 257

SAONE.

Département de la Côte-d'Or. — Seurre.. . . . 259
Département de Saône-et-Loire.—Tournus . . . 263
Département du Jura. — Pexeux-sur-le-Doubs . . 270
    Neublans 271
    Longwy 273
    Annoire. 276
Département de Saône-et-Loire 280
Département de l'Ain. — Pont-de-Vaux 290
    Vésine. 291
    Manziat 293
    Asnières 294
    Crottet. 295
    Autres communes 297
Département du Rhône. — Dracé 308
    Taponas . . . . ibid
    Belleville 309
    St-Georges-de-Reneins . . . . ibid
    Arnas . . . . ibid
    Ouilly 310
    Villefranche . . . . ibid
    Belligny 313
    Anse 314
    Ambérieux 315

Quincieux.	316
St-Germain au-Mont-d'Or	ibid
Neuville	317
Curis	319
Albigny	320
Fleurieux-sur-Saône	324
Fontaines	325
Couson . . . . ,	ibid
Rochetaillée	326
Collonge	328
Saint-Rambert	330
Caluire	331

Communes inondées par les affluents de la Saône :
l'Azergues, la Turdine, la Mauvaise 332

Lucenay	ibid
Civrieux	ibid
Les Chères	333
Bessenay	ibid
Marcilly	ibid
Nuelles	ibid
Eveux	334
Craponne	ibid
Orliénas	ibid
Messimy	ibid
Cenves	335
Saint-Loup	ibid
Joux	ibid
Tarare	336
Lozanne	ibid
Affoux	ibid
Chazay	ibid
Châtillon	337
Saint-Nizier-d'Azergues	ibid
Ville-sur-Jarnioux	ibid
Chessy	ibid

Cublise. 338
Allières. . . . . ibid
Saint-Bonnet-les-Bruyères. . . . . . ibid
Joliénas . . . . ibid
Chambost Allières . . . . ibid
Saint-Marcel 339
Saint-Romain-en-Gier . . . . ibid
Echalade. . . . . ibid
Saint-Martin-de-Cernas. 340

HAUT-RHONE.

Département de l'Ain. — Injoux. 341
Autres communes . . . . ibid
Département de l'Isère. — Jons. 345
    Vaux-en-Velin 346
Département du Rhône. — Lyon 348
    Vaise . . . . ibid
    La Guillotière. 349
    La Croix-Rousse. . . . . ibid

BAS-RHONE.

Département de l'Isère. — Seyssuel et Chasse . . 350
    Sablons. 353
    Vienne. 354
Département du Rhône. — Oullins. 357
    Irigny . . . . ibid
    Vernaison. 359
    Grigny 360
    Givors . . . . ibid
    Bans. 361
    Loir. 362
    Ampuis . . . . ibid
    Saint-Romain-en-Gier . . . . . . ibid

Tupins	363
Condrieu	ibid
Département de la Loire. — Chavanay	364
Département de l'Ardèche. — Andance	366
Tournon	369
Viviers	373
Département de la Drôme	379
Département du Gard. — Monfaucon	381
Beaucaire	383
Saint-Gilles	386
Vauvert	388
Domazan	389
Département de Vaucluse. — Mornas	390
Avignon	391
Département des Bouches-du-Rhône.—Barbantanne	392
Arles	401
Ile de la Camargue	404
Saint-Remy	406
Marseille	ibid
Chapitre anecdotique	408
Poésies	425

FIN DE LA TABLE.

www.ingramcontent.com/pod-product-compliance
Lightning Source LLC
Chambersburg PA
CBHW051823230426
43671CB00008B/818